职业教育汽车类示范专业规划教材

# 汽车发动机拆装与检修实训

主编　晏初宏　胡祥梅
参编　曹　伟　晏　龙　黎　鹏　王泽坤
　　　陈俊麾　黄　鹏　陈　度
主审　刘吉普

机 械 工 业 出 版 社

本书以“定位准确、注重能力、内容创新、结构合理和叙述通俗”为编写特色，强化了知识性与实践性的统一，通过较为翔实的发动机应用实例、丰富的图画和深入浅出的文字描述，比较全面地叙述了发动机的拆装和发动机相关零部件检修的知识，具有较强的知识性、科学性和可读性。

全书共九个项目，围绕发动机拆装、发动机相关零部件检修的核心知识，主要介绍了常用工量具使用的一般知识、发动机的拆卸和解体、发动机的装配与起动、机体与曲柄连杆机构的检修、配气机构的检修、润滑系统主要部件的检修、冷却系统主要部件的检修、汽油机燃油系统和点火系统的检修、柴油机燃油系统的检修等内容。

本书可作为职业教育院校汽车检测与维修技术专业、汽车技术服务与营销专业和汽车制造与装配专业技能课的教材，也可供从事相关专业的工程技术人员参考或作为企业的培训教材。

为方便教学，本书配有电子课件，凡选用本书作为授课教材的教师均可登录 www. cmpedu. com 免费注册、下载，或来电咨询：010-88379865。

**图书在版编目（CIP）数据**

汽车发动机拆装与检修实训/晏初宏，胡祥梅主编. —北京：机械工业出版社，2016. 3（2024. 3 重印）

职业教育汽车类示范专业规划教材

ISBN 978-7-111-52905-7

Ⅰ. ①汽… Ⅱ. ①晏… ②胡… Ⅲ. ①汽车-发动机-装配（机械）-职业教育-教材②汽车-发动机-检修-职业教育-教材 Ⅳ. ①U464. 06②U472. 43

中国版本图书馆 CIP 数据核字（2016）第 024722 号

机械工业出版社（北京市百万庄大街 22 号 邮政编码 100037）

策划编辑：曹新宇 责任编辑：曹新宇 程足芬 版式设计：霍永明

责任校对：张 征 封面设计：马精明 责任印制：郜 敏

北京富资园科技发展有限公司印刷

2024 年 3 月第 1 版第 5 次印刷

184mm×260mm · 9. 75 印张 · 226 千字

标准书号：ISBN 978-7-111-52905-7

定价：32. 00 元

| 电话服务 | 网络服务 |
| --- | --- |
| 客服电话：010-88361066 | 机 工 官 网：www. cmpbook. com |
| 010-88379833 | 机 工 官 博：weibo. com/cmp1952 |
| 010-68326294 | 金 书 网：www. golden-book. com |
| **封底无防伪标均为盗版** | 机工教育服务网：www. cmpedu. com |

# 前　言

为了进一步明确技术技能型人才培养的专业定位和岗位指向，有效地对接区域产业与行业的发展，逐步构建起以职业能力为核心的课程体系，强化专业实践教学，更加注重职业素养与职业技术技能的培养，我们在“汽车检测与维修技术”专业技能训练研究（立项课题编号：2013ZD46）的基础上，编写了本书。本书理论联系实际，深入浅出，图文并茂，实用性强，适合职业学校相关专业的师生使用，同时也可供从事相关专业的工程技术人员参考或作为企业的培训教材。

随着材料、电子、机械等技术的不断发展，汽车发动机技术也有了很大的进步，新结构、新技术的应用越来越多，检修工艺也随之发生了很大的变化。本书将汽车维修手册中的图画和文字描述结合起来，融“教、学、做”为一体，力求体现“能力本位”的现代教育思想和理念，突出实践技能训练和动手能力培养的特色，注重实用性、通用性和典型性，使“理论为实践服务”和“理论够用为度”成为可能。

本书内容丰富、资料翔实、题材新颖，其内容涵盖了发动机拆装与检修的技能和知识要点，具有知识面广、实用性强的特点。本书参考教学时数为60学时，项目一至项目三是必修内容，项目四至项目九为选修内容。教师可以根据学生的实际情况和教学时数完成必修内容，如有多余的教学时数，还可以适当安排选修内容。总的来说，学时的安排以满足学生学习知识和培养动手能力为目的。

本书由晏初宏、胡祥梅担任主编，参加编写的有曹伟、晏龙、黎鹏、王泽坤、陈俊麾、黄鹏、陈度。其中，绪论、项目一由湖南应用技术学院晏初宏、中国农业大学陈度编写，项目二、项目三由中航工业成都飞机工业（集团）有限责任公司晏龙编写，项目四由中国航天科工二院二部结构总体室曹伟编写，项目五由湖南应用技术学院胡祥梅编写，项目六由湖南应用技术学院黎鹏编写、项目七由湖南应用技术学院王泽坤编写，项目八由澧县职业中专学校黄鹏编写，项目九由湖南应用技术学院陈俊麾编写。全书由晏初宏、胡祥梅老师负责统稿和定稿工作。

本书由湖南应用技术学院刘吉普教授担任主审，他对全书原稿进行了细致、详尽的审阅，提出了许多宝贵的建议和修改意见。另外，在编写本书的过程中得到了相关企业、科研院所的大力支持和帮助，在此谨向他们表示衷心的感谢。

由于编者水平有限，书中的缺点和错误在所难免，恳请读者给予批评指正。

编　者

# 目　　录

# 绪　论

## 一、发动机的基本结构和常用术语

发动机是可以把某一种能量转变为机械能的机器。按照能源的不同，发动机可以分为风力机、水力机、电力机和热力机等。

热力发动机又可以分为外燃机和内燃机。直接将燃料燃烧的气体所含有的热能转变为机械能的机器称为内燃机。相对于外燃机而言，内燃机具有热效率高、结构紧凑、使用维修方便等优点，因而广泛应用于汽车、轮船及其他可移动的机械设备上。

内燃机主要有往复活塞式发动机、旋转活塞式发动机和燃气轮机等。往复活塞式发动机已有一百多年的历史，现在已发展到相当完善的程度，目前在汽车上占有优势地位的仍然是这种发动机，其中主要是汽油机和柴油机。

图 0-1 所示为发动机的基本结构和常用术语。发动机的工作腔称为气缸，气缸内表面为圆柱形。在气缸内做往复直线运动的活塞通过活塞销与连杆的一端铰接，连杆的另一端则与曲轴相连，构成曲轴连杆机构。因此，当活塞在气缸内做往复直线运动时，连杆便推动曲轴旋转。反之，当曲轴旋转时，也可以使活塞在气缸内做往复直线运动。同时，工作腔的容积也在不断地由最小变到最大，再由最大变到最小，如此循环不已。

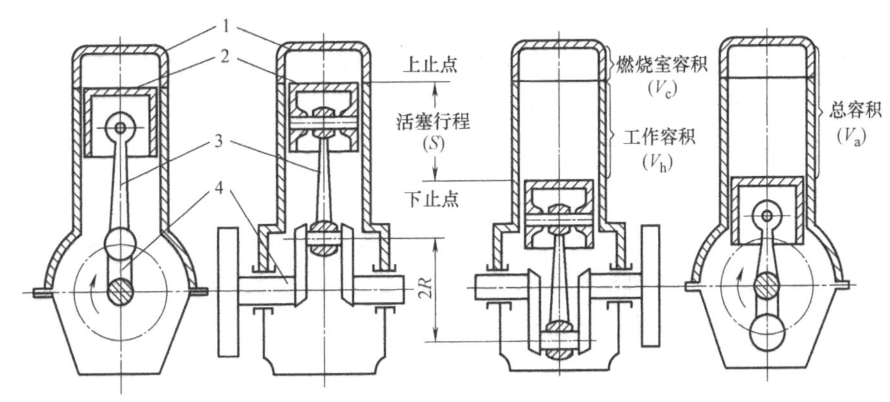


图 0-1　发动机的基本结构和常用术语

1—气缸　2—活塞　3—连杆　4—曲轴

在描述发动机的构造和工作原理时，经常要用到以下专用术语：

（1）上止点　上止点是指活塞离曲轴回转中心最远处，通常指活塞的最高位置。

（2）下止点　下止点是指活塞离曲轴回转中心最近处，通常指活塞的最低位置。

（3）活塞行程　活塞行程是指上、下止点间的距离 $S$。

(4) 曲柄半径　曲柄半径是指与连杆大端相连接的曲柄销的中心线到曲轴回转中心线的距离，用 $R$ 表示。显然，$S=2R$。曲轴每转一周，活塞完成两个行程。

(5) 气缸工作容积　上、下止点间所包容的气缸容积称为气缸工作容积，也称为气缸排量，用 $V_h$ 表示。其计算公式为

$$V_h=\frac{\pi D^2 S}{4\times10^6} \tag{0-1}$$

式中　$V_h$——气缸工作容积，单位为 L；

$D$——气缸直径，单位为 mm；

$S$——活塞行程，单位为 mm。

(6) 发动机工作容积　发动机工作容积是指发动机所有气缸工作容积的总和，也称发动机的排量，用 $V_L$ 表示。若发动机的气缸数为 $i$，则

$$V_L=iV_h=i\frac{\pi D^2 S}{4\times10^6} \tag{0-2}$$

(7) 燃烧室容积　活塞在上止点时，活塞顶上面的空间称为燃烧室，其容积即为燃烧室容积，用 $V_c$ 表示。

(8) 气缸总容积　气缸总容积是指活塞在下止点时，活塞顶上面空间的容积，用 $V_a$ 表示。它等于气缸工作容积与燃烧室容积之和，即



$$V_a=V_h+V_c \tag{0-3}$$

(9) 压缩比　气缸总容积与燃烧室容积的比值称为压缩比，它表示活塞从下止点移到上止点时，气缸内气体被压缩的程度，即

$$\varepsilon=\frac{V_a}{V_c}=\frac{V_h+V_c}{V_c}=1+\frac{V_h}{V_c} \tag{0-4}$$

压缩比是发动机的一个重要结构参数，它对发动机的性能有很大的影响。压缩比越大，则压缩终了时气缸内气体的压力和温度就越高，混合气燃烧的速度也越快，因而发动机发出的功率越大，经济性也越好。现代汽油发动机的压缩比一般为 8 ~ 11；柴油发动机的压缩比比汽油发动机高，一般可达 18 ~ 23。

(10) 工作循环　发动机工作时，各气缸内每进行一次能量转换，均要经过进气、压缩、做功和排气四个过程，称为发动机的一个工作循环。发动机之所以能连续运转，就是因为各气缸内不断进行着这种周而复始的工作循环。凡是活塞往复四个行程完成一个工作循环的发动机，均称为四冲程发动机；活塞往复两个行程完成一个工作循环的发动机，则称为二冲程发动机。

(11) 负荷率　发动机在某一转速下发出的有效功率与相同转速下所能发出的最大有效功率的比值称为负荷率（通常简称为负荷），以百分数表示。

(12) 工况　发动机在某一时刻的运行状况简称工况，通常用该时刻发动机输出的有效功率和曲轴转速（即发动机转速）表示。

## 二、发动机的工作原理

发动机有四冲程发动机和二冲程发动机之分。四冲程发动机的运转是按进气行程、压缩

行程、做功行程和排气行程的顺序不断循环反复进行的，从而实现将燃料（汽油机和柴油机所用的燃料分别是汽油和柴油）燃烧产生的热能转变为机械能的目的。由于燃料的性质不同，因此汽油机和柴油机在混合气的形成方式和点火方式上有着本质的不同，其工作原理也有所不同。

二冲程发动机的工作循环也是由进气、压缩、做功和排气过程组成的，但它是在曲轴旋转一圈（360°）、活塞上下往复直线运动两个行程内完成的。因此，二冲程发动机与四冲程发动机的工作原理不同，结构也不一样。

1. 四冲程汽油机的工作原理

图 0-2 所示为四冲程汽油机工作循环示意图。它的运转就是按进气行程、压缩行程、做功行程和排气行程的顺序不断循环反复进行的。

（1）进气行程　在进气行程中，活塞在曲轴的带动下从上止点向下止点运动（图 0-2a）。这时排气门关闭，进气门开启。进气过程开始时，活塞位于上止点，气缸内残存有上一循环未排净的废气，因而气缸内的压力稍高于大气压力。随着活塞下移，气缸内容积增大，压力减小，当压力低于大气压时，在气缸内产生真空吸力，将空气经空气滤清器吸入进气道，与化油器或喷油器供给的汽油混合成可燃混合气，并通过进气门被吸入气缸，直至活塞向下运动到下止点。



在进气过程中，由于受到空气滤清器、节气门、进气管道、进气门等阻力的影响，进气终了时，气缸内的气体压力会略低于大气压力，为 0.08～0.09MPa。同时，受到残存废气和高温机件加热的影响，温度会上升到 370～400K。

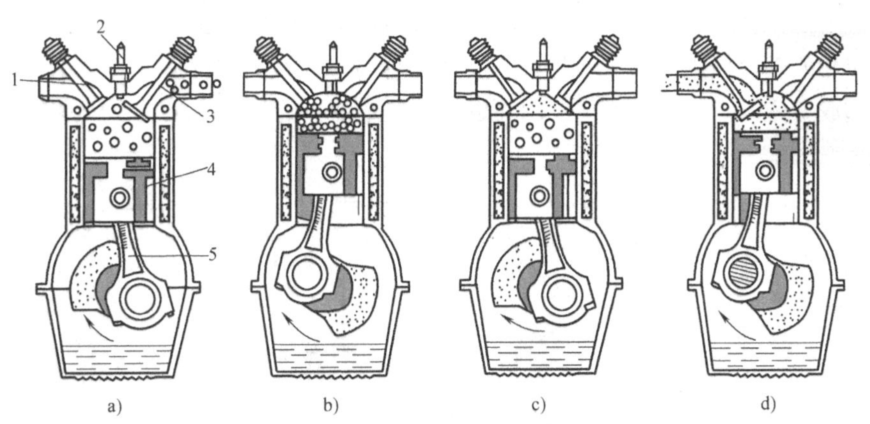


图 0-2　四冲程汽油机工作循环示意图

a）进气行程　b）压缩行程　c）做功行程　d）排气行程

1—排气门　2—火花塞　3—进气门　4—活塞　5—连杆

（2）压缩行程　进气行程结束后，曲轴继续旋转，带动活塞从下止点向上止点运动（图 0-2b）。这时进气门和排气门都关闭，气缸成为封闭的容器，随着活塞的上行，可燃混合气受到压缩，其压力和温度不断升高。当活塞到达上止点时，压缩行程结束。这时气体的压力和温度主要取决于压缩比的大小，通常压力可达 0.8～1.5MPa，温度可达 600～750K。

（3）做功行程　做功行程包括燃烧过程和膨胀过程。在这一行程中，进气门和排气门仍然保持关闭。当活塞位于压缩行程接近上止点位置时，安装在气缸盖上的火花塞产生电火花，点燃气缸内的可燃混合气，可燃混合气燃烧后放出大量的热，使气缸内气体的温度和压力急剧升高，高温高压气体推动活塞从上止点向下止点运动，通过连杆使曲轴旋转并输出机械功（图 0-2c）。机械功除了用于维持发动机本身继续运转外，还用于对外做功。

汽油机在做功行程中，气缸内燃烧气体的最高压力可达 3.0 ~ 6.5MPa，最高温度可达 2200 ~ 2800K。随着活塞向下运动，气缸内的容积增加，气体压力和温度不断降低。当活塞运动到下止点时，做功行程结束，气体压力降低到 0.3 ~ 0.5MPa，温度降低到 1200 ~ 1500K。

（4）排气行程　可燃混合气在气缸内燃烧后生成的废气必须从气缸中排出去，以便进行下一个进气行程。因而当做功行程接近终了时，排气行程开始。这时排气门开启，进气门仍然关闭。活塞在曲轴的带动下由下止点向上止点运动，废气在自身的剩余压力和活塞的推动下，经排气门排出气缸，直至活塞运动到上止点，排气行程结束，排气门关闭（图 0-2d）。

由于燃烧室容积的存在，不可能将废气全部排出气缸。排气行程结束时，在燃烧室内仍然残留少量废气，称为残存废气。受排气阻力的影响，排气终止时，气缸内废气的压力比大气压力略高，为 0.105 ~ 0.12MPa，温度为 900 ~ 1100K。

排气行程结束后，进气门再次开启，又开始了下一个工作循环。可见，四冲程汽油机经过进气、压缩、做功、排气四个行程完成了一个工作循环，这期间活塞在上、下止点间往复直线运动了四个行程，曲轴相应地旋转了两圈。



2. 四冲程柴油机的工作原理

图 0-3 所示为四冲程柴油机工作循环示意图。四冲程柴油机的工作过程与四冲程汽油机一样，每一个工作循环同样包括进气、压缩、做功和排气四个行程，在各个行程中，进、排气门的开闭和曲轴连杆机构的运动与汽油机完全相同。两者的主要差别在于所采用的燃料、混合气的形成方式和点火方式不同，因而以下叙述柴油机的工作原理时，只涉及与汽油机不同之处。

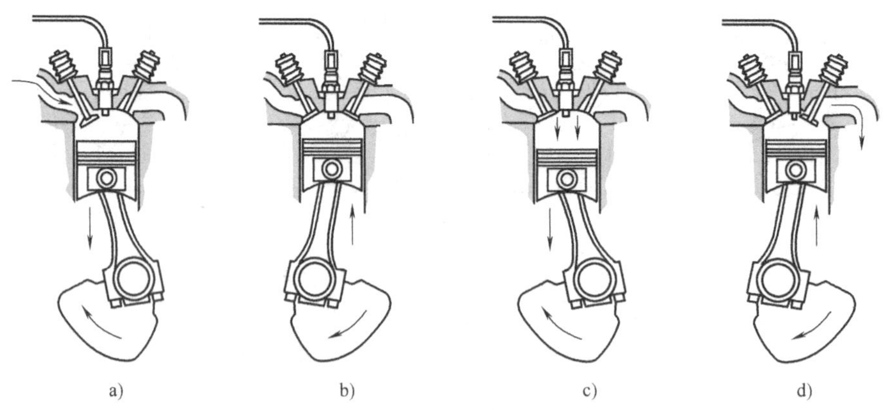


图 0-3　四冲程柴油机工作循环示意图
a）进气行程　b）压缩行程　c）做功行程　d）排气行程

（1）进气行程（图 0-3a）　柴油机在进气行程中吸入气缸的是空气而不是可燃混合气。通常柴油机在进气通道中没有节气门，故柴油机的进气阻力较小，且其残存废气的温度较

低。因此进气终了时，气缸内的气体压力较高，为0.085～0.095MPa，气体温度较低，为310～340K。

（2）压缩行程（图0-3b） 柴油机靠压缩自燃，为了创造柴油自燃的有利条件，柴油机的压缩比设计得较高，一般为18～23，在压缩行程终了时，气缸内的空气压力可达3～5MPa，温度可高达750～1000K。

（3）做功行程（图0-3c） 在压缩行程即将结束时，喷油器将来自喷油泵的高压柴油（油压高达10MPa以上）以雾状喷入燃烧室，由于压缩行程终了时气缸内的气体温度大大超过柴油的自燃温度，柴油和空气在气缸内瞬间形成可燃混合气并点火燃烧，燃烧气体的压力、温度迅速升高，体积急剧膨胀。在气体压力的作用下，活塞推动连杆，连杆推动曲轴旋转做功。柴油机在做功行程中，燃烧气体的最大压力可达6～9MPa，最高温度可达1800～2200K。做功行程结束时，压力为0.2～0.5MPa，温度为1000～1200K。

（4）排气行程（图0-3d） 柴油机在排气终了时，气缸内残存废气的压力为0.105～0.12MPa，温度为700～900K。

与汽油机比较，柴油机的压缩比高，热效率高，燃油消耗率低，同时柴油的价格较低，因而柴油机的燃料经济性较好。它的主要缺点是转速低、质量大、噪声大、振动大、制造和维修费用高。



### 3. 二冲程汽油机的工作原理

图0-4所示为二冲程汽油机工作循环示意图。二冲程汽油机在结构上没有进气门和排气门，而在气缸的中部设计有三个气孔，分别是与进、排气管相通的进气孔和排气孔，以及与曲轴箱相通的换气孔。这些气孔的开启和关闭均由活塞的位置决定，它的工作原理如下。

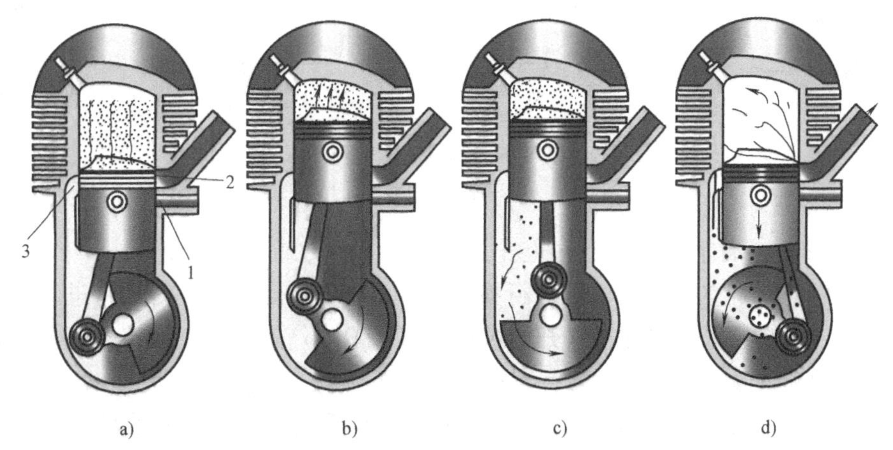


图0-4 二冲程汽油机工作循环示意图
a）压缩 b）进气 c）燃烧 d）换气
1—进气孔 2—排气孔 3—换气孔

（1）第一行程 活塞由曲轴带动从下止点向上止点移动，当活塞上行至关闭换气孔和排气孔时（图0-4a），已进入气缸的新鲜混合气被压缩，活塞继续上移至上止点时，压缩结束；与此同时，活塞上行，其下方曲轴箱内形成一定的真空度，当活塞上行到一定位置时，进气孔开启（图 0-4b），新鲜的混合气被吸入曲轴箱。至此第一行程结束。

（2）第二行程　活塞接近上止点时，火花塞产生电火花，点燃被压缩的混合气，燃烧形成的高温、高压气体推动活塞下行做功（图 0-4c）。当活塞下行到关闭进气孔后，曲轴箱内的混合气被预压缩，活塞继续下行至排气孔开启时（图 0-4d），燃烧后的废气靠自身压力经排气孔排出；紧接着，换气孔开启，曲轴箱内经预压缩的混合气进入气缸，并排除气缸内的残存废气。这一过程称为换气过程，它将一直延续到下一行程活塞再上行关闭换气孔和排气孔时为止。活塞下行到下止点时，第二行程结束。

由这两个行程可知，第一行程时，活塞上方进行换气、压缩，活塞下方进行进气；第二行程时，活塞上方进行做功、换气，活塞下方预压混合气。可见，换气过程跨越两个行程。

4. 二冲程柴油机的工作原理

图 0-5 所示为二冲程柴油机工作循环示意图。二冲程柴油机的基本结构是带有换气泵，而换气泵的作用是将新鲜空气的压力提高到 0.12～0.14MPa 后，经气缸外部的空气室和气缸壁上的一圈进气孔进入气缸内，废气则由气缸盖上的排气孔排出。二冲程柴油机的工作循环与二冲程汽油机工作循环的主要不同之处，在于进入气缸的是纯空气。

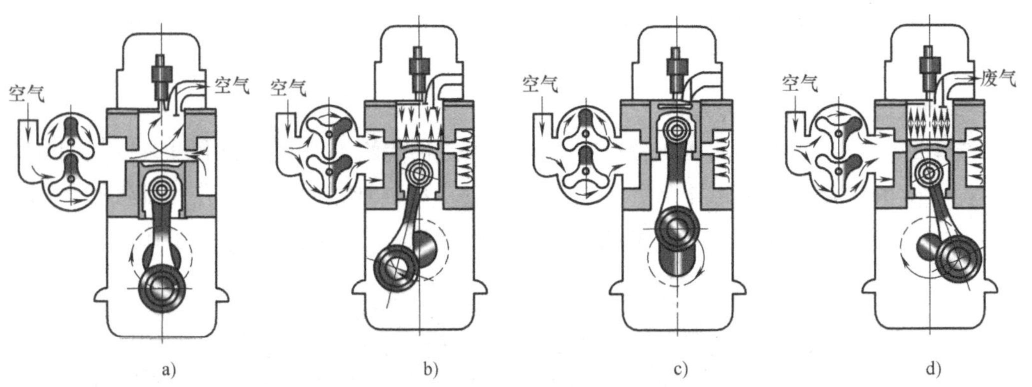


图 0-5　二冲程柴油机工作循环示意图
a）进气　b）压缩　c）做功　d）排气

（1）第一行程　活塞由下止点向上止点移动，在这之前，进气孔和排气门均已开启，由换气泵增压后的新鲜空气进入气缸进行换气（图 0-5a）。当活塞上行到将进气孔关闭时，排气门也关闭，于是进入气缸的空气开始被压缩（图 0-5b）。当活塞上移至接近上止点时，喷油器向气缸内喷入雾状柴油，并自行点火燃烧（图 0-5c）。

（2）第二行程　活塞到达上止点后，点火燃烧的高温、高压气体推动活塞下行做功。当活塞下行到约 2/3 行程时，排气门开启，废气靠自身的压力排出气缸（图 0-5d）。此后活塞继续下行，开启进气孔，来自换气泵的空气经进气孔进入气缸，自下而上将气缸内的废气挤出排气门，这个过程称为换气。换气过程将持续到活塞上移至将进气孔关闭为止。

## 三、发动机的总体构造

现代发动机是一部由许多机构和系统组成的复杂机器，其结构形式多种多样，构造特点也千差万别。但由于其基本工作原理相同，所以基本结构也就大同小异，通常由机体与曲柄

连杆机构、配气机构、润滑系统、冷却系统、燃油系统、点火系统、起动系统等组成，如图0-6所示。此外，现代发动机还配有排放控制装置，增压发动机还配有增压系统。

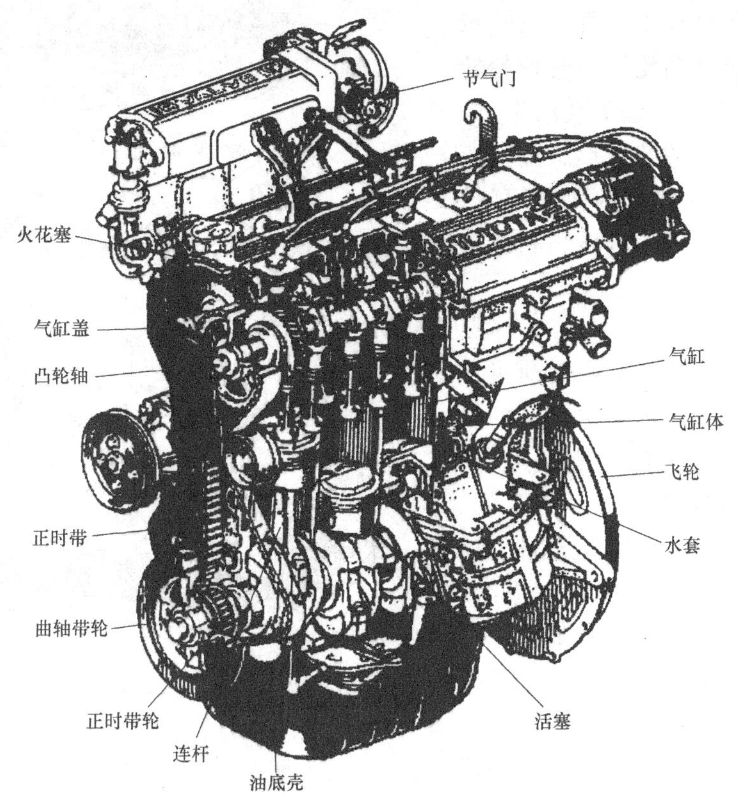


图0-6　发动机的基本结构

1. 机体与曲柄连杆机构

机体是发动机安装各零部件的基础。曲柄连杆机构是往复活塞式发动机将热能转变为机械能的主要机构，其功用是将燃气作用在活塞顶上的压力转变为曲轴的旋转运动而对外输出动力。机体与曲柄连杆机构由机体组、活塞连杆组和曲轴飞轮组三部分组成，如图0-7所示。机体组包括气缸盖、气缸垫、气缸体、油底壳等零部件；活塞连杆组包括活塞、活塞环、活塞销、连杆等零部件；曲轴飞轮组包括曲轴、飞轮、带轮、正时齿轮等零部件。

发动机工作过程中，燃料燃烧产生的气体压力直接作用在活塞顶上，推动活塞做往复直线运动。活塞的作用力经活塞销、连杆传给曲轴，将活塞的往复直线运动转换为曲轴的旋转运动。

2. 配气机构

配气机构的功用是按照发动机各缸的工作循环和做功次序，定时地将各个气缸的进、排气门开启和关闭，以便使新鲜的可燃性混合气（汽油机）或空气（柴油机）及时进入气缸，并将各气缸中燃烧后的废气及时排出去。

配气机构由气门组和气门传动组两部分组成，如图0-8所示。气门组包括气门（进气门、排气门）、气门弹簧、气门座、气门导管等零部件。气门传动组包括凸轮轴、正时带轮

（或齿轮、链轮）、正时带（或正时链条）、气门挺柱等零部件。

发动机工作过程中，曲轴正时带轮通过正时带驱动凸轮轴正时带轮转动，并通过气门挺柱驱动气门组件，利用凸轮轴上凸轮的特殊形状和分布形式，适时、准确地开启和关闭进、排气门，达到气缸内的气体顺利换气的目的。

3. 燃油系统

燃油系统的功用是根据发动机各种不同工况的要求，将一定数量的燃油送入发动机的进气管或气缸中，以形成适当浓度的可燃混合气。

在20世纪80年代以前，汽油发动机基本上是采用化油器式燃油系统，其主要零部件有汽油泵、化油器、燃油滤清器等，如图0-9所示。汽油泵把油箱中的燃油泵入到化油器中，化油器安装在进气管的节气门体上，利用发动机进气气流在流经化油器时产生

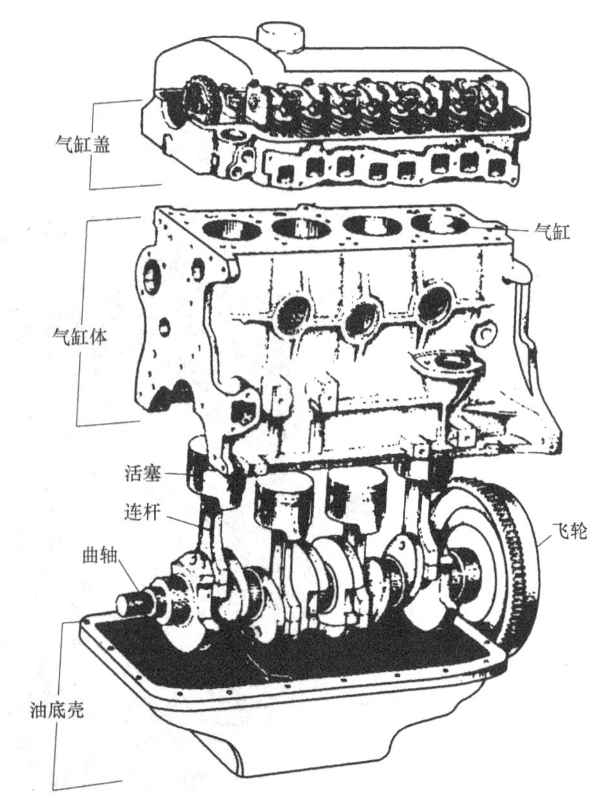


图0-7　机体与曲柄连杆机构

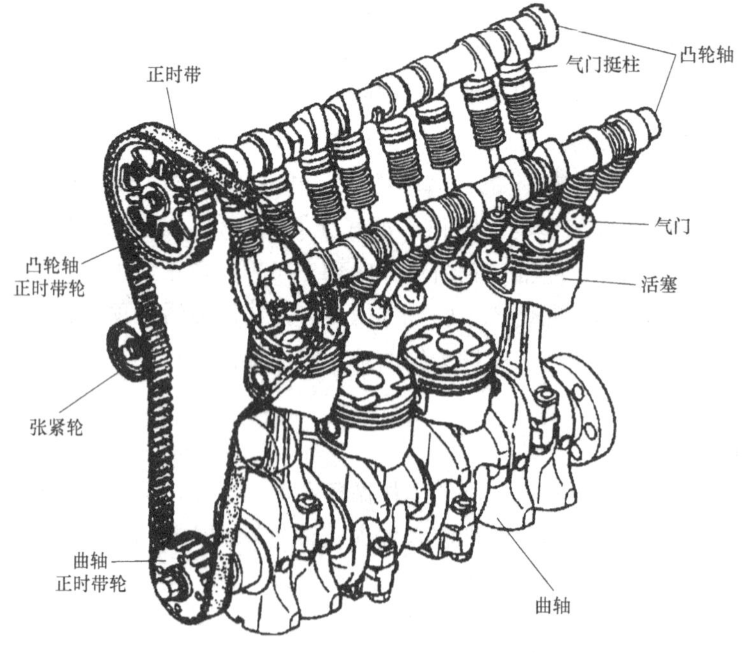


图0-8　配气机构

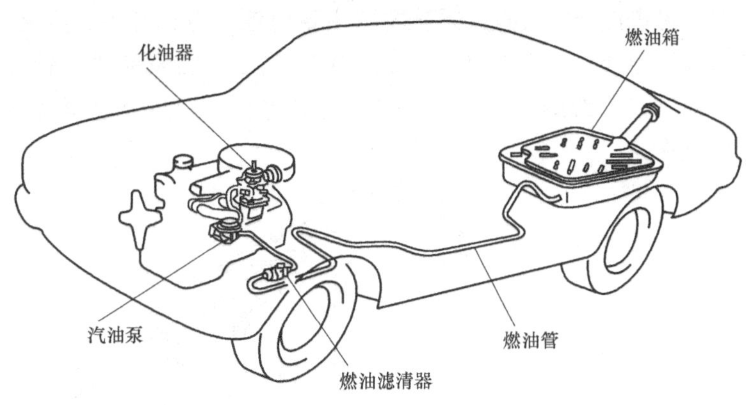


图 0-9　化油器式燃油系统

的真空吸力，将燃油吸入到进气歧管中，与空气混合，形成可燃混合气，进入气缸燃烧。

现代汽油发动机的燃油系统已实现了由化油器技术向电控燃油喷射技术的转变，电控燃油系统的主要零部件有电动汽油泵、喷油器、燃油滤清器等，如图 0-10 所示。电动汽油泵把油箱中的燃油泵入燃油管中，并产生一定的油压。喷油器在发动机计算机的控制下喷油，将适量的燃油喷入进气歧管中，与空气混合形成可燃性的混合气，进入气缸燃烧。



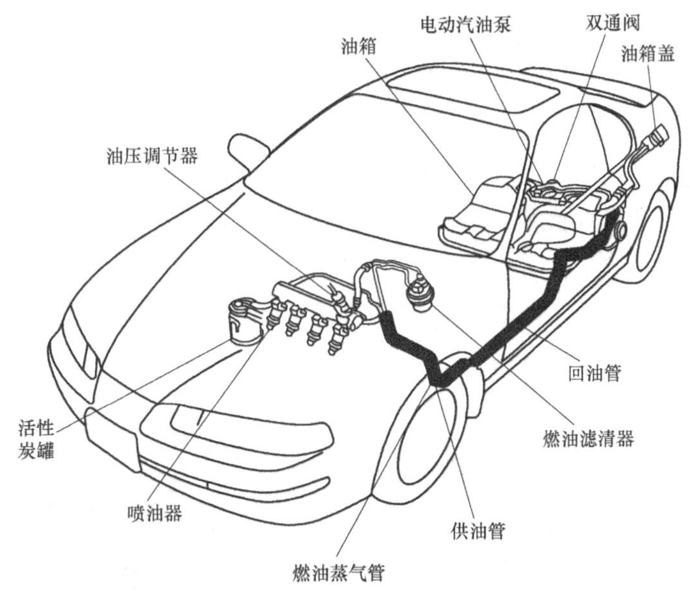


图 0-10　电控燃油系统

传统的柴油机燃油系统主要由输油泵、喷油泵、喷油器、燃油滤清器等组成。喷油泵的作用是根据发动机各缸的工作次序，适时地产生适量的高压燃油，并通过喷油器喷入气缸，与空气混合，形成可燃混合气并点火燃烧。

4. 汽油机点火系统

汽油机是点燃式发动机，点火系统的功用就是在适当的时刻让气缸内的火花塞产生电火花，以点燃气缸内的可燃混合气。点火系统主要由蓄电池、点火开关、点火线圈、分电器、火花塞、点火器、高压导线等零部件组成，如图 0-11 所示。在发动机运转过程中，蓄电池的电源通过点火器控制点火线圈的工作，使之产生高电压，经过分电器将高电压传给火花塞，使火花塞产生电火花。

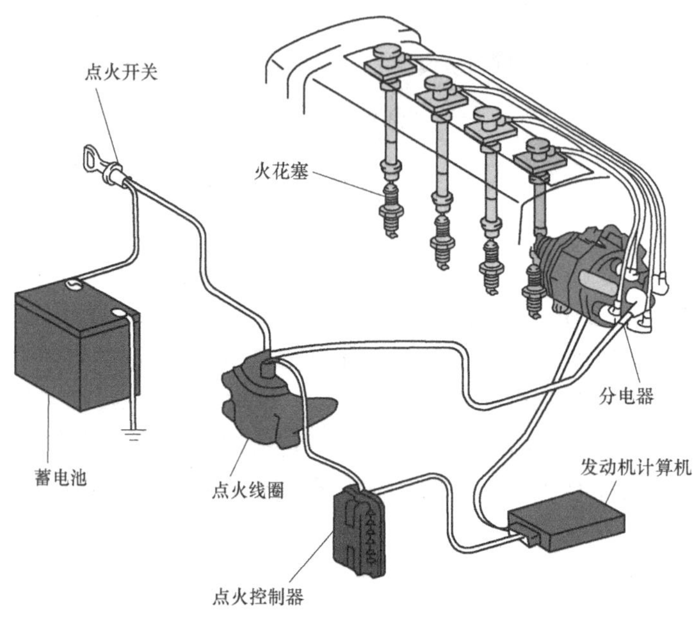


图 0-11　汽油机点火系统

5. 冷却系统

冷却系统的功用是利用冷却液冷却高温零件，并通过散热器将热量散发到大气中去，从而保证发动机在正常的温度状态下工作。冷却系统主要由水泵、节温器、散热器、冷却风扇和相关的冷却软管等组成，如图 0-12 所示。

在发动机的运转过程中，水泵在发动机的驱动下转动，使冷却系统中的冷却液不断地在

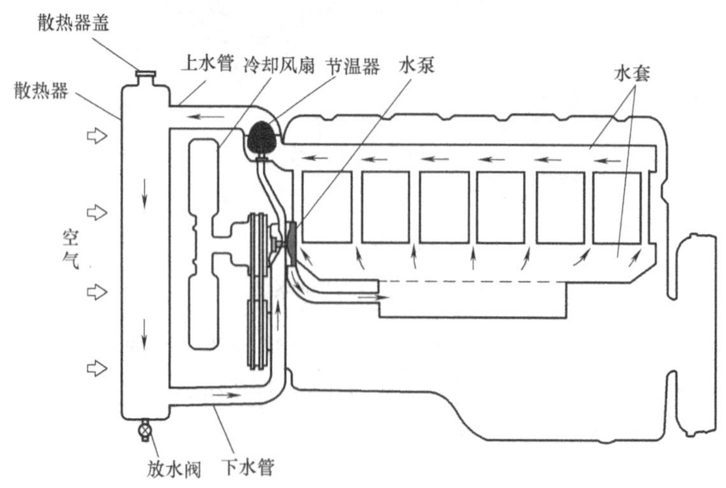


图 0-12　冷却系统

散热器和发动机缸体的冷却水套中循环，对发动机缸体进行冷却，再通过散热器把热量散发到大气中去。节温器的作用是控制冷却液的循环流量，以调节发动机在冷车和热车状态下的冷却强度。

6. 润滑系统

润滑系统的功用是将润滑油送到发动机各个摩擦零件的摩擦表面上，以减小摩擦力，减缓机械零件的磨损，并清洗、冷却摩擦表面，从而延长发动机的使用寿命。润滑系统主要由集滤器、机油泵、机油滤清器和相关的油管等组成，如图0-13所示。

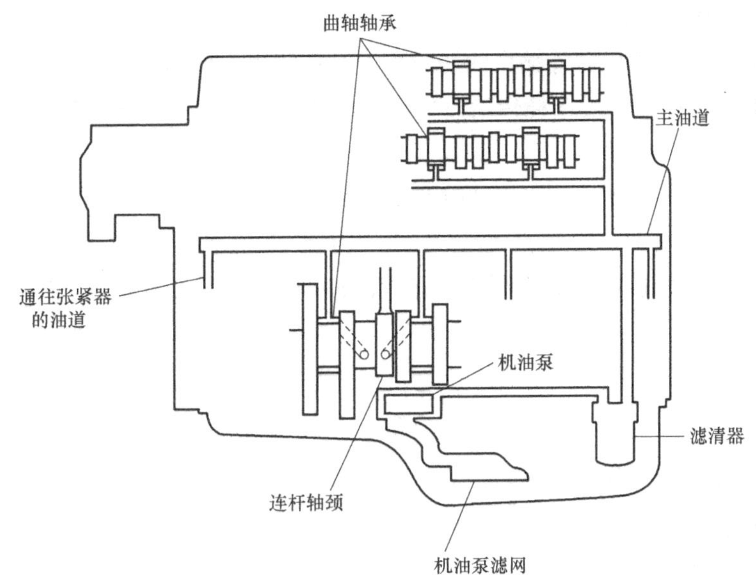


图0-13　润滑系统

在发动机的运转过程中，机油泵将油底壳里面的机油泵出，经过机油滤清器过滤后进入发动机润滑油管中，并通过油管传输到发动机需要润滑的各个零部件的运动表面进行润滑，最后流回油底壳。有的发动机还让部分机油经过机油冷却器进行冷却，以降低机油的温度，提高机油的使用寿命。

7. 起动系统

要使发动机由静止状态过渡到工作状态，必须先用外力转动发动机的曲轴，使发动机完成进气、压缩、点火、做功的全过程，直到发动机能自行运转。起动系统的功用就是在发动机起动时，给发动机提供一个使之转动的外力。起动系统主要由起动开关、起动机、蓄电池、起动继电器等组成，如图0-14所示。起动发动机时，转动起动开关使起动机运转，起动机通过飞轮带

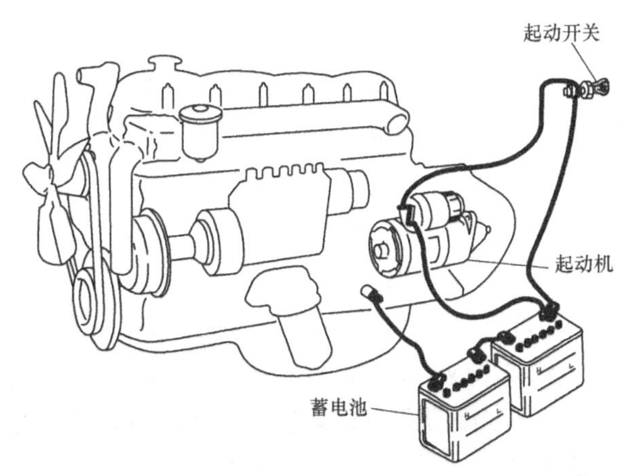


图0-14　起动系统

动发动机曲轴转动，使发动机顺利地起动。

## 四、发动机的主要性能指标

发动机的性能指标用来评价发动机工作性能的优劣，主要包括动力性能指标、经济性能指标和排放性能指标等。

1. 动力性能指标

发动机的动力性能指标用来衡量曲轴对外做功的能力，主要有有效转矩、有效功率、发动机转速和平均有效压力等。

（1）有效转矩　发动机对外输出的转矩称为有效转矩，记作 $T_e$，单位为 N·m。它是作用在活塞顶部的气体压力通过连杆传给曲轴产生的转矩，在克服摩擦、驱动附件等损失后曲轴或飞轮对外输出的净转矩。

（2）有效功率　发动机在单位时间内通过曲轴或飞轮对外输出的有效功称为有效功率，记作 $P_e$，单位为 kW。它等于有效转矩与曲轴角速度的乘积。发动机的有效功率可以用台架试验法测得，也可以用测功机测得有效转矩和曲轴角速度，然后运用公式进行计算，即



$$P_e = T_e \frac{2\pi n}{60} \times 10^{-3} = \frac{T_e n}{9550} \tag{0-5}$$

式中　$P_e$——有效功率，单位为 kW；

$T_e$——有效转矩，单位为 N·m；

$n$——曲轴转速，单位为 r/min。

（3）发动机转速　发动机曲轴每分钟的回转数称为发动机转速，用 $n$ 表示，单位为 r/min。发动机转速的高低，关系到单位时间内做功次数的多少或发动机有效功率的大小，即发动机的有效功率随转速的不同而改变。因此，在说明发动机有效功率的大小时，必须同时指明其相应的转速。

在发动机铭牌上规定的有效功率及其相应的转速，分别称为标定功率和标定转速。发动机在标定功率和标定转速下的工作状况，称为标定工况。标定功率不是发动机所能发出的最大功率，它是根据发动机用途而制订的有效功率的最大使用限度。当同一型号的发动机用途不同时，其标定功率也不相同。

（4）平均有效压力　单位气缸工作容积发出的有效功称为平均有效压力，记作 $P_{me}$，单位为 MPa。显然，平均有效压力越大，发动机的做功能力越强。

2. 经济性能指标

发动机燃油经济性包括有效热效率和有效燃油消耗率等。

（1）有效热效率　燃料燃烧所产生的热量转化为有效功的百分数称为有效热效率，记作 $\eta_e$。显然，为获得一定数量的有效功所消耗的热量越少，有效热效率越高，发动机的经济性越好。

（2）有效燃油消耗率　发动机每输出 1kW·h 的有效功所消耗的燃油量称为有效燃油

消耗率，记作 $g_e$，单位为 g/(kW·h)。有效燃油消耗率 $g_e$ 可按下式计算，即

$$g_e = \frac{G_T}{P_e} \times 10^3 \tag{0-6}$$

式中 $g_e$——有效燃油消耗率，单位为 g/(kW·h)；

$G_T$——发动机在单位时间内消耗的燃油量（可由试验测定），单位为 kg/h；

$P_e$——发动机的有效功率，单位为 kW。

显然，有效燃油消耗率越低，经济性越好。通常，发动机铭牌上给出的有效燃油消耗率 $g_e$ 是最小值。

3. 发动机的特性曲线

对于某一台发动机而言，其各个性能指标（有效转矩 $T_e$、有效功率 $P_e$、有效燃油消耗率 $g_e$）都不是一个固定的数值，而是随其运转工况（负荷、转速）的变化而变化的。发动机主要性能指标随其运转工况变化而变化的关系称为发动机的特性，包括速度特性和负荷特性。其中，性能指标随发动机曲轴转速变化的关系称为发动机的速度特性，而性能指标随负荷变化的关系称为发动机的负荷特性。用曲线来表示这些关系，称为发动机的特性曲线。发动机特性是对发动机性能进行全面评价和鉴定的依据。在发动机特性中，速度特性最为常用。



发动机的速度特性是指发动机的性能指标 $T_e$、$P_e$、$g_e$ 随发动机转速 $n$ 变化的规律，用曲线表示，称为速度特性曲线。速度特性可以在发动机试验台上测得。试验时，让节气门保持某一开度不变，同时用测功机对发动机曲轴施加一定数值的阻力矩。当发动机运转稳定时（即阻力矩和发动机发出的有效转矩相等时），可用转速表测出这时的稳定转速，同时在测功机上测出该转速下的有效转矩 $T_e$，计算出有效功率 $P_e$。另外，可测出消耗一定量汽油所经历的时间，换算成每小时耗油量 $G_T$，然后计算出有效燃油消耗率 $g_e$。改变测功机的阻力矩数值，重复上述过程，又可以得出一组 $n$、$T_e$、$P_e$、$g_e$，这样重复若干次，可以得到一系列的 $n$、$T_e$、$P_e$、$g_e$，然后根据这些数据，以转速 $n$ 为横坐标，分别以性能指标 $T_e$、$P_e$、$g_e$ 为纵坐标作曲线，所得三条曲线即为对应于该节气门开度的速度特性曲线。

节气门全开时的速度特性，称为发动机的外特性；节气门不全开的其他任意位置所得到的速度特性，都称为部分特性。发动机的外特性表示了发动机所能得到的最大动力性能，从外特性曲线上可以看到发动机所能输出的最大功率、最大转矩以及相应的转速和燃料消耗量，汽车产品说明书上大都采用发动机外特性曲线图，但一般只标出功率和转矩曲线。发动机外特性曲线的特征是：有效功率曲线和有效转矩曲线都呈现为凸形曲线，有效燃油消耗率曲线则呈现为凹形曲线。

图 0-15 所示为汽油发动机的外特性曲线。其有效功率曲线在较低转速下数值很小，但随转速增加而迅速增长。当转速增加到一定区间后，功率增长速度变缓，达到最大值后就会下降。有效转矩曲线则与有效功率曲线相反，它往往在较低转速下就能获得最大值，然后随转速增加而下降。有效燃油消耗率曲线随转速的增加呈现为一条凹形

曲线，在中间某一转速下达到最小值，不论转速增大或者减小，都会使有效燃油消耗率增大。

柴油发动机的外特性曲线和汽油发动机有所不同，如图0-16所示。在柴油发动机的外特性曲线中，有效功率曲线是随转速上升而上升，达到最大转速（标定转速）时仍然未出现曲线的最高点。有效转矩曲线变化平缓，在不同转速位置的变化量不大。有效燃油消耗率曲线不但起点数值低，而且比较平坦。

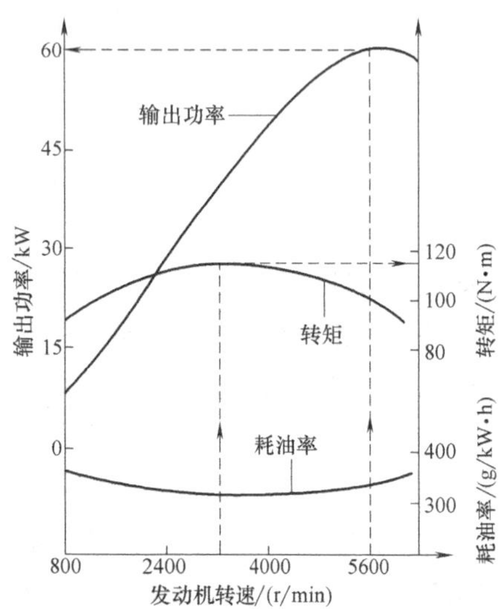


图0-15　汽油发动机的外特性曲线

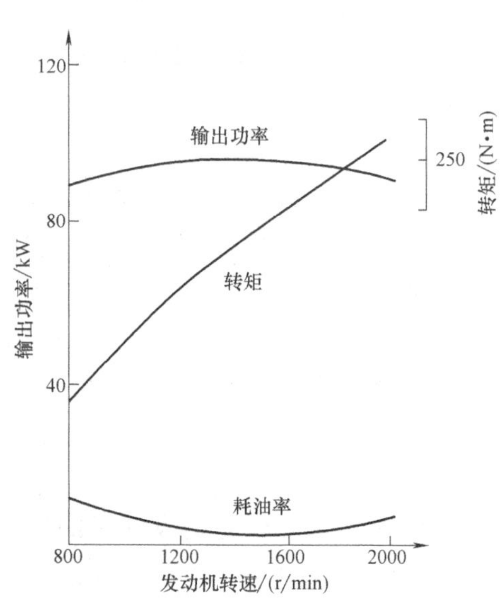


图0-16　柴油发动机的外特性曲线

虽然各种型号的汽油或柴油发动机的外特性曲线不完全一样，但基本上都是呈现图0-15或图0-16所示的形态。通过发动机外特性曲线图，我们可以了解发动机的性能和特点，了解功率、转矩、耗油量和转速之间的关系，并找出发动机最佳的工作区域。

4. 排放性能指标

发动机排放是指从废气中排出的一氧化碳（CO）、各种碳氢化合物（HC）、氮氧化合物（$NO_x$）、PM（微粒，炭烟）等有害气体，它们都是发动机燃料在燃烧做功过程中产生的有害气体。发动机排放性能指标主要有一氧化碳（CO）、各种碳氢化合物（HC）、氮氧化合物（$NO_x$）及除水以外的任何液体或固体微粒的排放量。

发动机有害气体产生的原因各异，CO是燃油燃烧不完全的产物，当燃油燃烧过程中氧气不充足时会产生CO，混合气浓度大及混合气不均匀都会使排气中的CO增加。HC是燃料中未燃烧的物质，由于混合气不均匀、燃烧室壁温度低等原因，造成部分燃油未来得及燃烧就被排放出去了。$NO_x$是在燃料燃烧的高温条件下，空气中的氧分子和氮分子发生化学反应的产物。PM的主要成分是炭烟，它是燃料在燃烧时因缺氧而产生的一种物质，其中以柴油机最明显，因为柴油机采用压燃方式，柴油在高温高压下裂解更容易产生大量肉眼看得见的炭烟。

为了抑制发动机有害气体的产生，促使汽车生产厂家积极改进产品，以降低这些有害气

体的产生源头，世界各国都制定了相关的汽车排放标准，其中欧洲标准是我国借鉴的汽车排放标准，目前国产新车都会标明发动机废气排放达到的欧洲排放标准。

我国的汽车排放标准是根据我国国情制定的国家标准。由于我国的道路状况和车辆状况接近于欧洲，我国机动车排放控制模式基本采用了欧洲模式。与国外先进国家相比，我国汽车尾气排放法规的制定起步较晚、水平较低。根据我国的实际情况，从 20 世纪 80 年代初期开始，采取了先易后难分阶段实施的具体方案，其具体实施至今可分为三个阶段。

第一阶段，国家环境保护局（现改为环保部）在 1983 年颁布实施了第一批机动车污染物排放标准，包括汽油车怠速污染物排放标准及测量方法、柴油车自由加速烟度排放标准及测量方法、柴油车全负荷烟度排放标准及测量方法。

第二阶段，在 1983 年我国颁布的第一批机动车尾气污染控制排放标准的基础上，1985 年增订了摩托车怠速污染物排放标准及测量方法；1989 年又增订了轻型车排气污染物排放标准及测量方法（即十五工况法），以及汽油车曲轴箱污染物测量方法和限值。1993 年对上述标准进行了修订，并新制定了汽油车燃油蒸发污染物排放标准和收集式测量方法、车用汽油机排气污染物排放标准和测量方法（即九工况法），并将七个排放标准和测量方法汇编成一本，统一使用一个标准编号，即 GB 14761。这样，1989 ~ 1993 年相继颁布了《轻型汽车排气污染物排放标准》《车用汽油机排气污染物排放标准》两个限制标准和《轻型汽车排气污染物测量方法》《车用汽油机排气污染物测量方法》两个工况测量方法标准。至此，我国已形成了一套较为完整的汽车尾气排放标准体系。



第三阶段，1999 年北京市实施了《轻型汽车排气污染物排放标准》；2000 年，在全国范围实施了《汽车排放污染物限值及测试方法》和《压燃式发动机和装用压燃式发动机的车辆排气污染物限值及测试办法》；与此同时，北京、上海、福建等省、市还参照 ISO 3929 中的双怠速排放测量方法，分别制定了《汽油车双怠速污染物排放标准》等地方法规。

2005 年 4 月 27 日，国家环保总局公布了五项机动车污染物排放新标准。其中，与汽车生产企业关系最为密切的是 GB 18352. 3—2005《轻型汽车污染物排放限值及测量方法（中国Ⅲ、Ⅳ阶段）》（及中国轻型汽车第Ⅲ、Ⅳ号排放标准），轻型汽车第Ⅲ号排放标准自 2007 年 7 月 1 日起实施，第Ⅳ号排放标准自 2010 年 7 月 1 日起实施。

与“国Ⅱ”GB 18352. 1/2—2001 相比，“国Ⅲ”无论是在排放限值、检测项目还是试验方法上都有许多不同，而且要求严格得多，排放限值全面降低了 30% 以上。以汽油车的 HC 排放限值为例，由原来的 0. 5g/km 下降到 0. 2g/km（国Ⅲ）；柴油车的 CO 排放限值由 1. 0g/km（国Ⅱ）下降到 0. 5g/km（国Ⅲ）。第Ⅳ阶段排放限值又在第Ⅲ阶段的基础上下降了一半。

除排放限值有所改变外，标准要求采取常温下冷起动后排气污染物排放试验（Ⅰ型试验），去掉原有发动机起动后允许的 40s 暖机时间，测试真正冷机起动时的各种排放限值。同时，污染物 HC 和 $NO_x$ 排放分别单独测量。轻型汽车国Ⅲ、国Ⅳ排放标准Ⅰ型试验排放限值见表 0-1。

**表 0-1　轻型汽车国Ⅲ、国Ⅳ排放标准Ⅰ型试验排放限值**

| | | | 基准质量（RM）/kg | 限值/（g/km） | | | | | | | | |
|---|---|---|---|---|---|---|---|---|---|---|---|---|
| | | | | 一氧化碳（CO） | | 碳氢化合物（HC） | | 氮氧化合物（$NO_x$） | | 碳氢化合物+氮氧化合物（HC+$NO_x$） | | 颗粒物（PM） |
| | | | | $L_1$ | | $L_2$ | | $L_3$ | | $L_2+L_3$ | | $L_4$ |
| 阶段 | 类别 | 级别 | | 汽油 | 柴油 | 汽油 | 柴油 | 汽油 | 柴油 | 汽油 | 柴油 | 柴油 |
| Ⅲ | 第一类车 | — | 全部 | 2.30 | 0.64 | 0.20 | — | 0.15 | 0.50 | — | 0.56 | 0.050 |
| | 第二类车 | Ⅰ | RM≤1305 | 2.30 | 0.64 | 0.20 | — | 0.15 | 0.50 | — | 0.56 | 0.050 |
| | | Ⅱ | 1305<RM≤1760 | 4.17 | 0.80 | 0.25 | — | 0.18 | 0.65 | — | 0.72 | 0.070 |
| | | Ⅲ | 1760<RM | 5.22 | 0.95 | 0.29 | — | 0.21 | 0.78 | — | 0.86 | 0.100 |
| Ⅳ | 第一类车 | — | 全部 | 1.00 | 0.50 | 0.10 | — | 0.08 | 0.25 | — | 0.30 | 0.025 |
| | 第二类车 | Ⅰ | RM≤1305 | 1.00 | 0.50 | 0.10 | — | 0.08 | 0.25 | — | 0.30 | 0.025 |
| | | Ⅱ | 1305<RM≤1760 | 1.81 | 0.63 | 0.13 | — | 0.10 | 0.33 | — | 0.39 | 0.040 |
| | | Ⅲ | 1760<RM | 2.27 | 0.74 | 0.16 | — | 0.11 | 0.39 | — | 0.46 | 0.060 |



注：第一类车指包括驾驶员座位在内，座位数不超过六座，且最大总质量不超过2500kg的载客汽车。
第二类车指除第一类车以外的其他所有轻型汽车。

## 思　考　题

1. 列举发动机的常用术语。
2. 简述发动机的工作原理。
3. 说明发动机的总体构造。

# 项目一　常用工量具使用的一般知识

## 任务一　常用工具的使用

### 一、普通工具及专用工具

1. 普通工具

（1）螺钉旋具　螺钉旋具（图1-1）是用来拧动螺钉的工具，通常分为一字槽螺钉旋具和十字槽螺钉旋具。另外，还派生有弯头旋具和快速旋具。

一字槽螺钉旋具用于拧紧或松开头部开有一字槽的螺钉，一般由旋具手柄和工作部分组成。工作部分用碳素工具钢制成，并经淬火处理。十字槽螺钉旋具用于拧紧或松开头部开有十字沟槽的螺钉，也是由旋具手柄和工作部分组成。工作部分也是用碳素工具钢制成，并经淬火处理。

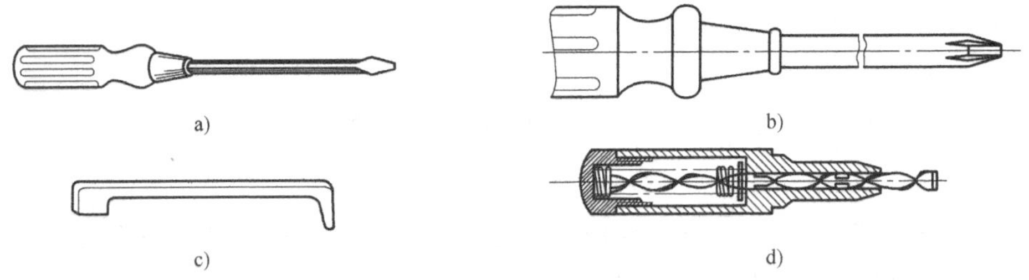


图1-1　螺钉旋具

a）一字槽螺钉旋具　b）十字槽螺钉旋具　c）弯头旋具　d）快速旋具

（2）活扳手　活扳手（图1-2）是用来紧固或松开一般标准规格的螺母和螺柱的工具，它由固定扳唇、活动扳唇、蜗轮、销轴和手柄组成。它的开口尺寸能在一定的尺寸范围内任意调整，遇到尺寸不规则的螺母或螺柱时更能发挥作用，故应用较广泛。活扳手通常由碳素工具钢或铬钢制成。

（3）锤子（图1-3）　锤子俗称圆顶锤，其锤头一端（或两端）平面略有弧形，是基本工作面；另一端是球面，用来敲击凹凸形状的工件。锤头用45钢、50钢锻造，两端工作面经热处理后，硬度一般为50～57HRC。此外，还派生有弹性锤子，一般用铜或硬橡胶制成，主要是用来敲击零部件的精密表面或受保护表面。

（4）手钳　常用的手钳有钢丝钳、鲤鱼钳和尖嘴钳，如图1-4所示。钢丝钳主要用于夹持圆柱形零件，也可以代替扳手拧动小螺柱、小螺母，钳口后部的刃口可以剪切金属丝。

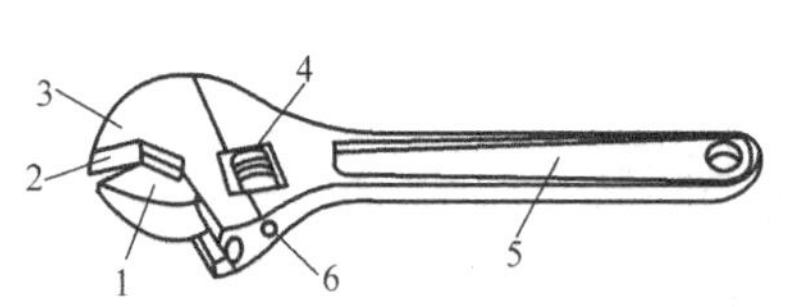


图 1-2　活扳手

1—活动扳唇　2—扳口　3—固定扳唇

4—蜗轮　5—手柄　6—销轴

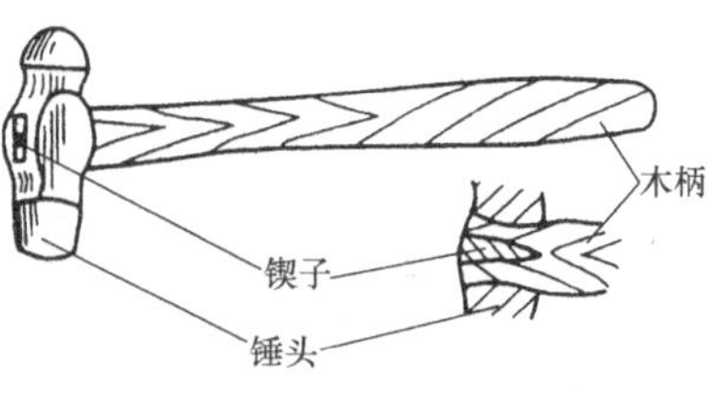


图 1-3　锤子

鲤鱼钳的一片钳体上有两个互相贯通的孔，又有一个特殊的销子，操作时钳口的张开度可以很方便地变化，以适应夹持不同大小的零件。钳头的前部是平口细齿，适用于夹捏一般的小零件；中部凹口粗长，用于夹持圆柱形零件，也可以代替扳手拧动小螺柱、小螺母，钳口后部的刃口可以剪切金属丝。尖嘴钳的头部细长，能在较小的空间中使用。其刃口也能剪切细小的金属丝，但使用时不能用力太大，否则钳口头部会变形或断裂。

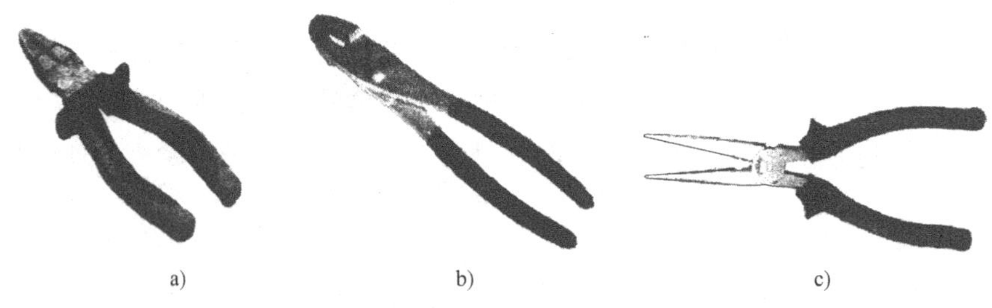

a)　b)　c)

图 1-4　手钳

a）钢丝钳　b）鲤鱼钳　c）尖嘴钳



2. 专用工具

（1）呆扳手　呆扳手（图 1-5）按形状有双头扳手和单头扳手之分，主要用来紧固或松开一般标准规格的螺母和螺柱。其开口的中心平面和本体的中心平面成 15°、45°、90°角等，这样既能适应人手的操作方向，又可降低对操作空间的要求，以便在受到限制的部位中扳动。呆扳手通常是成套装备，有八件一套或十件一套之分，用 45 钢、50 钢锻造并经热处理而成。

（2）梅花扳手　梅花扳手（图 1-6）也用来紧固或松开一般标准规格的螺母和螺柱，它的两端是环状的，环状的内孔由两个正六边形相互同心错转 30°而成。使用时，可将螺柱或

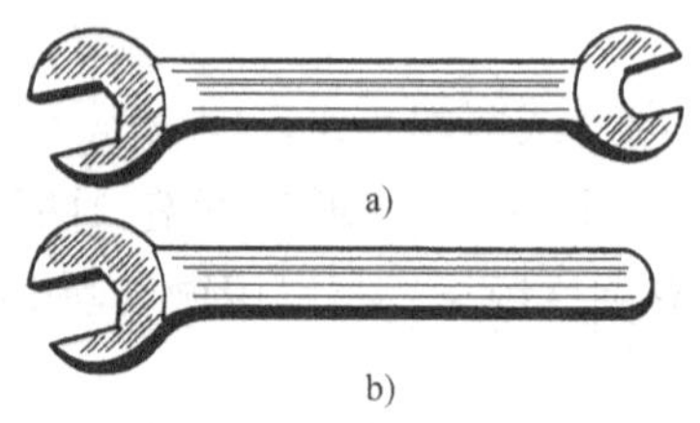

a)　b)

图 1-5　呆扳手

a）双头扳手　b）单头扳手

图 1-6　梅花扳手

螺母头部套住，扳动30°后，换位再套，因而适用于场合狭窄的情况下操作。梅花扳手通常是成套装备，有八件一套或十件一套之分，用45 钢或40Cr 钢锻造并经热处理而成。

（3）套筒扳手　套筒扳手（图1-7）除了具有一般扳手的用途以外，特别适用于旋转部位很狭小或隐蔽较深处的六角螺母和六角螺柱的紧固或松开，其材料、环孔形状与梅花扳手相同。套筒扳手主要由套筒头、手柄、棘轮手柄、快速摇柄、接头及接杆等组成，各种手柄适用于各种不同的场合。由于套筒扳手的各种规格是组装成套的，故其使用方便、效率很高。

（4）内六角扳手　内六角扳手（图1-8）是用来紧固或松开一般标准规格的内六角圆柱头螺钉或螺塞用的，其规格用六角形对边尺寸 $S$ 表示。

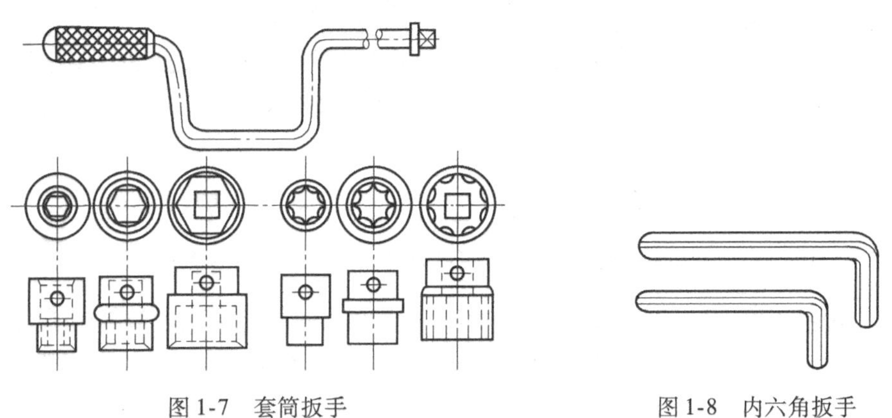

图1-7　套筒扳手　　图1-8　内六角扳手

（5）扭力扳手　扭力扳手（图1-9）是一种可以读出所施力矩大小的扳手，它由扭力杆和套筒头组成。凡是对螺母、螺柱有明确规定力矩的场合（如气缸盖、曲轴与连杆的螺柱、螺母等），都要使用扭力扳手，其规格是以最大可测力矩来划分的。扭力扳手除用来控制螺纹件的旋紧力矩外，还可以用来测量旋转件的起动转矩，以检查配合、装配情况。

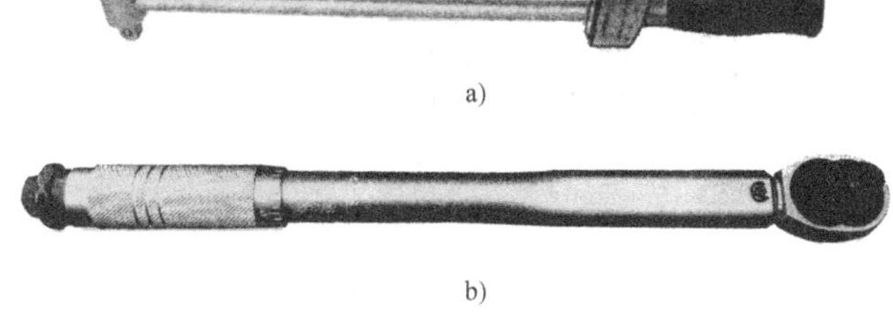

图1-9　扭力扳手

a）指针式扭力扳手　b）预调式铰接扭力扳手

（6）特殊用途扳手　圆螺母套筒扳手（图1-10a）用于扳动埋入孔内的圆螺母，将其端面齿插入圆螺母槽中，双手握住手柄旋转，同时向下用力，就可以将圆螺母拧紧或松开。钳形扳手（图1-10b）也是用于扳动埋入孔内的圆螺母，将钳形扳手的叉销插入圆螺母槽或孔内，旋转钳形扳手即可拧紧或松开圆螺母。单头钩形扳手（图1-10c）用于扳动在圆周方向上开有直槽或孔的圆螺母，将钩头钩在圆螺母的直槽或孔中，转动钩形扳手，即可将圆螺母拧紧或松开。棘轮扳手（图1-10d）适用于狭窄位置的螺母或螺柱的拧紧或松开，正转是拧紧螺母或螺柱，反转是空程。要拧松螺母或螺柱时，必须将棘轮扳手翻转180°使用。

（7）顶头　顶头（图1-11a）主要用于顶拔轴端零件，如齿轮和滚动轴承。顶拔时，将

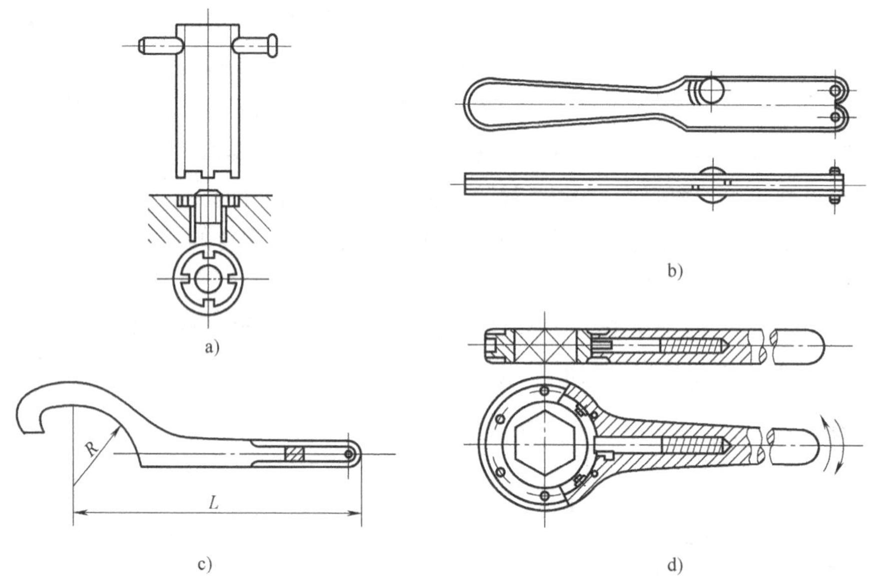

图 1-10　特殊用途扳手

a）圆螺母套筒扳手　b）钳形扳手　c）单头钩形扳手　d）棘轮扳手



顶头的钩头钩住被顶零件，同时转动螺杆顶住轴的端面中心，用力旋转螺杆的手柄，即可将零件缓慢拉出来（图 1-11b）。使用顶头时，应该使钩头尽量钩得牢固，以免打滑。顶拔时，应该使拧入的螺纹牙数尽量多。

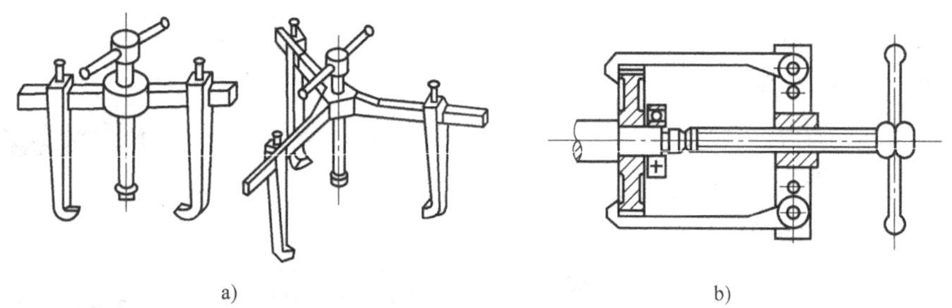

图 1-11　顶头

（8）弹性挡圈装拆用钳子　弹性挡圈装拆用钳子有轴用弹性挡圈装拆用钳子（图 1-12a）和孔用弹性挡圈装拆用钳子（图 1-12b）两种，图中的Ⅰ型用于箱体内弹性挡圈的装拆，Ⅱ型用于箱体外弹性挡圈的装拆。

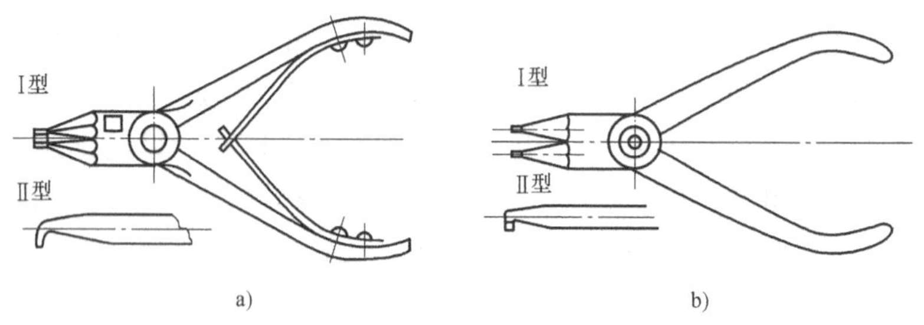

图 1-12　弹性挡圈装拆用钳子

## 二、常用工具的使用方法

### 1. 螺钉旋具的使用

使用螺钉旋具时，右手握住螺钉旋具，手心抵住柄端，螺钉旋具与螺钉同轴心，压紧后用手腕扭转。松动后，用手心轻压螺钉旋具，用拇指、中指、食指快速扭转。使用长杆螺钉旋具时，可用左手协助压紧和拧动手柄，如图 1-13 所示，并且螺钉旋具的刃口应与螺钉槽口大小、宽窄、长短相适应，刃口不得残缺，以免损坏槽口和刃口。

使用螺钉旋具的注意事项如图 1-14 所示。第一，不能用锤子敲击螺钉旋具的头部（图 1-14a）；第二，不可以将螺钉旋具当撬棍使用（图 1-14b）；第三，不可以在螺钉旋具刃口附近用扳手或钳子来增加扭力（图 1-14c）；第四，弯头旋具用于螺钉头部空间狭小的部位；第五，快速旋具用于快速装拆螺钉的场合。

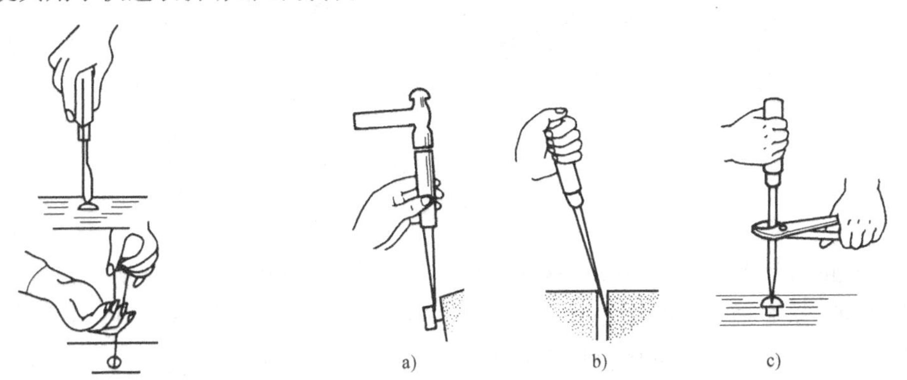


图 1-13　螺钉旋具的使用

图 1-14　使用螺钉旋具的注意事项

### 2. 活扳手的使用

活扳手可以通过旋转调节螺钉改变扳口大小，适用于尺寸不规则螺母或螺柱的松动或紧固。使用时转动蜗轮调节扳口大小，使其卡紧螺母或螺柱，再将扳手外拉后拧动。取下扳手时，前推扳手，向上取出。第一，活扳手的手柄不能够用套管任意加长（图 1-15a）；第二，活扳手工作时，应该使活动扳唇承受推力，固定扳唇承受拉力，且用力要均匀（图 1-15b）。

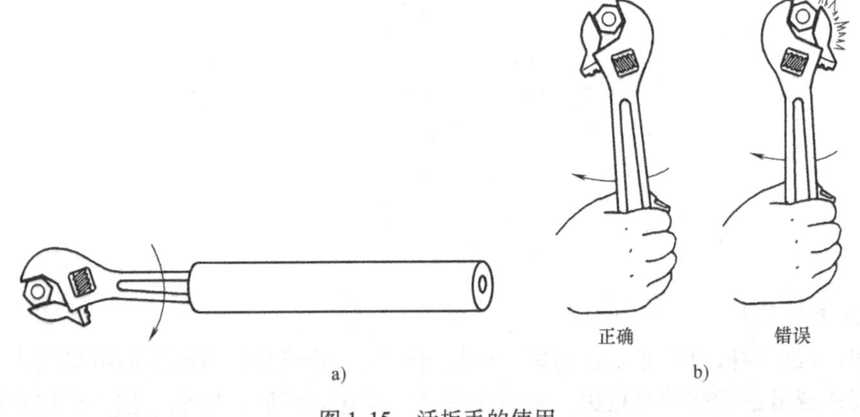


图 1-15　活扳手的使用

3. 锤子的使用

握锤有紧握法和松握法之分。紧握锤子时，右手五个手指紧握锤柄，大拇指合在食指上，虎口对准锤头方向（木柄椭圆的长轴方向），木柄尾端露出15～30mm。在挥锤和锤击过程中，五指始终紧握，握力适度，眼睛注视工件（图1-16a）。使用松握法握锤时，大拇指和食指始终握紧锤柄，锤击时中指、无名指、小拇指在运锤的过程中依次握紧锤柄，挥锤时按照相反的顺序放松手指（图1-16b）。锤子的手柄应安装牢固，用楔子塞牢，以防锤头飞出伤人。锤击时，锤头应平整地击打在工件上，不得歪斜，以防破坏工件表面形状。

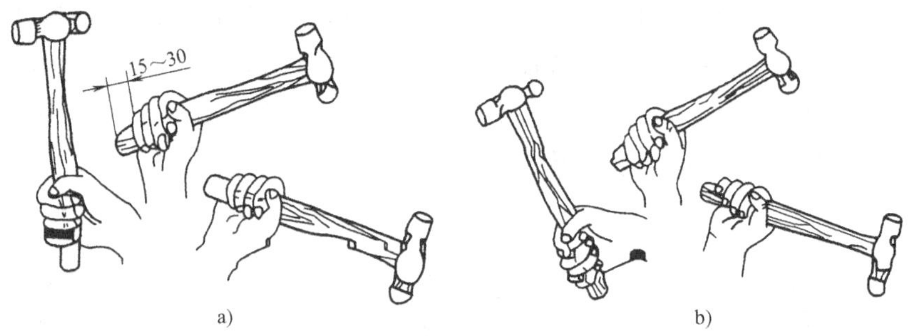


图1-16　锤子的握法

a）紧握法　b）松握法



挥锤的方法有腕挥、肘挥和臂挥三种，如图1-17所示。腕挥就是仅用手腕的动作进行锤击运动，采用紧握法握锤，锤击力小，但准、快、省力（图1-17a）；肘挥是手腕与肘部一起挥动做锤击运动，采用松握法握锤，因挥动幅度较大，故锤击力也较大（图1-17b）；臂挥是手臂挥锤，用手腕、肘和全臂一起挥动，也就是大臂和小臂一起运动，锤击力最大（图1-17c）。挥锤要求准、稳、狠：准就是命中率要高，稳就是速度节奏为40次/min，狠就是锤击要有力。其动作要一下一下有节奏地进行，一般肘挥时速度节奏约40次/min，腕挥时约50次/min。

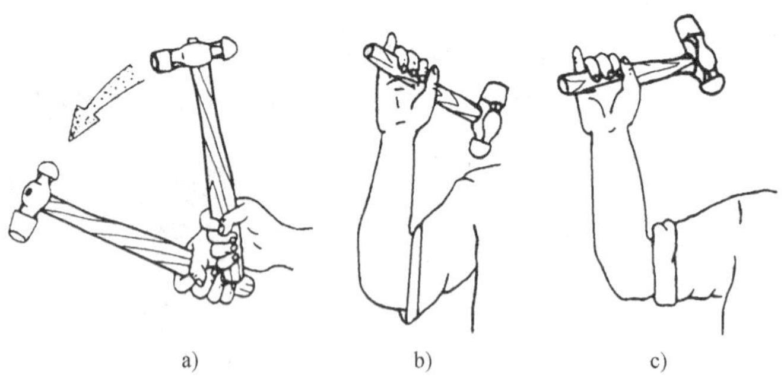


图1-17　挥锤的方法

a）腕挥　b）肘挥　c）臂挥

4. 呆扳手的使用

所选用呆扳手的扳口尺寸必须与螺柱或螺母的尺寸相符合，呆扳手的扳口过大时容易滑脱，并会损伤螺母或螺柱的六角边。为防止呆扳手损坏和滑脱，应该使拉力作用在扳唇较厚的一边，如图1-18所示。

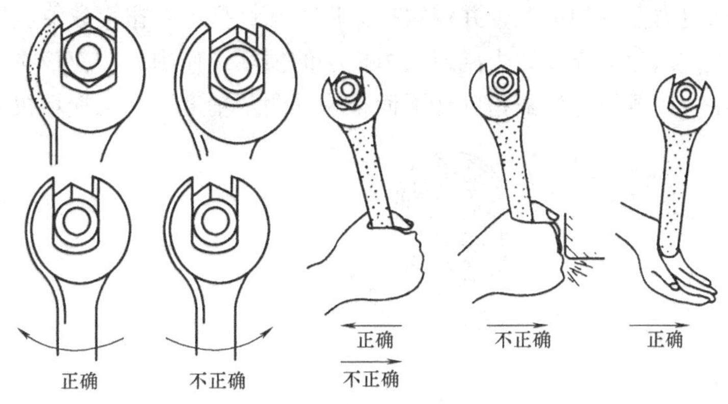


图 1-18　呆扳手的正确使用

5. 梅花扳手的使用

梅花扳手两端的环状内孔是双六角形的，可以很容易地套进六角形螺柱、螺母，很方便地在有限的凹进空间里或平面上紧固和松动六角形螺柱、螺母。同时，因为螺柱、螺母的的六角形表面是被环状内孔包住的，故不可能损坏六角形螺柱角、螺母角，并且可以施加较大的扭矩。

使用时，应该选用尺寸合适的梅花扳手，否则极容易损坏梅花扳手和螺柱、螺母。同时，应该尽量使用拉力，如果因空间限制无法拉动梅花扳手，则可以用手推之。拧紧的螺柱、螺母可以通过施加冲击力轻松地松开，但是不能够使用套管加长来增加扭矩或用锤子敲击加长的套管来增加扭矩。图 1-19 所示为梅花扳手使用方法示意图。

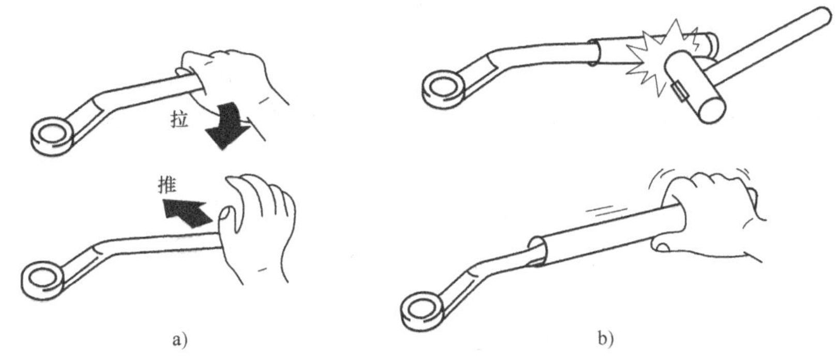


图 1-19　梅花扳手的使用

a）正确　b）错误

6. 棘轮扳手的使用

扳动棘轮扳手上的手柄，可以改变棘轮扳手的用力方向，往左转动可以拧紧螺柱、螺母，往右转动可以松开螺柱、螺母。因此，可以不取下套筒头而往复操作，提高了工作效率。同时，棘轮扳手可以用较小的回转角锁住，从而可以在有限的空间中工作。但其内部的棘轮不能够承受较大的力，因此不要施加过大的扭矩，否则可能损坏棘爪的结构，如图 1-20 所示。

7. 扭力扳手的使用

扭力扳手的使用方法如图 1-21 所示。使用时，一只手按住扭力扳手套筒头的一端，另一只手平稳地拉动扭力扳手的手柄，并观察扭力扳手指针指示的扭矩数值。切忌在过载的情况下使用扭力扳手，以免造成读数失准或扭力扳手的损坏。使用后，应该将扭力扳手平稳放置，避免重物撞压，造成扭力杆或指针变形而影响其测量精度，甚至损坏扭力扳手。

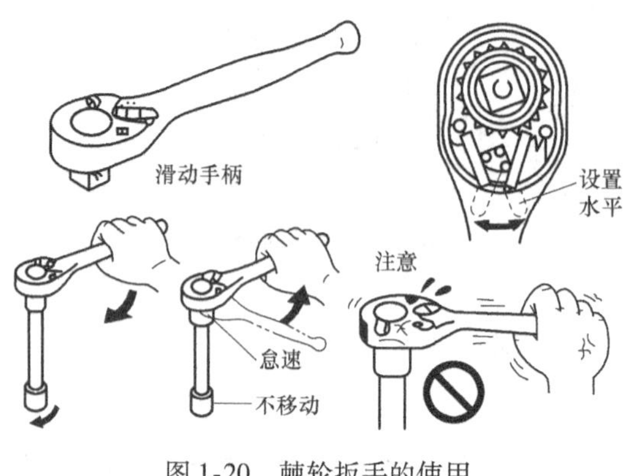


图 1-20　棘轮扳手的使用

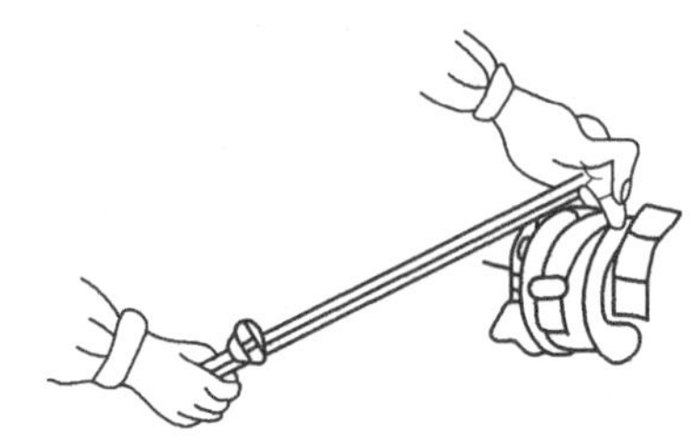

图 1-21　扭力扳手的使用

## 三、个人安全防护及设备安全

1. 个人安全防护



(1) 眼睛的防护　在工厂车间工作时，眼睛经常会受到各种伤害，如飞来的物体、腐蚀性的化学飞溅物、有毒的气体或烟雾等，但这些伤害几乎都是可以防护的。

常见的保护眼睛的装备是护目镜和面罩。护目镜可以防护各种对眼睛的伤害，如飞来物体或飞溅的液体。在以下情况下，应考虑佩戴护目镜：进行金属切削加工、使用錾子或冲子铲剔、使用压缩空气、使用清洗剂等。面罩不仅能够保护眼睛，还能够保护整个面部。如果进行电弧焊或气焊，要使用带有色镜片的护目镜或带深色镜片的特殊面罩，以防止有害光线或过强的光线伤害眼睛。值得注意的是，在摘下护目镜或面罩时要闭上眼睛，防止粘在护目镜或面罩外的金属颗粒掉进眼睛里。

(2) 听觉的保护　工厂车间是个噪声很大的场所，各种设备如冲击扳手、空气压缩机、砂轮机、发动机、机床等的噪声都很大。短时的高噪声会造成暂时性听力丧失，持续的较低噪声则更有害。常见的听力保护装备有耳罩和耳塞，噪声极高时可以同时佩戴。在钣金车间，一般情况下必须佩戴耳罩或耳塞。

(3) 手的保护　手是身体经常受伤害的部位之一，保护手要从两方面着手：一是不要把手伸到危险区域，如发动机前部转动的传动带区域、发动机排气管道附近等；二是必要时应该戴上防护手套。不同的场合需用不同的防护手套，金属加工用劳保安全手套，接触化学品用橡胶手套。

(4) 衣服、头发及饰物　宽松的衣服、长袖子、领带都容易卷进旋转的机器中，所以在工厂车间里一定要穿合体的工作服，最好是连体工作服，外套、工装裤也可以，这些工作服比平时衣着安全得多。如果戴领带，则要把它塞到衬衫里。长发很容易被卷入运转的机器中，所以长发一定要扎起来，并戴上帽子。

在工厂车间里要穿劳保鞋，可以保护脚面不被落下的重物砸伤，且劳保鞋的鞋底是防

油、防滑的。工作时不要戴手表或其他饰物，特别是金属饰物，在进行电气维修时可能会导入电流而烧伤皮肤，或导致电路短路而损坏电子元器件或设备。

2. 工具和设备的安全使用

（1）手动工具的安全使用　手动工具看起来是安全的，但使用不当也会导致事故，如用一字槽螺钉旋具代替撬棍，会导致旋具崩裂、损坏，飞溅物会打伤自己或他人；扳手从油腻的手中滑落，掉到旋转的零部件上，再飞出来伤人等。另外，使用带锐边的工具时，锐边不要对着自己和同事。传递工具时，要将手柄朝向对方。使用千斤顶支承重物时，应当确保千斤顶支承在支承点较结实的部位。

（2）动力工具的安全使用　所有的电气设备都要使用三相插座，地线要安全接地，电缆或装配松动的电器应该及时维护；所有旋转的设备都应该有安全罩，以免零部件飞出伤人。在进行电子系统维修时，应该断开电路的电源，方法是断开蓄电池的负极搭铁线，这样不仅可以保护人身安全，还能防止对电器的损坏。

（3）检查和保养　工具和设备都要定期检查和保养。

3. 压缩空气的安全使用

使用压缩空气时应该非常小心，不要将压缩空气对着自己或别人，不要对着地面或设备、车辆乱吹。压缩空气会撕裂耳鼓膜，造成失聪；还会损伤肺部或伤及皮肤；被压缩空气吹起的尘土或金属颗粒会造成皮肤、眼睛的损伤。



# 任务二　常用量具的使用

## 一、常用量具

1. 金属直尺

金属直尺（图1-22）是一种最简单的测量长度而直接读数的量具，用薄钢板制成。常用它粗测工件的长度、宽度和厚度。

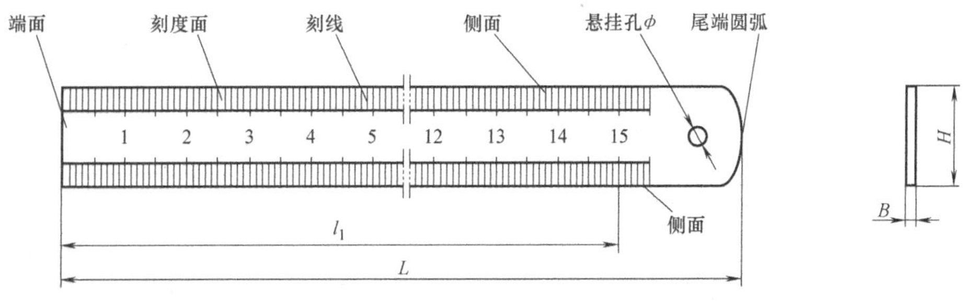


图1-22　金属直尺

2. 游标卡尺

游标卡尺是一种较精密的量具，能较精确地测量工件的长度、宽度、深度及内外圆直径等尺寸。它由尺身、游标、外测量爪、刀口形内测量爪、深度尺、紧固螺钉等组成，如图1-23所示。

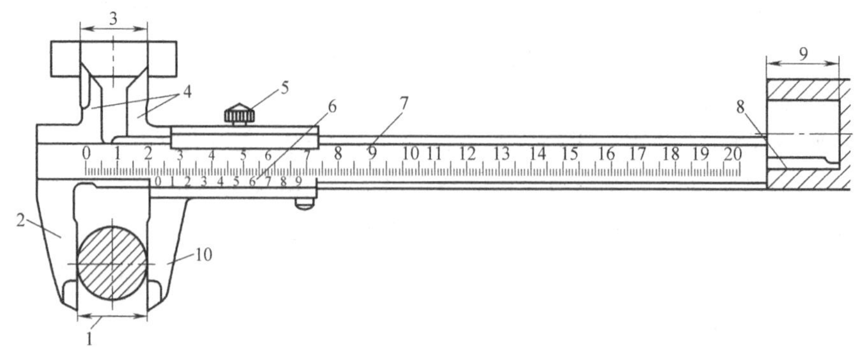


图 1-23　游标卡尺

1—测量外表面　2、10—外测量爪　3—测量内表面　4—刀口形内测量爪

5—紧固螺钉　6—游标　7—尺身　8—深度尺　9—测量深度

内、外固定测量爪与尺身制成一体，而内、外活动测量爪和深度尺与游标制成一体，并且可以在尺身上滑动。尺身上的刻度每格为 1mm，游标上的刻度每格不足 1mm。当内、外测量爪合拢时，尺身与游标上的零线应该相重合；在内、外测量爪分开时，尺身与游标上的刻线相对错动。测量时，根据尺身与游标的错动情况，即可以在尺身上读出以 mm 为单位的整数，在游标上读出以 mm 为单位的小数。为了使测量好的尺寸不致变动，可以拧紧紧固螺钉，使游标不再滑动。不同分度值的游标卡尺的刻线原理和读数方法见表 1-1。

**表 1-1　游标卡尺的刻线原理和读数方法**

| 分度值/mm | 刻线原理 | 读数方法及示例 |
| --- | --- | --- |
| 0.1 | 尺身 1 格 = 1mm，游标 1 格 = 0.9mm，共 10 格，尺身、游标每格之差 = (1 − 0.9)mm = 0.1mm<br>1mm　尺身<br>零线<br>0.9mm　游标 | 读数 = 游标 0 刻线指示的尺身整数 + 游标与尺身重合线数 × 分度值<br>示例<br>90　100<br>0.4mm<br>读数 = (90 + 4 × 0.1)mm = 90.4mm |
| 0.05 | 尺身 1 格 = 1mm，游标 1 格 = 0.95mm，共 20 格，尺身、游标每格之差 = (1 − 0.95)mm = 0.05mm<br>尺身　1　2<br>游标　5　10　15　20 | 读数 = 游标 0 刻线指示的尺身整数 + 游标与尺身重合线数 × 分度值<br>示例<br>3　4<br>0　5　10<br>读数 = (30 + 11 × 0.05)mm = 30.55mm |
| 0.02 | 尺身 1 格 = 1mm，游标 1 格 = 0.98mm，共 50 格，尺身、游标每格之差 = (1 − 0.98)mm = 0.02mm<br>0　1　2　3　4　5<br>尺身<br>游标<br>0　1　2　3　4　5　6　7　8　9　1 | 读数 = 游标 0 刻线指示的尺身整数 + 游标与尺身重合线数 × 分度值<br>示例<br>2　3　4　5<br>0　1　2　3　4　5<br>读数 = (23 + 13 × 0.02)mm = 23.26mm |

3. 千分尺

千分尺是比游标卡尺更为精确的一种精密量具，其测量精度可以达到0.01mm，按用途不同可分为外径千分尺、内径千分尺、深度千分尺和螺纹千分尺等。

（1）外径千分尺的构造　外径千分尺（图1-24）是用来测量工件外部尺寸的量具，由尺架、测砧、测微螺杆、螺纹轴套、固定套管、微分筒、调节螺母、测力装置、锁紧装置、隔热装置等组成。

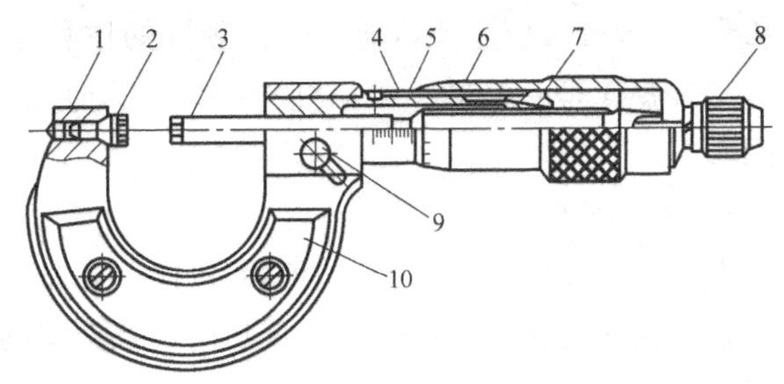


图1-24　外径千分尺的结构

1—尺架　2—测砧　3—测微螺杆　4—螺纹轴套　5—固定套管　6—微分筒　7—调节螺母　8—测力装置　9—锁紧装置　10—隔热装置

（2）刻线原理　千分尺利用螺旋副传动原理，借助测微螺杆与螺纹轴套的精密配合，将回转运动变为直线运动，以固定套管和微分筒（相当于游标卡尺的尺身和游标）所组成的读数机构读得被测工件的尺寸。

固定套管外面有尺寸刻线，上、下刻线每一格为1mm，相邻刻线间的距离为0.5mm。测微螺杆后端有精密螺纹，螺距是0.5mm，当微分筒旋转一周时，测微螺杆和微分筒一同前进（或后退）0.5mm。同时，微分筒就遮住（或露出）固定套管上的一条刻线。在微分筒圆锥面上，一周等分成50条刻线，当微分筒旋转一格时，即一周的1/50，测微螺杆就移动0.01mm，故千分尺的分度值为0.01mm。

（3）读数方法　先读固定套管上的整数（mm）和半整数（0.5mm）；再看微分筒上第几条刻线与固定套管的基线对正，即有几个0.01mm；将两个读数相加就是被测量工件的尺寸。

图1-25所示为千分尺的刻度和读数示意图。在图中，固定套管上露出来的数值是0.75mm，微分筒上第39刻线与固定套管上的基线对齐，即数值为0.39mm。这时，千分尺的正确读数应该为7.50mm+0.39mm=7.89mm。

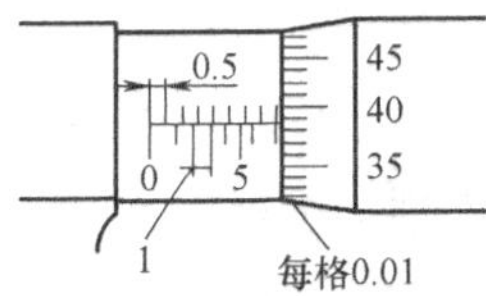


图1-25　千分尺的刻度和读数示意图

4. 百分表

百分表是一种精度较高的齿轮传动式测微量具，如图1-26所示。它利用齿轮齿条传动机构将测杆的直线移动转变为指针的转动，由指针指出测杆的移动距离。因百分表只有一个测头，所以它只能测出工件的相对数值。百分表主要用来测量机器零件的各种几何形状偏差和表面相互位置偏差（如平面度误差、

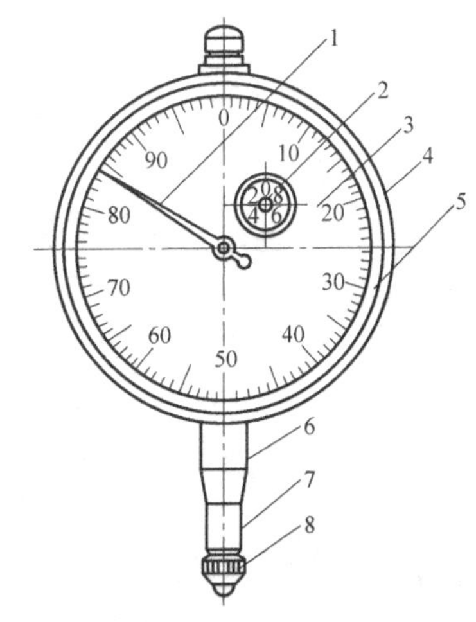


图1-26　百分表

1—主指针　2—小指针　3—表盘　4—表体　5—表圈　6—装夹套　7—测杆　8—测头

垂直度误差、圆度误差和跳动量），也可以测量工件的长度尺寸，常用于工件的精密找正。

百分表的工作原理是将测杆的直线位移，经过齿轮齿条传动转变为指针的角位移。百分表的刻度盘圆周刻成 100 等分，其分度值为 0.01mm，当主指针转动一周时，测杆的位移量为 1mm；小指针转动一格，测杆的位移量为 0.01mm，这时的读数为 0.01mm。表圈 5 和表盘 3 是一体的，可以任意转动，以便使指针对零位。小指针用以指示主指针的回转圈数。

5. 内径百分表

内径百分表借助百分表作为读数机构，配备杠杆传动系统或楔形传动系统的杆部组合而成。它是用比较法来测量孔径及其几何形状偏差的，主要用来测量缸体零件的内孔尺寸精度和形状精度，也可以用来测量工件上孔的尺寸精度和形状精度。

图 1-27 所示内径百分表配备的是杠杆传动系统，其上部是百分表，下部是量杆装置，上、下部有联动关系。测量时，被测孔的尺寸偏差借助活动测头的位移，通过杠杆和传动杆传递给百分表。因传动系统的传动比为 1，因而测头移动的距离与百分表的指示值相等。为了测量不同直径缸体的孔径，备有长短不同的固定量杆，并在各固定量杆上标有测量范围，以便于选用。



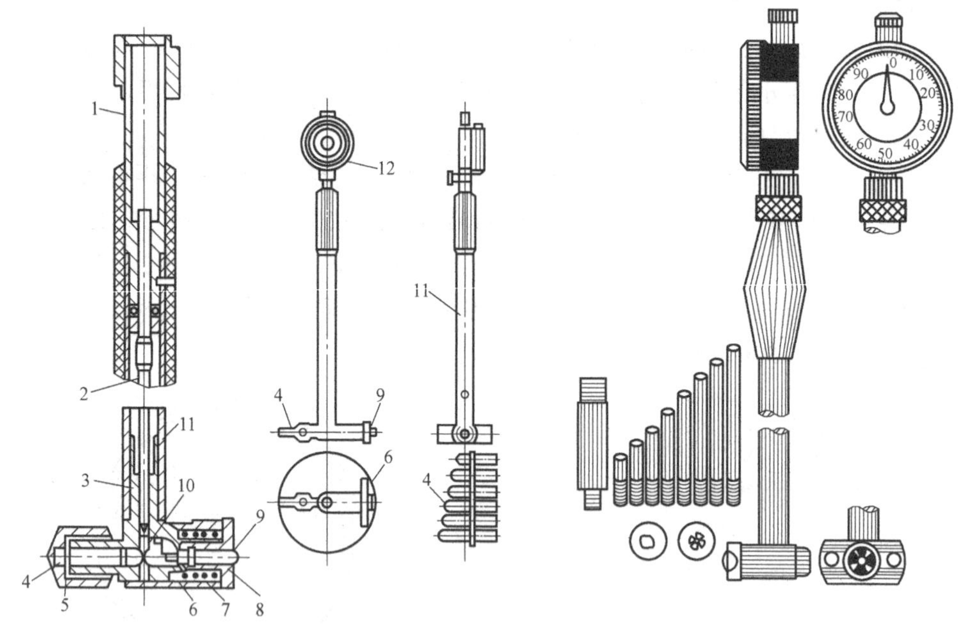


图 1-27　内径百分表的结构

1—插口　2—活动杆　3—三通管　4—固定量杆　5、8—锁紧螺母　6—活动套　7—弹簧　9—活动量杆　10—杠杆　11—表管　12—百分表

6. 塞尺

塞尺一般是成套供应的，其外形如图 1-28 所示。塞尺由不同厚度的金属薄片组成，每个薄片有两个相互平行的平面，并有较准确的厚度。塞尺的规格以长度和每组的片数来表示，每组的片数有 11 ~ 17 片等，其长度制成 50mm、100mm、200mm 和 300mm 等。

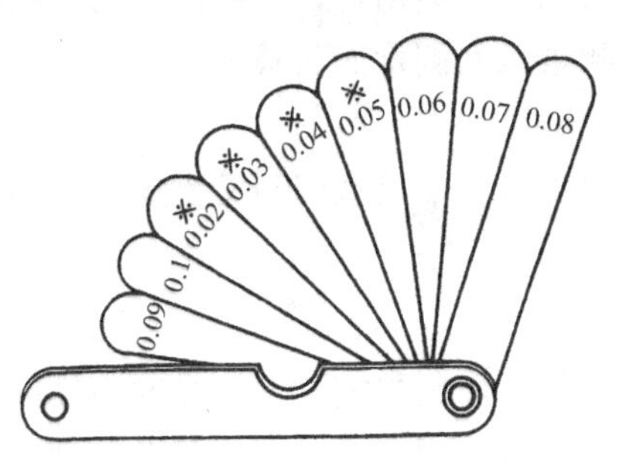

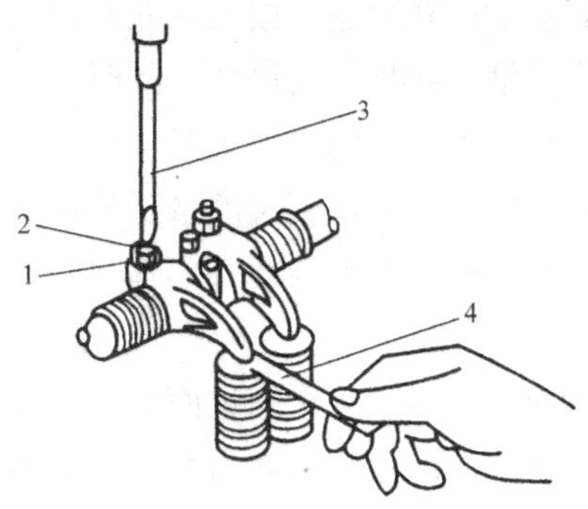


图 1-28 塞尺

1—锁紧螺母 2—调整螺柱 3—螺钉旋具 4—塞尺

## 二、常用量具的使用方法

1. 游标卡尺的使用

测量前，应该将被测工件表面擦拭干净，并使游标卡尺测量爪保持清洁。合拢测量爪，检查尺身与游标的零线是否对齐。如未对齐，则应记下误差值，以便测量后修正读数。测量工件的内、外圆时，卡尺应该垂直于轴线；测量内圆时，还应该使两测量爪处于直径处。图1-29 所示为使用游标卡尺时的几种错误方法。



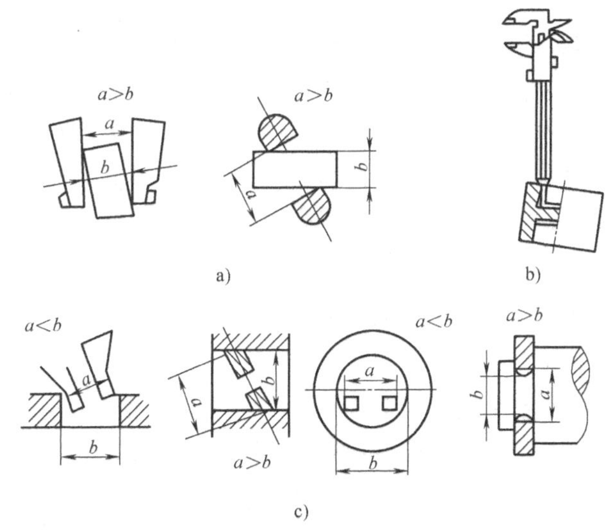


图 1-29 游标卡尺的错误使用方法

a）测量外径的错误方法 b）测量深度的错误方法 c）测量内径和沟槽的错误方法

测量工件外圆尺寸时，应该先使游标卡尺外测量爪的间距略大于被测工件的尺寸，再使工件与尺身外测量爪贴合，然后使游标外测量爪与被测工件表面接触，并找出最小尺寸。测量时要注意外测量爪的两测量面与被测工件表面接触点的连线应该与被测工件表面相垂直。

测量工件孔内尺寸时，应该使游标卡尺内测量爪的间距略小于工件的被测孔径尺寸，然后将内测量爪沿孔中心线放入。先使尺身内测量爪与孔壁一边贴合，再使游标内测量爪与孔壁另一边接触，找出最大尺寸。同时，应注意使内测量爪两测量面与被测工件内孔表面接触点的连线与被测工件内表面垂直。

使用游标卡尺的深度尺测量工件深度尺寸时，要使游标卡尺端面与被测工件的顶端平面贴合，同时保持深度尺与此平面垂直。

2. 千分尺的使用

测量前，先将千分尺测量面擦拭干净，并检查零位。用测力装置使测量面与标准棒两端面接触，观察微分筒前端面与固定套管零线、微分筒零线与固定套管基线是否重合。如不重合，应该通过专用扳手转动固定套管进行调整，如图 1-30 所示。

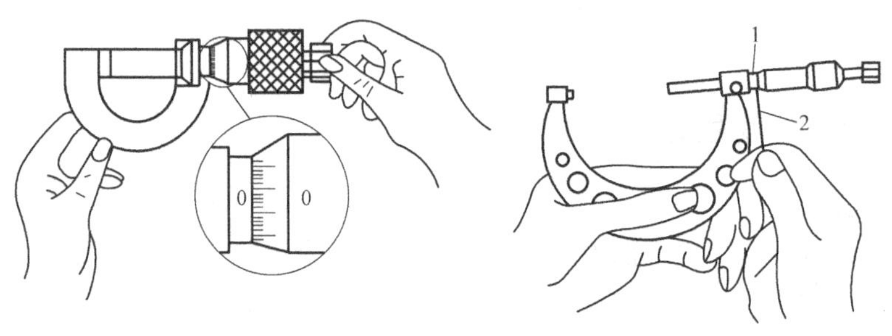


图 1-30　千分尺零位调整方法

1—固定套管　2—专用扳手



测量时，左手拿尺架的隔热装置，右手旋转微分筒，使千分尺测微螺杆的轴线与工件的中心线垂直或平行，不得歪斜。先用手转动调节螺母，当测微螺杆的测量面接近工件时，改用测力装置的螺母转动，直至听到“咔咔”的响声，表示测微螺杆与工件接触力适当，应该停止转动，这时千分尺上的读数就是工件的尺寸。严禁拧动微分筒，以免因用力过度而造成测量不准确。为防止一次测量不准确，可以旋松棘轮，再进行多次复查，以保证测量读数的准确性。

读数时要细心，必要时可用紧定手柄将测微螺杆固定，从工件上取下千分尺读出测量的数值；要特别注意不要读错 0.5mm。

3. 百分表架及百分表的使用

如图 1-31 所示，使用百分表测量工件时，必须将其固定在可靠的支架上，并要注意百分表与支架在表座上安装的稳定性，不应该有倾斜或摆动现象。百分表的夹装要牢固，夹紧力要适当，不宜过大，以免装夹套筒变形而卡住测杆。夹装后要检查测杆是否灵活，并且不可再转动百分表。依被测零件表面的不同形状选用相应形状的测头，如用平测头测量球面零件，用球面测头测量圆柱形或平面零件，用尖测头或曲率半径很小的球面测头测量凹面或形状复杂的表面。

测量时，应该轻提测杆，缓慢放下，使测杆端部的测头抵在被测零件的测量面上，并要有一定的压缩量，以保持测头具有一定的压力，再转动刻度盘，使指针对准零位。同时，使被测量的零件按一定的要求移动或转动，从刻度盘指针的变化，直接观察被测零件的偏差尺

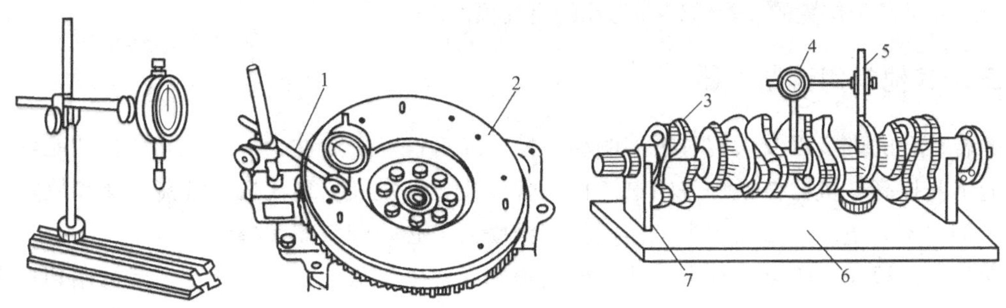


图 1-31　百分表架及百分表的使用

1—固定支架　2—飞轮（工件）　3—曲轴　4—百分表　5—百分表支架　6—检验用平板　7—V 形架

寸，即可测量出零件的平整程度或平行度误差、垂直度误差，或者轴的弯曲度及轴颈磨损程度等。

值得注意的是，测量时测杆必须与被测零件表面垂直，否则会产生测量误差。同时，不得使测头移动距离过大，不准将零件强行推至测头下，也不准急速放下测杆，使测头突然落到零件表面上，否则将造成测量误差，甚至损坏百分表。图 1-32 所示为使用百分表时的正确位置和错误位置。



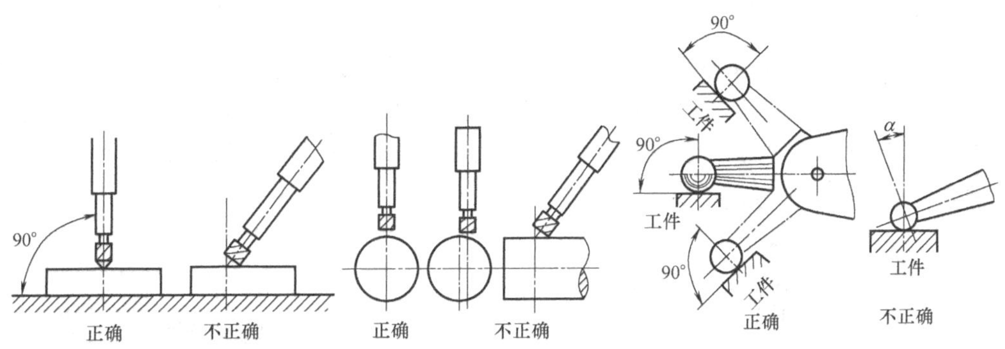


图 1-32　使用百分表时的正确位置和错误位置

4. 内径百分表的使用

使用内径百分表测量缸体零件或一般零件的内孔尺寸时，先根据孔径尺寸选用合适的固定量杆，将内径百分表放入缸体零件或一般零件的孔内。如果表针能转动一圈左右，则为调整适宜，然后将量杆上的固定螺母锁紧。

测量孔径时，量杆必须与内孔中心线垂直，这样读数才能准确。为此，测量孔径时可以稍稍摆动内径百分表，如图 1-33 所示。当指针指示到最小数值（图中中间位置）时，即表明量杆已垂直于内孔中心线，记下该处的数值（大指针和小指针指示的数值都要记），然后用外

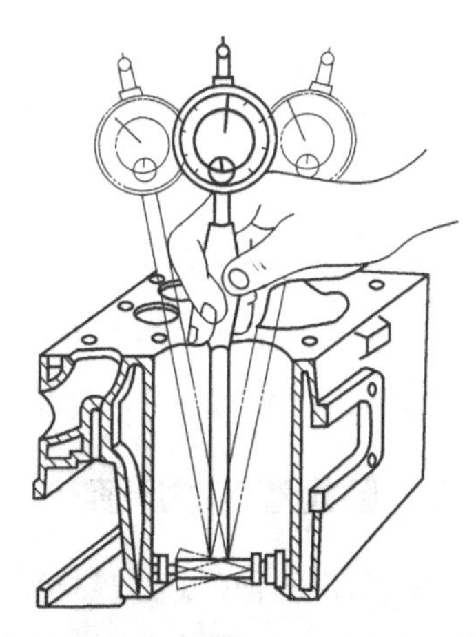

图 1-33　内径百分表的使用方法

径千分尺测量这个位置的读数值，即为孔的直径值。

### 三、其他常用诊断仪器

随着社会的进步以及人们对机器的动力性、经济性、安全性、舒适性和环保性能等方面要求的不断提高，机器技术日益向电子化、智能化方向发展，现代机器性能检测和故障诊断技术也随之不断更新，并已成为机器操作与维修人员必须和急需掌握的技术。

在机器的操作和维修过程中，除了前面提到的常用机械测量工具外，还经常用到自诊断检查（检测）仪，机器综合检测仪，机器异响听诊器，进气系统真空表，气缸压力、漏气率表，冷却液冰点检测仪，润滑油压力表，燃油压力检测仪，真空表，综合诊断故障仪等。

## 任务三　认识千斤顶

千斤顶是一种最常用、最简单的起重工具，其体积小、重量轻。千斤顶分为机械式千斤顶和液压千斤顶，其中液压千斤顶省力，但对工作环境有一定的要求。在高温、低温环境下，机械螺旋千斤顶有更大的优越性，其举升高度能满足工作需要，并且维护较简单。



### 一、机械式千斤顶

机械式千斤顶由于起重量小、操作费力，只用于一般机械维修工作，常用的有立式和桥式两种。立式机械千斤顶（图 1-34）采用棘轮举升重物，由于其较为笨重，故只适合于车间内使用。桥式机械千斤顶（图 1-35）利用螺杆转动带动杆系形变的原理来举升重物，其举升重量较小，但轻巧方便。

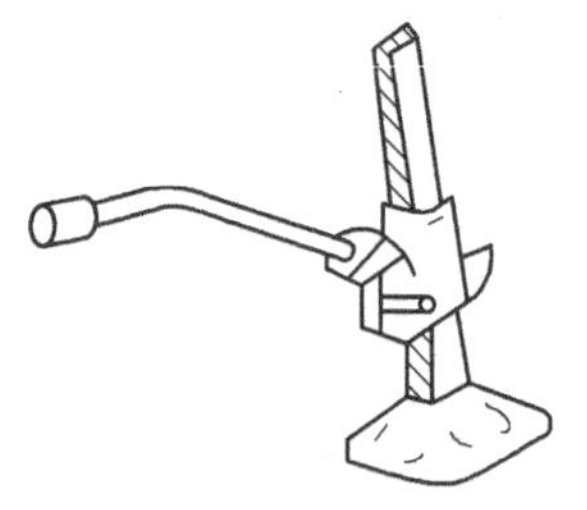

图 1-34　立式机械千斤顶

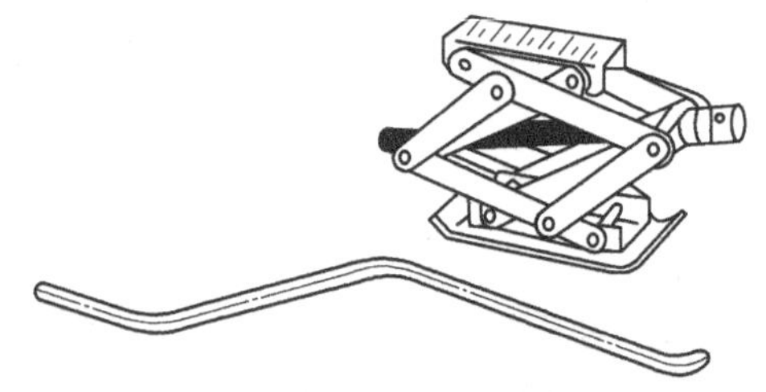

图 1-35　桥式机械千斤顶

### 二、立式液压千斤顶

立式液压千斤顶（图 1-36）的结构紧凑、工作平稳，有自锁作用，故使用广泛。但其举升高度有限，并且举升速度慢。

### 三、卧式液压千斤顶

卧式液压千斤顶（图 1-37）的行程较长，使用方便，是汽车维修工厂常用的举升设备。但它的尺寸较大，不适宜随车携带。

图 1-36　立式液压千斤顶

图 1-37　卧式液压千斤顶

## 思　考　题

1. 简述游标卡尺的使用方法。
2. 简述千分尺的使用方法。
3. 简述百分表的使用方法。

# 项目二　发动机的拆卸和解体

## 任务一　发动机的拆卸

### 一、发动机拆卸前的准备

（1）常用工具的准备　拆卸发动机的常用工具有套筒扳手、梅花扳手、呆扳手、扭力扳手、鲤鱼钳、尖嘴钳、橡胶锤、螺钉旋具（一字槽、十字槽）、铜棒、记号笔、刮刀、刷子、磁性手柄、气枪等。

（2）常用设备的准备　拆卸发动机的常用设备有发动机翻转架、工作台、工具车、台虎钳、零件清洗盘等，如图 2-1 所示。

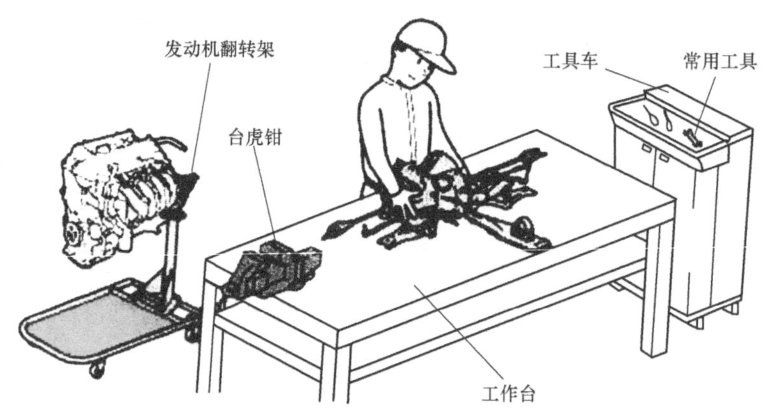


图 2-1　拆卸发动机的常用设备

（3）专用拆卸工具的准备　拆卸发动机的常见专用工具有带轮拉具、气门油封拆装工具、气门拆装工具、活塞销拆装工具、活塞环钳、机油滤清器扳手等。

（4）检测量具的准备　常用的测量工具有百分表及表架、内径百分表、千分尺、游标卡尺、塑料间隙规、塞尺等。

### 二、工具和设备的应用

拆卸发动机时使用的各种工具、测量仪表和设备都有其特殊的使用方法，只有使用得当才能保证工作安全和准确。

（1）了解其功能　每样工具和测量仪表都有其特定的功能，如果用于规定之外的用途，则可能导致工具或测量仪表的损坏，也会损坏零件或者导致其工作质量降低。

(2) 掌握正确的使用方法　每样工具和测量仪表都有规定的操作程序，要确保在工作零部件上正确使用工量具，用在工量具上的力要恰当，工作姿势也要正确。

(3) 正确地选择工具　要根据零件形状、尺寸和工作场地选择适合的工具。

(4) 工量具放置有序　工具和测量仪表要放在容易拿到的位置，使用后要放回原来的正确位置。

(5) 合理维护和管理工量具　工量具在使用后要立即清洗，并在需要涂油的部位涂油。如需要修理就要立即进行修理，以保证工量具处于完好的状态。

## 三、发动机拆卸的步骤及要点

发动机拆卸的一般步骤是先将与发动机相连的附件、管道、导线等拆开，然后将变速器与发动机分离，最后将发动机用吊装设备吊出发动机舱，具体过程如下：

1) 拆下蓄电池搭铁线，避免在拆卸过程中出现电路短路等意外，造成电路或电气零部件的损坏。

2) 调整空调开关至“暖风”档，以保证能彻底排放出冷却液。

3) 打开散热器盖和冷却液补偿桶盖，拧开散热器出水室上的放水开关，将冷却液排放至容器内。

4) 在排空冷却液后，拆下连接散热器与发动机的所有水管。

5) 拆下发动机周围的护罩。

6) 拔下电动冷却风扇、发电机、空调压缩机等的接线插头。

7) 松开空调压缩机和转向助力泵上的V带，拆下压缩机、转向助力泵固定支架螺柱，将空调压缩机、转向助力泵连同其管道一同与发动机分离开来，并用绳子固定在旁边。注意：空调系统和动力转向液压软管容易折断，在移动压缩机和转向助力泵时必须格外小心。

8) 视情况取下散热器或冷却风扇。

9) 拆下连接在发动机上的燃油管，拔下发动机上所有的控制线路插头和连接到车身上的所有真空管接头。

10) 拆下空气滤清器及进气管，将节气门体上的进气口用薄膜封住，以防异物掉入。

11) 拆下节气门上的节气门拉索。

12) 拆下排气管。

13) 对于后轮驱动的发动机，应拆下变速器与发动机的连接螺柱，将发动机与变速器分开。

14) 对于前轮驱动车辆的横置发动机，还应拆卸两边的前轮和左、右传动轴，以便将发动机和变速器总成一起拆下。

15) 拆下发动机与车身之间的支架螺柱。

16) 将钢索或专用吊装架安装在发动机上，用液压吊装机吊起发动机，使发动机与车架分离，如图2-2所示。

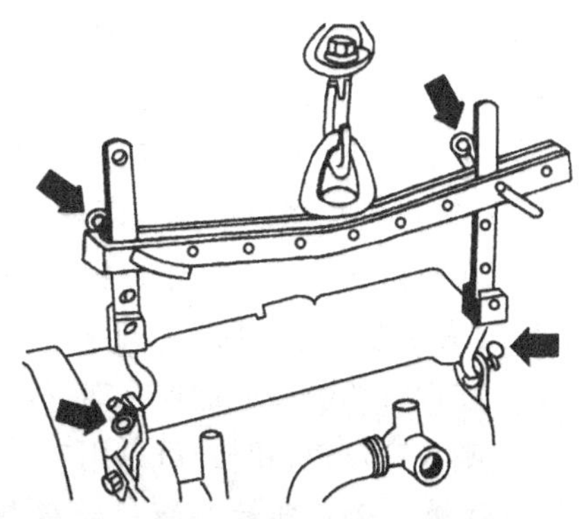

图2-2　用专用吊装架吊出发动机

17）将拆下的发动机安装在发动机翻转架上。

## 四、螺纹紧固的拆卸

螺纹紧固在机器中是最为广泛的紧固方式，它具有结构简单、调整方便和可多次拆卸装配等优点。其拆卸虽然比较容易，但往往因重视不够、工具选用不当、拆卸方法不正确等造成损坏。因此，拆卸螺纹紧固件时，一定要注意选用合适的呆扳手或一字槽螺钉旋具，尽量不用活扳手。对于较难拆卸的螺纹紧固件，应该先弄清楚螺纹的旋向，不要盲目乱拧或使用过长的加力杆；拆卸双头螺柱时要用专用的扳手。

1. 断头螺钉的拆卸

断头螺钉有断头在机体表面及以下和断头露出机体表面外一部分等情况，根据不同的情况，可以选用不同的方法进行拆卸。

（1）螺钉断在机体表面及以下

1）在螺钉上钻孔，打入多角淬火钢杆，将螺钉拧出，如图 2-3 所示。注意：打击力不可过大，以防损坏机体上的螺纹。

2）在螺钉中心钻孔，攻反向螺纹，拧入反向螺钉旋出断头螺钉，如图 2-4 所示。



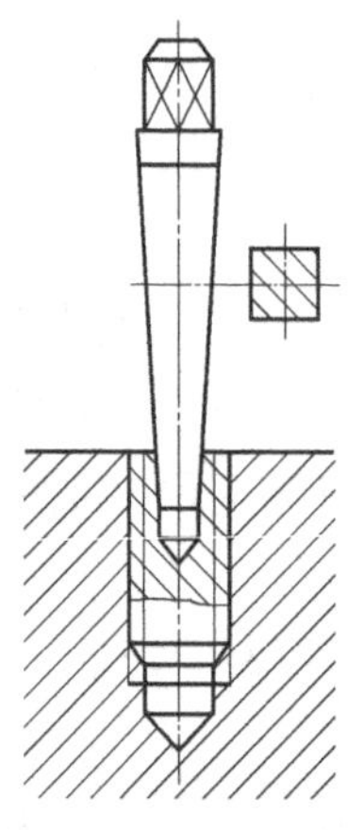

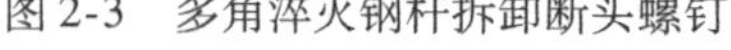

图 2-3　多角淬火钢杆拆卸断头螺钉

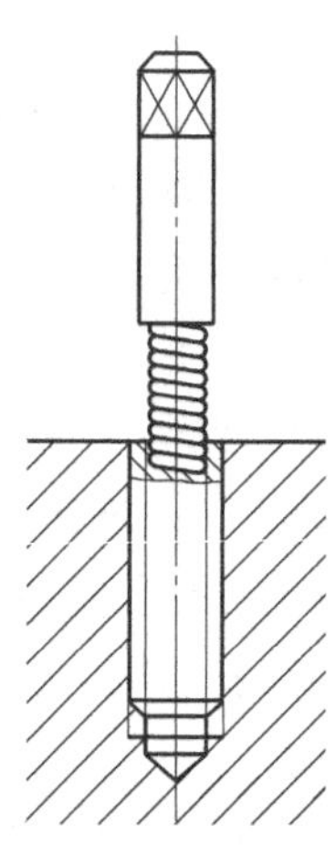

图 2-4　攻反向螺纹拆卸断头螺钉

3）在螺钉上钻直径相当于螺纹小径的孔，再用同规格的螺纹刃具攻螺纹；或者钻相当于螺纹大径的孔，重新攻一比原螺纹直径大一级的螺纹，并选配相应的螺钉。

4）用电火花在螺钉上打出方形槽或扁形槽，再用相应的工具拧出螺钉。

（2）螺钉断头露在机体表面外一部分

1）在螺钉的断头上用钢锯锯出沟槽，然后用一字槽螺钉旋具将其拧出；或者在断头上加工出扁头或方头，然后用扳手拧出。

2）在螺钉的断头上加焊一弯杆或螺母，如图 2-5 所示。

3）断头螺钉较粗时，可以用扁錾子沿圆周剔出。

2. 打滑内六角圆柱头螺钉的拆卸

内六角圆柱头螺钉用于紧固的场合较多，当内六角磨圆后会产生打滑现象而不容易拆

卸。这时，可将一个孔径比螺钉头外径稍小一点的六角螺母放在内六角螺钉头上，然后将螺母与螺钉头焊接成一体，待冷却后用扳手拧六角螺母，就可以将螺钉迅速拧出，如图 2-6 所示。

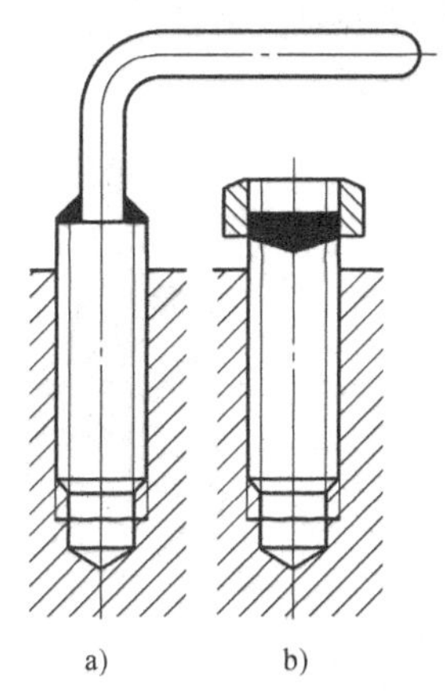


图 2-5　露出机体表面外断头螺钉的拆卸

a）加焊弯杆　b）加焊螺母

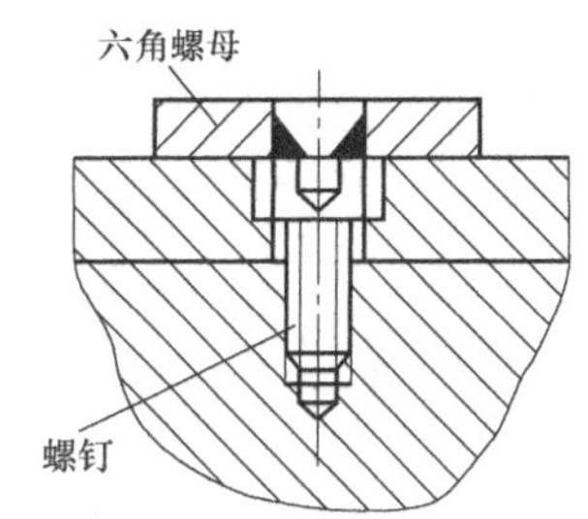


图 2-6　拆卸打滑内六角圆柱头螺钉



3. 锈死螺纹件的拆卸

锈死螺纹件有螺钉、螺柱、螺母等，当其用于紧固或连接时，若生锈将很不容易拆卸，这时可以采用以下方法：

1）用锤子敲击螺纹件的四周，以振松锈层，然后将其拧出。

2）可以先向拧紧方向稍拧动一点，再向反方向拧，如此反复拧紧和拧松，逐步拧出为止。

3）在螺纹件四周浇些煤油或松动剂，浸渗一定时间后，先轻轻锤击四周，使锈蚀面略微松动后，再行拧出。

4）若零件允许，还可以采用快速加热包容件的方法使其膨胀，然后迅速拧出螺纹件。

5）采用车削、锯削、錾削、气割等方法破坏螺纹件。

4. 成组螺纹紧固件的拆卸

成组螺纹紧固件的拆卸，除按照单个螺纹件的方法拆卸外，还要做到以下几点：

1）首先将各螺纹件拧松 1 ~ 2 圈，然后按照一定的顺序，即“先四周，后中间”按对角线方向逐一拆卸，以免力量集中到最后一个螺纹件上，造成难以拆卸或零部件的变形和损坏。

2）要先拆卸处于难拆部位的螺纹件。

3）拆卸悬臂部件的环形螺柱组时，要特别注意安全。首先要仔细检查零部件是否垫稳，起重索是否捆牢，然后从下面开始按对称位置拧松螺柱或螺母进行拆卸。最上面的一个或两个螺柱要在最后分解吊离时拆下，以防事故发生或零部件损坏。

4）注意仔细检查在外部不容易观察到的螺纹件，在确定整个成组螺纹件已经拆卸完后，方可将紧固件分离，以免造成零部件的损坏。

## 五、变速器内零部件的拆卸

变速器内的零部件一般有主动轴部件、从动轴部件、齿轮副、轴上定位零件、滚动轴承等，如图 2-7 所示。拆卸其零部件时，应该遵循拆卸的一般原则，结合其各自的特点，采用相应的拆卸方法来达到拆卸的目的。



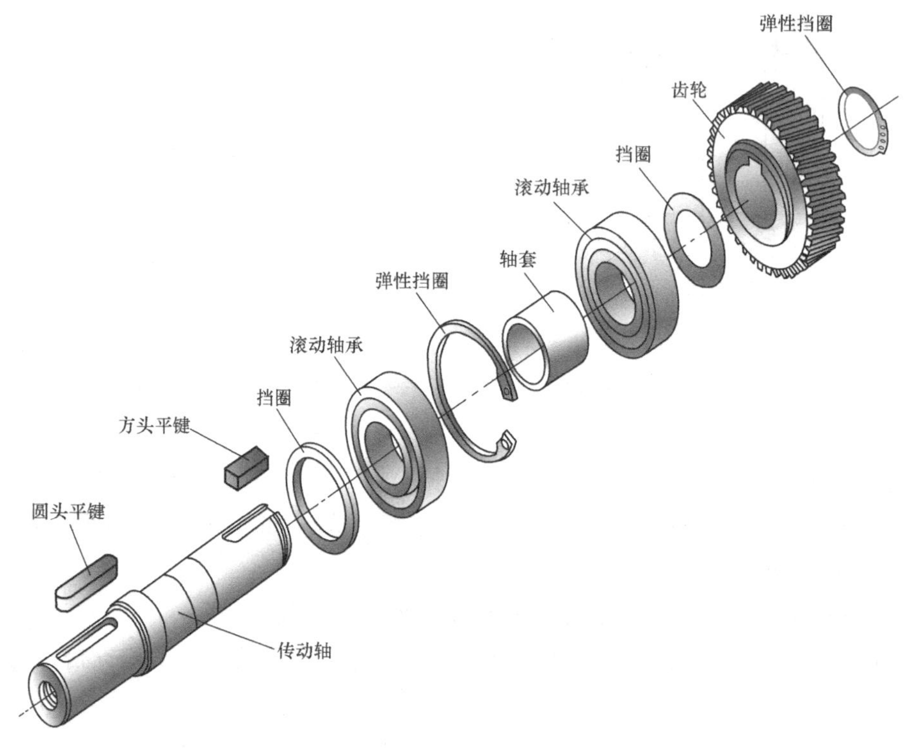


图 2-7　齿轮传动轴部件的组成

1. 高精度传动轴部件的拆卸

有些高精度传动轴部件在装配时，其左、右两组滚动轴承及其挡圈、滚动轴承外环、轴等零件的相对位置是以误差相消法来保证的。为了避免因拆卸不当而降低装配精度，在拆卸时，滚动轴承、挡圈、轴承座壳体及轴在圆周方向的相对位置上都应该做上记号，拆卸下来的滚动轴承及内、外挡圈各成一组，分别存放，不能错乱。拆卸处的工作台及周围的场地必须保持清洁，拆卸下来的零件放入油内以防生锈。装配时，仍需按原记号方向装入。

2. 齿轮副的拆卸

为了提高传动链的精度，对传动比为“1”的齿轮副采用误差相消法进行装配，就是将一外齿轮的最大径向跳动处的齿间与另一个齿轮的最小径向跳动处的齿间相啮合。为避免拆卸后再装配时的误差不能相消除，拆卸时应在两齿轮的相互啮合处做上记号，以便装配时恢复原精度。

3. 轴上定位零件的拆卸

在拆卸变速器中的轴类零件时，必须先了解轴的阶梯方向，然后决定拆卸轴时的移动方

向，进而拆去两端轴盖和轴上的轴向定位零件，如紧固螺钉、圆螺母、弹簧垫圈、保险弹簧等。先要拆去装在轴上的齿轮、套等不能通过箱体孔或轴盖孔零件的轴向紧固关联件，并注意轴上的键能随轴通过各孔，才能够用木槌击打轴端而拆下轴。否则，不仅拆不下轴，还会对轴造成损伤。

4. 过盈配合件的拆卸

拆卸过盈配合件时，应视零件配合尺寸和过盈量的大小，选择合适的拆卸方法和工具、设备，如拔轮器、压力机等，不允许使用铁锤直接敲击零部件，以防损坏零部件。在无专用工具的情况下，可以用木槌、铜锤、塑料锤或垫以木棒（块）、铜棒（块）用铁锤敲击。无论使用何种方法拆卸，都要检查有无销钉、螺钉等附加固定或定位装置，若有应该先拆下；施力部位必须正确，以使零件受力均匀不歪斜，如对轴类零件，力应该作用在受力面的中心；要保证拆卸方向的正确性，特别是带台阶、有锥度的过盈配合件的拆卸。

滚动轴承的拆卸属于过盈配合件的拆卸范畴，由于它的使用范围较广泛，又有其拆卸特点，所以在拆卸时，除应遵循过盈配合件的拆卸要点外，还要考虑其自身的特殊性。

1）拆卸尺寸较大的滚动轴承或其他过盈配合件时，为了使轴和滚动轴承免受损害，要利用加热来拆卸。图 2-8 所示为采用温差法拆卸滚动轴承的示意图。拆卸时，将靠近滚动轴承两旁的那一部分轴用石棉布包好，然后在轴上套上一个套圈隔热。再将拆卸工具的抓钩抓住滚动轴承的内圈，迅速将加热到 100℃的机油浇在滚动轴承的内圈上，使滚动轴承内圈受热膨胀，然后借助拆卸工具把滚动轴承从轴上拆卸下来。



2）齿轮的两端装有圆锥滚子轴承的外圈，如图 2-9 所示。如果用拔轮器不能拉出圆锥滚子轴承的外圈，可以同时使用干冰局部冷却圆锥滚子轴承的外圈，然后迅速从齿轮中拉出圆锥滚子轴承的外圈。

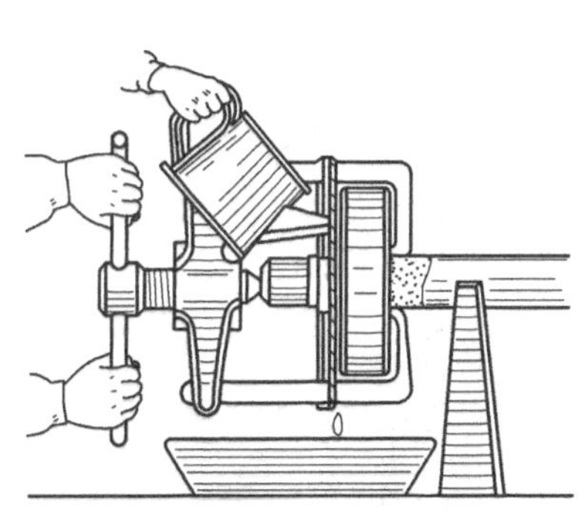

图 2-8　滚动轴承的加热拆卸

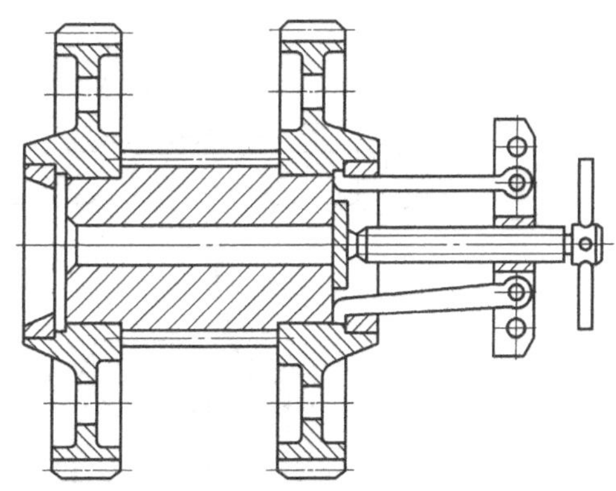

图 2-9　轴承的冰冷处理拆卸

3）拆卸滚动球轴承时，应该在轴承内圈上加力拆下。拆卸位于轴末端的轴承时，可以用小于轴承内径的铜棒、木棒或软金属抵住轴端，球轴承下垫以垫块，再使用锤子敲击，如图 2-10 所示。

若用压力机拆卸位于轴末端的轴承，可以采用图 2-11 所示的垫法将轴承压出。使用这种方法拆卸轴承的关键是必须使垫块同时抵住轴承的内、外圈，且着力点要正确。否则，轴承将受损伤。垫块可以用两块等高的方铁或 U 形垫铁和两半圆形垫铁。

如果用拔轮器拆卸位于轴末端的轴承，必须使拔钩同时勾住轴承的内、外圈，且着力点也必须正确，如图 2-12 所示。

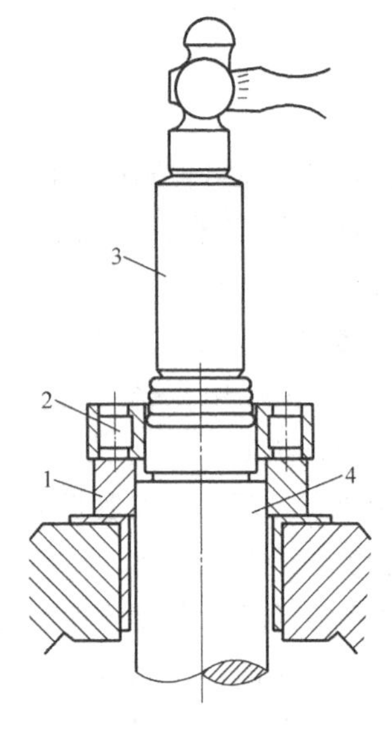


图 2-10 用锤子、铜棒拆卸轴承
1—垫块 2—轴承 3—铜棒 4—轴

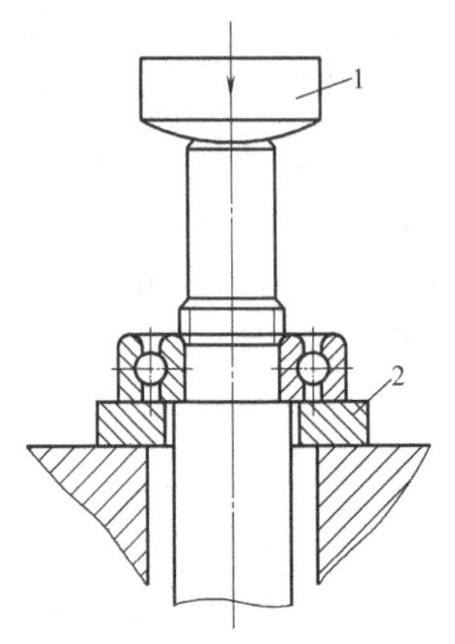


图 2-11 压力机拆卸轴承
1—压头 2—垫铁

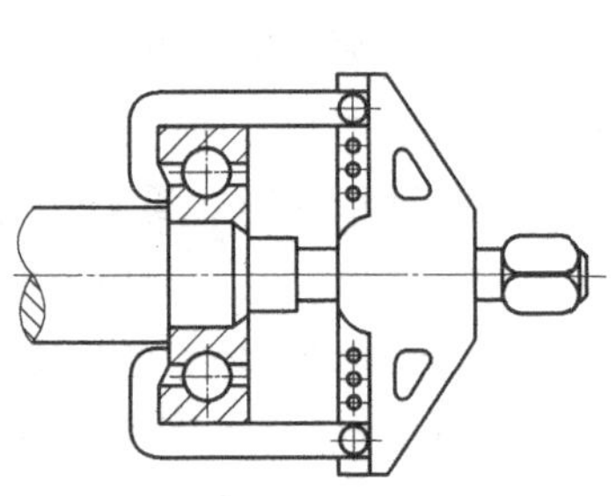

图 2-12 拔轮器拆卸轴承



4）拆卸锥形滚珠轴承时，一般分别拆卸内、外圈，如图 2-13 所示。将拔轮器胀套放入

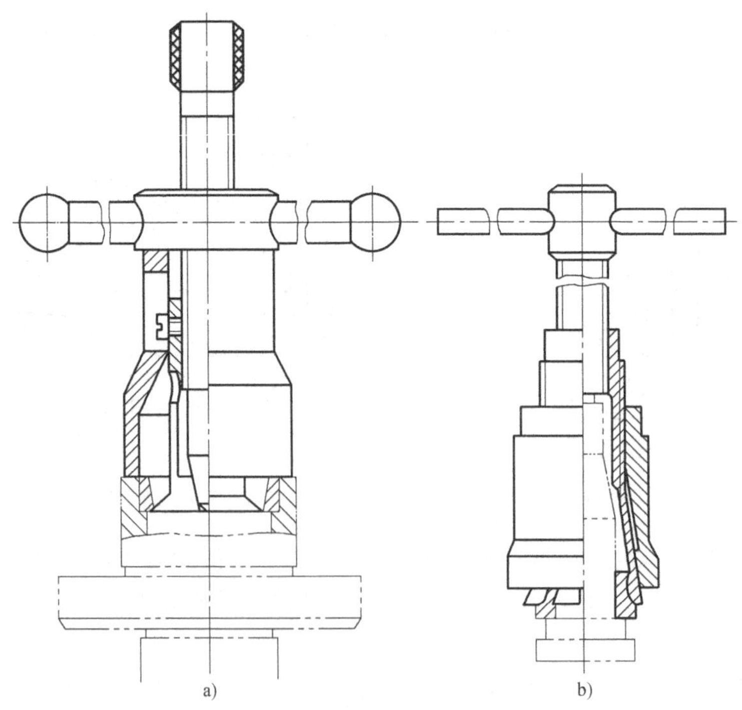


图 2-13 锥形滚珠轴承的拆卸
a）拆卸外圈 b）拆卸内圈

外圈底部，然后放入胀杆使胀套张开勾住外圈，再扳动手柄，使胀套外移，就可以拉出外圈了（图2-13a）。使用内圈拉套拆卸内圈时，先将内圈拉套套在轴承内圈上，转动拉套，使其收拢后下端凸缘压入内圈的沟槽，然后转动手柄，拉出内圈（图2-13b）。

5）如果因轴承内圈过紧或锈死而无法将其拆卸，则应该破坏轴承内圈而保护轴，但操作时应该注意安全，如图2-14所示。

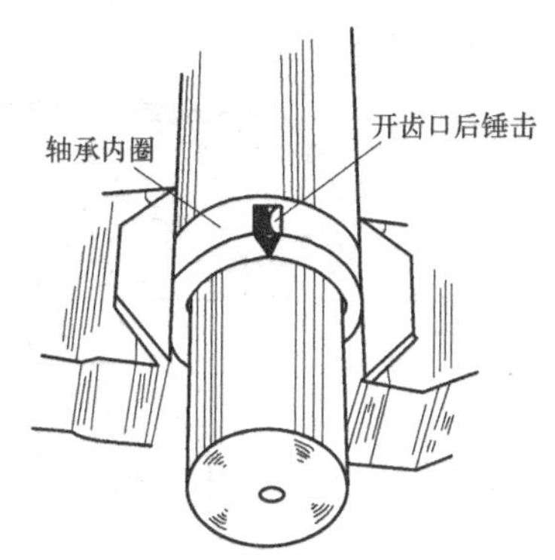

图2-14 报废轴承的拆卸

5. 不可拆紧固件的拆卸

不可拆紧固件有焊接件和铆接件等，焊接、铆接属于永久性紧固，在修理时通常不拆卸。如果要拆卸焊接件，可以采用锯割，扁錾子切割，或用小钻头排钻孔后再锯或錾，也可以采用氧乙炔焰气割等方法。铆接件的拆卸，可以采用錾子切割、锯割或气割的方法去掉铆钉头，也可以采用钻头钻掉铆钉等方法。操作时，应该注意不要损坏基体零件。图2-15所示为锯割和錾子切割示意图。

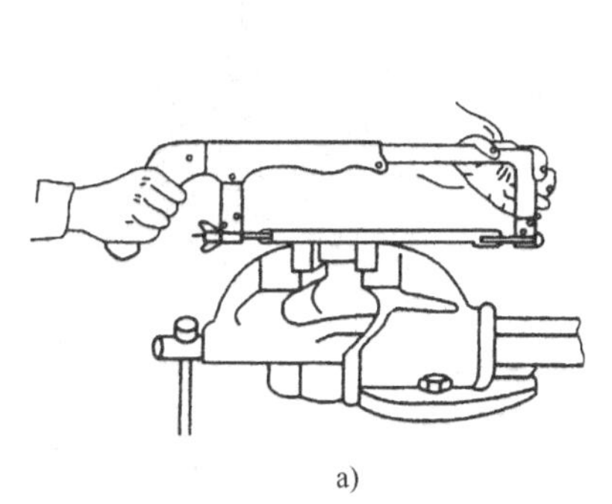
a)

b)

图2-15 锯割和錾子切割

a）锯割 b）錾子切割

## 任务二 发动机的解体

不同型号的发动机，其结构形式不完全相同，因此其解体的过程也不尽相同。现以丰田1ZZ-FE发动机为例，来介绍发动机拆卸分解的步骤和工艺要点。

### 一、拆卸发动机的外围附件

发动机外围附件包括发电机、起动机、水泵、进气歧管、排气歧管、气门室罩、油底壳等。通常应先拆卸发电机、起动机、进气歧管、排气歧管、水泵等附件，然后拆卸水泵带轮、发动机固定支架、气门室罩、油底壳等。

在进行拆卸工作之前，应该先确定第1缸压缩上止点位置记号。其方法如下：

1）转动曲轴，使第1缸活塞处于压缩上止点，确认这时带轮凸轮轴正时链轮上正时记号的位置，如图2-16所示。

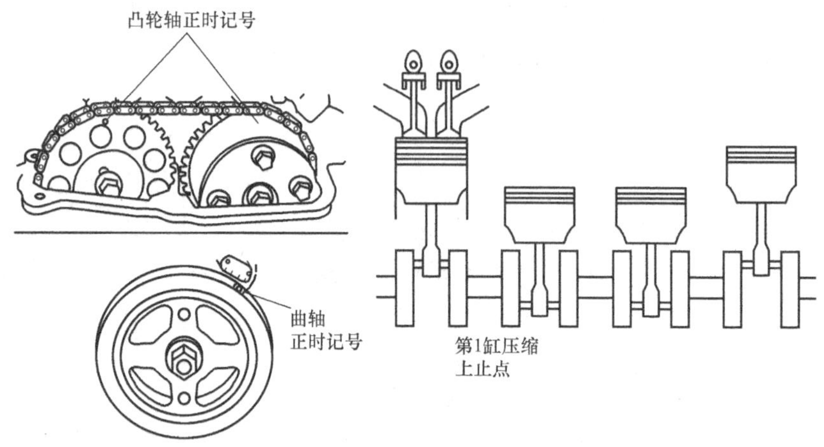


图2-16 确认第1缸压缩上止点的位置记号



2）记录下这个位置，以便使随后的拆卸和重新组装更加容易。

3）拆卸曲轴带轮时，应该使用专用工具固定住曲轴带轮，拆下曲轴带轮螺柱，然后用带轮拉具卸下曲轴带轮，如图2-17所示。

4）拆卸水泵。

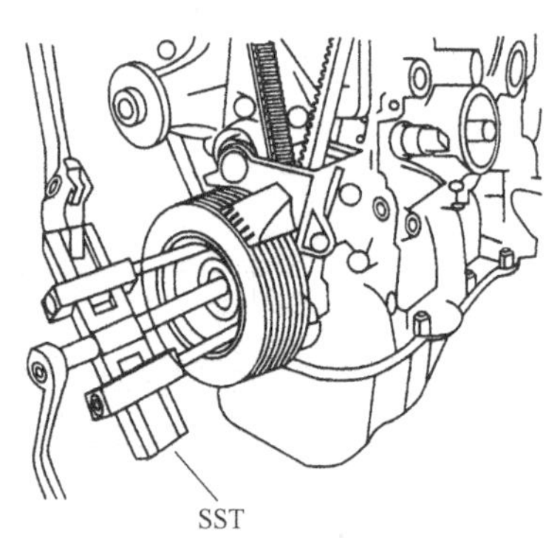


图2-17 卸下曲轴带轮

## 二、拆卸正时链条

1）拆卸正时链条盖上的所有螺柱和螺母，在链条盖和气缸及气缸体之间插入一把一字槽螺钉旋具，然后撬起链条盖。

2）从第1缸上止点位置逆时针旋转曲轴40°，使活塞向下移动，如图2-18所示。因为在拆卸链条张紧器或链条的情况下转动曲轴可能造成气门和活塞顶相碰撞，所以必须使活塞位置降低。

3）在拆卸链条张紧器之前，应该先释放正时链条的张紧力。如果在正时链条张紧时拆卸链条张紧器，会造成链条张紧器弹出，可能导致人员受到伤害。

链条张紧器的形式很多，其释放正时链条张紧力的方法也不相同。图2-19所示为棘爪式自动链条张紧器。释放正时链条张紧力时，可以将链条张紧器的棘爪按下，使柱塞回位，将链条的张紧力释放。

## 三、拆卸凸轮轴

在拧松凸轮轴轴承盖螺柱拆卸凸轮轴时，凸轮轴会由于气门弹簧的作用力向上顶起。为防止凸轮轴所受到的气门弹簧力集中在前端或后端，应该先用扳手将凸轮轴转动到一

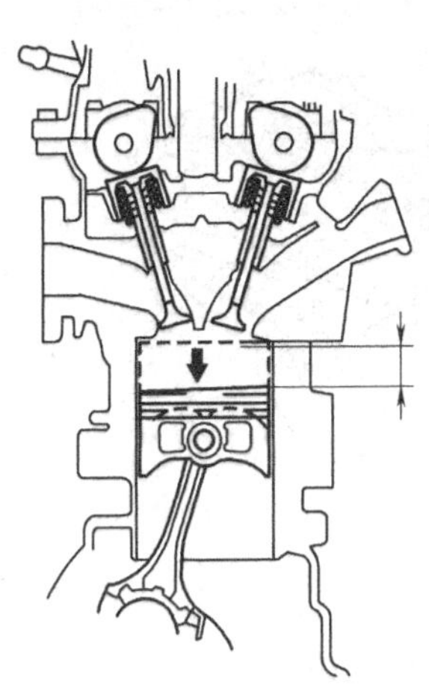

图 2-18　降低活塞位置

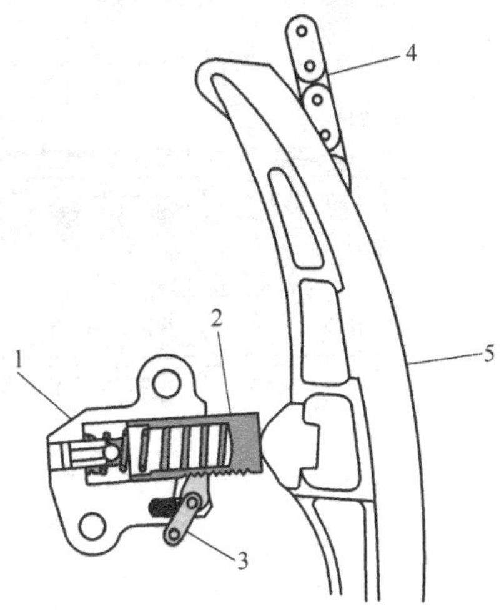


图 2-19　棘爪式自动链条张紧器

1—链条张紧器　2—柱塞　3—棘爪

4—正时链条　5—链条导向器

个合适的位置，让各缸气门弹簧施加在凸轮轴上的力前后均匀，从而使凸轮轴可以水平地拆卸。

按“先两端、后中间”的原则，分几次均匀地松开轴承盖固定螺柱，将凸轮轴拆下。凸轮轴是一根长轴，它的固定位置因发动机类型的不同而不同，一般安装在缸体（下置凸轮轴式）或缸盖（顶置凸轮轴式）内，如图 2-20 所示。按照顺序放置已经拆卸下的轴承盖，具体拆卸步骤应参照维修手册。

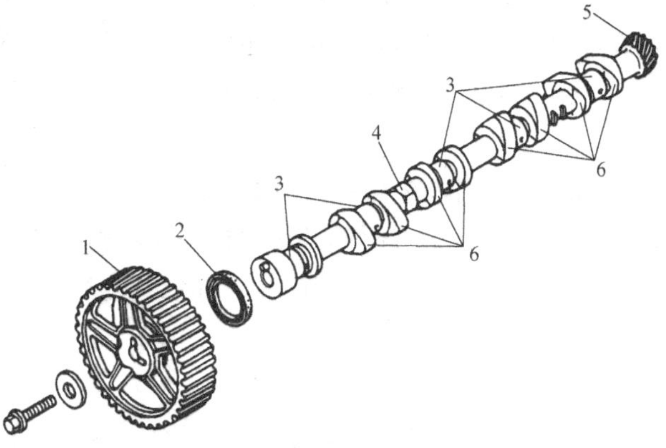

图 2-20　凸轮轴

1—凸轮轴正时带轮　2—凸轮轴前油封　3—轴颈

4—铸造六角凸轮　5—分电器驱动齿轮　6—凸轮

## 四、拆卸气缸盖

拆卸气缸盖螺柱时，应该按“从外往内”的原则，分几次均匀松开并拆卸气缸盖固定螺柱，如图 2-21 所示。用橡胶锤轻敲气缸盖边沿上的肋部，将气缸盖和气缸体分离，取下气缸盖，拆卸气缸垫。

当气缸盖被拆卸后，水和油将从水套和油道中流出。要将拆卸下的气缸盖放在一个工作台上或零件盘内，用布将水和油吸收掉，以便保持工作区域的清洁。

## 五、拆卸油底壳

在保持发动机正置的状态下，拆下油底壳所有紧固螺钉，然后将一个一字槽螺钉旋具插

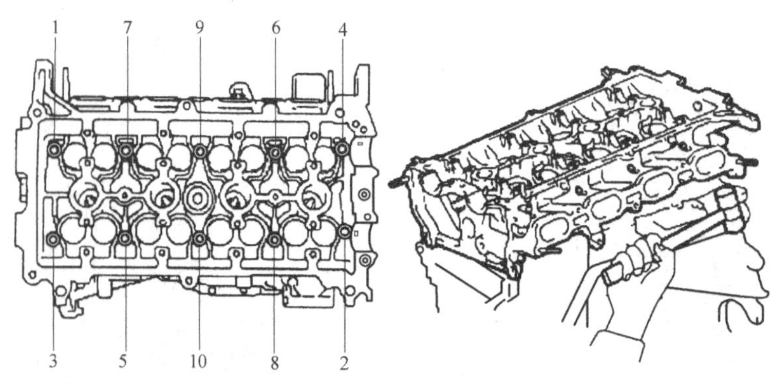

图 2-21　拆卸气缸盖

入气缸体与油底壳之间，撬起油底壳，使其分离，从而拆下油底壳，如图 2-22 所示。

在拆卸油底壳以前不要倒置发动机，否则，留在油底壳上的淤泥和金属微粒便可能进入活塞和气缸，从而损坏气缸的内壁。



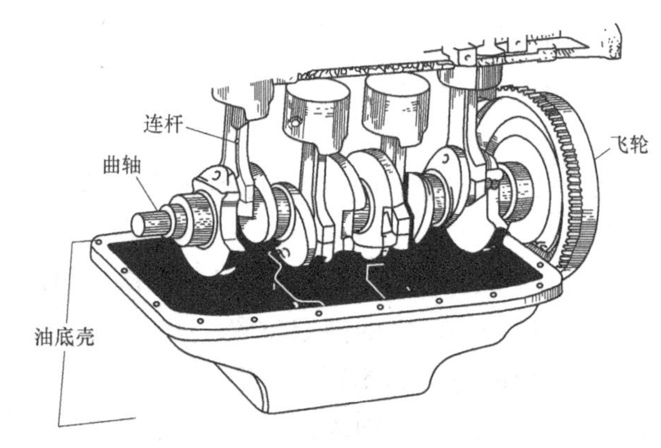

图 2-22　拆卸油底壳

## 六、拆卸油封

在解体修理发动机时，一般应该更换发动机上的所有油封，包括正时链条盖油封（曲轴前油封）、曲轴后油封等。

旧油封可以用一字槽螺钉旋具撬下，如图 2-23 所示。在拆卸开正时链条盖油封等安装在铝合金壳体上的油封时，应该在一字槽螺钉旋具下垫一块布，以防止损坏铝合金壳体。

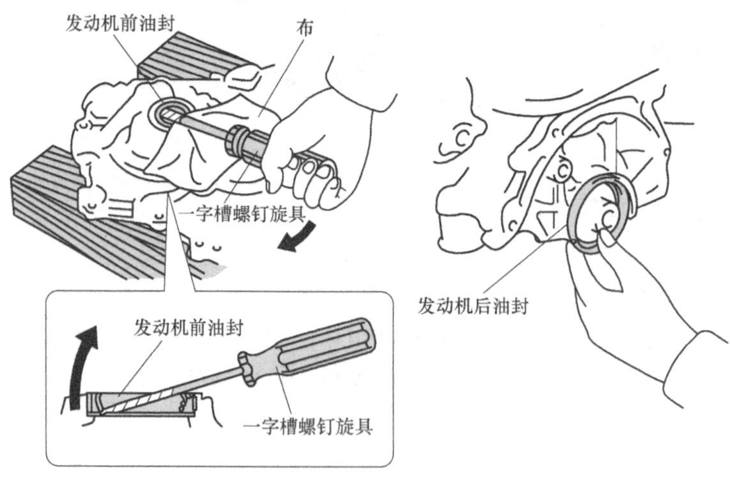

图 2-23　拆卸油封

## 七、分解气缸盖

1. 拆卸气门挺柱

应当用手拆卸气门挺柱，不能用钳子夹取，以防损坏气门挺柱，如图 2-24 所示。将拆卸下来的气门挺柱按照安装的位置放于纸上，重新组装时，应该将气门挺柱按照与拆卸时完全相同的位置安装。

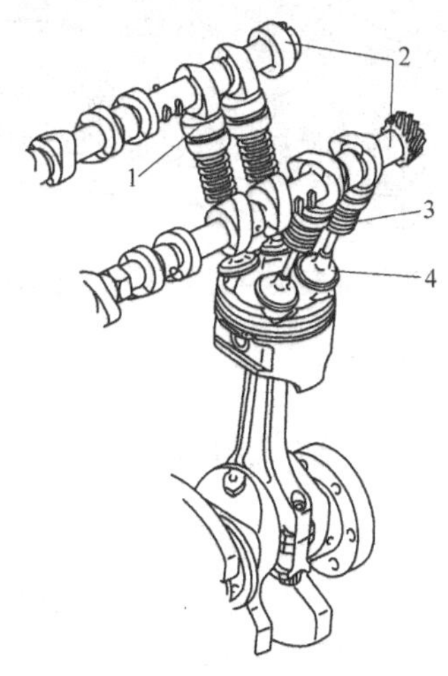


图 2-24　拆卸气门挺柱

1—气门挺柱　2—凸轮轴

3—气门弹簧　4—气门

2. 拆卸气门

拆卸气门时必须使用专用的气门拆装工具，将气门拆装工具安装到气缸盖上，使其与气门和弹簧座底部在同一直线上，如图 2-25 所示。转动手柄，使其压缩气门弹簧，从而将两块气门锁片拆出。反向转动手柄，松开气门弹簧，然后朝着燃烧室的方向往外拉出气门。

所有拆卸下来的气门组零部件应该放置在零件盘内，并在零件底部衬一张干净的白纸，在纸上画出方框，标出气门位置号，将零件按照安装位置顺序摆放，如图 2-26 所示。

3. 拆卸气门油封

在分解修理气门组时，应该更换气门油封。可以使用尖嘴钳夹住油封底部的金属部分后拆出气门油封，如图 2-27 所示。注意不要将尖嘴钳夹在油封的橡胶部分，否则将无法拆出油封，只会损坏油封上部的橡胶环。

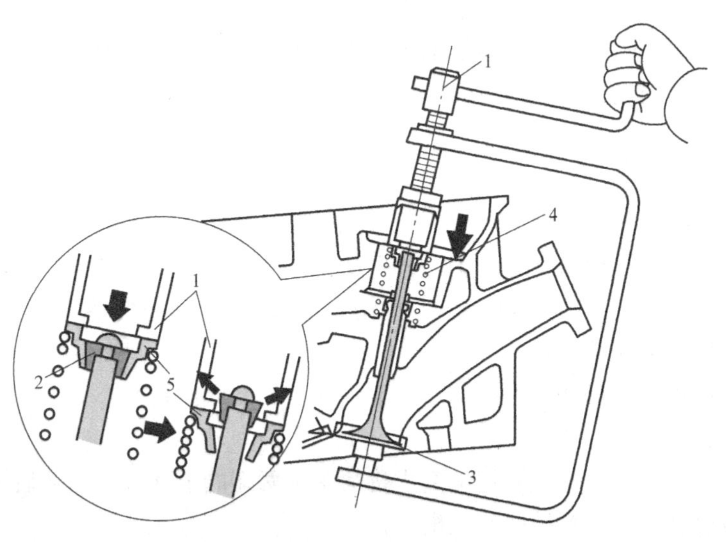


图 2-25　拆卸气门

1—气门拆装工具　2—气门锁片　3—气门　4—气门弹簧　5—气门弹簧座

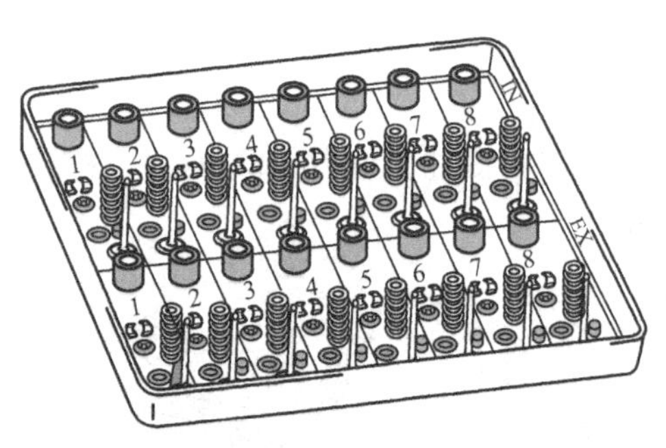

图 2-26　按安装位置摆放气门组零部件

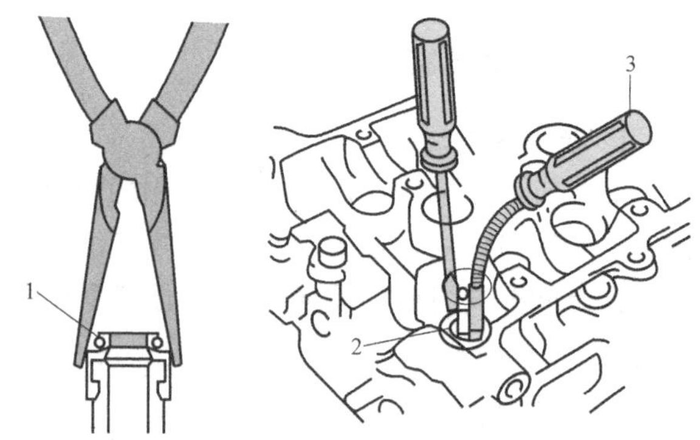

图 2-27　拆卸气门油封

1—气门油封　2—气门弹簧下座　3—磁性手柄

## 八、分解气缸体

在分解气缸体时，应该先检查连杆的轴向间隙、连杆轴承的配合间隙。拆卸活塞连杆组后，在拆卸曲轴之前，还应该检查曲轴的轴向间隙。并将这些检查结果记录下来，为进一步的拆装维修提供依据。



1. 拆卸活塞连杆组

将发动机倒置，拧下连杆轴承盖螺柱，取下轴承盖。用锤柄轻轻敲打连杆，将活塞连同连杆一起从气缸的另一端拆出，如图 2-28 所示。注意敲击连杆时不要碰到气缸内壁而损坏气缸，如果连杆上有螺柱，应在各螺柱上套上塑料管，以防损坏气缸内壁。

如果连杆轴承盖卡在连杆上无法拆出，可以将两根适当大小的螺柱放在连杆盖螺孔内，前后扭动螺柱，便可以轻松地将连杆轴承盖取出。

2. 拆卸曲轴

按照“先两端、后中间”的原则，分几次松开各段曲轴轴承盖螺柱，拆卸曲轴轴承盖，向上抬出曲轴。如果曲轴轴承盖卡在轴承座上无法拆出，可以将两根已拆下的螺柱插入轴承盖的螺柱孔中，前后扭动螺柱，即可取出轴承盖，如图 2-29 所示。

## 九、分解活塞连杆组

1. 拆卸活塞环

拆卸活塞环时应该使用活塞环扩张器，先从气环的缺口处将气环撑开，依次从活塞上取下第 1 道和第 2 道气环，如图 2-30 所示。在使用活塞环扩张器时，要注意不要将活塞环过度扩张或扭曲，以免损坏活塞环。

组合式油环可以用手拆卸，先拆卸上、下刮片，最后取出衬簧。

2. 拆卸活塞销

拆卸全浮式活塞销时，应该先用尖嘴钳将活塞销两端的卡环拆下，然后用拇指推出活塞销，或者用铜棒轻轻敲击活塞销将其取出。

半浮式活塞销与连杆之间为过盈配合，必须使用专用工具在压力机上压出，如图 2-31 所示。在操作时，注意不要让活塞倾斜，以免损坏活塞。

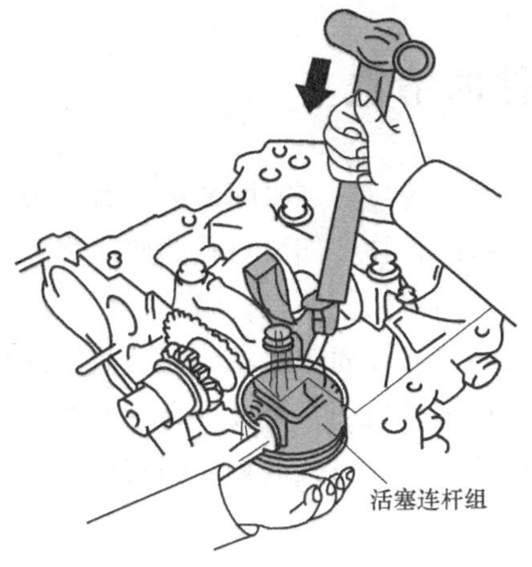


图 2-28　拆卸活塞连杆组

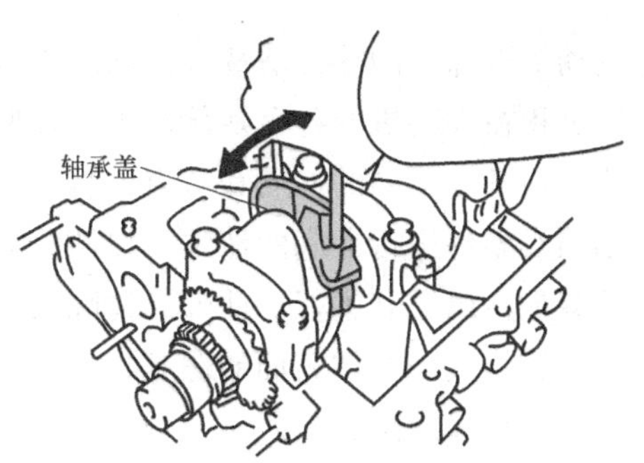


图 2-29　拆卸曲轴轴承盖

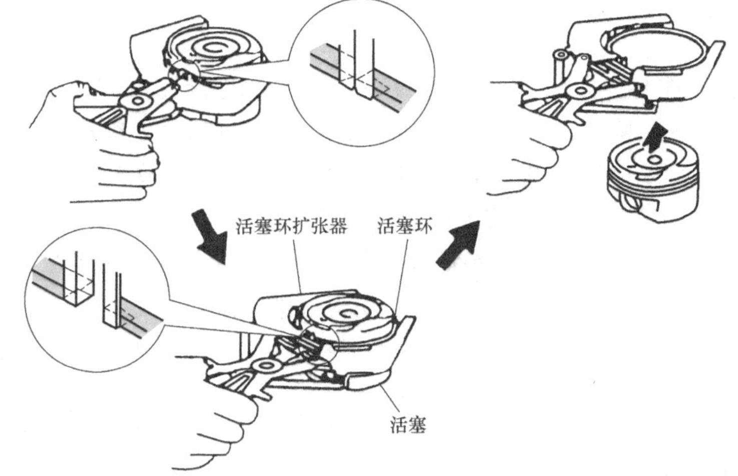


图 2-30　拆卸活塞环

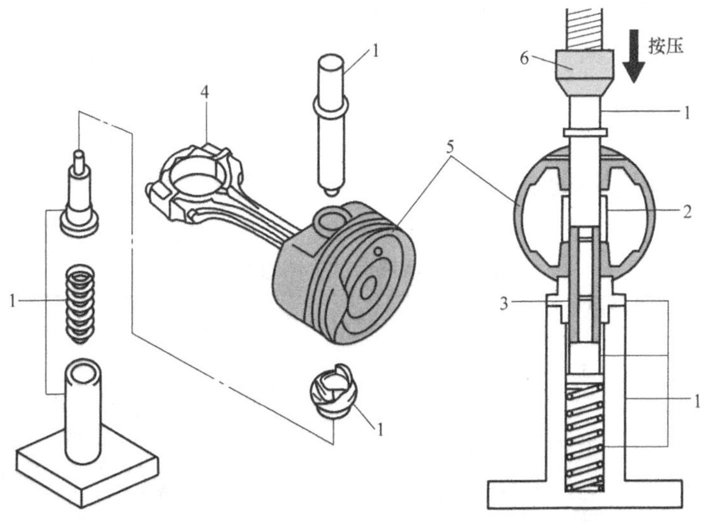


图 2-31　拆卸半浮式活塞销

1—专用工具　2—连杆小头　3—活塞销　4—连杆　5—活塞　6—压力机

# 任务三　发动机零件的清洗

发动机拆卸后的零件清洗是一项比较重要的工作，因为经过一定时间的运转后，会有一些污垢沉积在发动机的各个零部件上，这些污垢包括外部沉积物、润滑材料的残留物等。由于这些污垢各有不同的性质和特点，且往往都具有较高的附着力。所以，当发动机总成分解后，必须对零件进行彻底的清洗，以清除其上的油污、积炭、胶质、水垢等，从而使发动机总成的装配得以顺利进行。此外，清除污垢、洗涤发动机零件表面，可以提高零部件的测量精确度，容易发现零件表面的瑕疵，如异常磨损、裂痕等，从而可采取相应的修理措施，避免发动机的故障隐患。

## 一、零件清洗的一般知识

1. 脱脂

脱脂是指清除零件上的油污，常采用的清洗液包括有机溶剂、碱性溶液、化学清洗液等。清洗方法有擦洗、浸洗、喷洗、气相清洗及超声波清洗等。清洗方式有人工清洗和机械清洗。



一般情况下，常采用擦洗的方法清除零件上的油污。将零件放入装有煤油、轻柴油或化学清洗剂的容器中，用棉纱擦洗或用毛刷刷洗，以去除零件表面的油污。这种方法操作简便、设备简单，但效率低，用于单件小批量生产的中小型零件及大型零件工作表面的脱脂。一般不宜用汽油作清洗剂，因其有溶脂性，会伤害身体且容易造成火灾。

喷洗是将具有一定压力和温度的清洗液喷射到零件的表面，以清除油污。这种方法的清洗效果好、生产率高，但设备复杂，适用于零件形状不太复杂、表面有较严重油垢零件的清洗。

清洗不同材质的零件和不同润滑材料产生的油污时，应该采用不同的清洗剂。清洗动、植物油污时可以用碱性溶液，因为动、植物油污与碱性溶液起皂化作用，生成肥皂和甘油溶于水中。矿物油不溶于碱性溶液，清洗零件表面的矿物油油垢时，需要加入乳化剂，使油脂形成乳浊液而脱离零件表面。为加速去除油垢的过程，可以采用加热、搅拌、压力喷洗、超声波清洗等措施。

碱性溶液对不同的金属有不同程度的腐蚀性，尤其对铝的腐蚀性较强。因此，清洗不同的金属零件时应该采用不同的清洗液和配方，清洗钢铁零件和铝合金零件的配方分别见表 2-1 和表 2-2。

**表 2-1　清洗钢铁零件的配方**　　（单位：kg）

| 成　分 | 配方 1 | 配方 2 | 配方 3 | 配方 4 |
|---|---|---|---|---|
| 苛性钠 | 7.5 | 20 | — | — |
| 碳酸钠 | 50 | — | 5 | — |
| 磷酸钠 | 10 | 50 | — | — |
| 硅酸钠 | — | 30 | 2.5 | — |
| 软肥皂 | 1.5 | — | 5 | 3.6 |
| 磷酸三钠 | — | — | 1.25 | 9 |
| 磷酸氢二钠 | — | — | 1.25 | — |
| 偏硅酸钠 | — | — | — | 4.5 |
| 重铝酸钾 | — | — | — | 0.9 |
| 水/L | 1000 | 1000 | 1000 | 450 |

表 2-2 清洗铝合金零件的配方 （单位：kg）

| 成 分 | 配方 1 | 配方 2 | 配方 3 |
| --- | --- | --- | --- |
| 碳酸钠 | 1.0 | 0.4 | 1.5～2.0 |
| 重铝酸钠 | 0.05 | — | 0.05 |
| 硅酸钠 | — | — | 0.5～1.0 |
| 肥皂 | — | — | 0.2 |
| 水/L | 100 | 100 | 100 |

2. 除锈

在发动机的拆装修理中，为保证修理质量，必须彻底清除零件表面的腐蚀物，如钢铁零件的表面锈蚀。根据具体情况，目前主要采用机械、化学和电化学等方法进行清除。

（1）机械法除锈　机械法除锈是指利用机械摩擦、切削等作用清除零件表面锈层，常用刷、磨、抛光、喷砂等方法。单件小批量生产或修理中，可以由人工打磨锈蚀表面；成批生产或有条件的场合，可以采用机器除锈，如电动磨光、抛光、滚光等。喷砂法除锈是利用压缩空气，把一定粒度的砂子通过喷枪喷在零件锈蚀的表面上，不仅除锈快，还可以为涂装、喷涂、电镀等工艺做好表面处理准备。经过喷砂处理可以获得干净的、有一定表面粗糙度值的表面，从而提高了覆盖层与零件表面的结合力。

（2）化学法除锈　化学法除锈是指利用一些酸性溶液溶解金属表面的氧化物，以达到除锈的目的。目前使用的化学溶液主要是硫酸、盐酸、磷酸或其混合溶液，加入少量的缓蚀剂。其工艺过程是：脱脂→水冲洗→除锈→水冲洗→中和→水冲洗→去氢。为保证除锈效果，一般都将溶液加热到一定的温度，严格控制时间，并要根据被除锈零件的材料采用合适的配方。

（3）电化学法除锈　电化学除锈又称电解腐蚀，这种方法可以节约化学药品，除锈效率高，除锈质量好，但消耗能量大且设备复杂。常用的方法有阳极腐蚀，就是把锈蚀件作为阳极；还有阴极腐蚀，就是把锈蚀件作为阴极，用铅或铅锑合金做阳极。阳极腐蚀的主要缺点是当电流密度过高时，会因溶液腐蚀过度而破坏零件表面，故适用于外形简单的零件。阴极腐蚀无过蚀问题，但氢容易浸入金属中而造成氢脆，降低了零件的塑性。

3. 清除涂装层

清除零件表面的保护涂装层时，可以根据涂装层的损坏程度和保护涂装层的要求，进行全部或部分清除。涂装层清除后要冲洗干净，准备再喷刷新涂层。

清除方法一般是采用手工工具，如刮刀、砂纸、钢丝刷或手提式电动、风动工具进行刮、磨、刷等。有条件时可以采用化学方法，就是用各种配制好的有机溶液、碱性溶液退漆剂等。使用碱性溶液退漆剂时，将其涂刷在零件的漆层上，使之溶解软化，然后用手工工具进行清除。

使用有机溶液退漆时，要特别注意安全：工作场地要通风、与火隔离，操作者要穿戴防护用具，工作结束后要将手洗干净，以防中毒。使用碱性溶液退漆剂时，不要让铝制零件、皮革、橡胶、毡质零件接触退漆剂，以免腐蚀零件。操作者要戴耐碱手套，避免皮肤接触受伤。

## 二、发动机零件的清洗方法

1. 机械清洗

机械清洗就是使用刮刀、钢丝刷、磨石、砂纸等，对零件表面的积炭、胶质、油垢、油污、残留的衬垫等进行清洗。刮刀、磨石用于平面的清洗，钢丝刷则可用于不平表面的清洁。

机械清洗法还包括喷砂清洗，即采用喷砂机，利用压缩空气，将砂粒（通常可以用桃、李、杏果核砸碎去仁制成）以一定的速度喷向零件表面，其清洁效果很好。

2. 化学清洗

化学清洗就是用清洗剂来溶解零部件表面的污物，或使污物变松动，以使污物能够被刷掉或冲洗掉。化学清洗所用的清洗剂有两类：一类是以溶剂为基础的化学清洗剂，另一类是以水为基础的化学清洗剂。

许多以溶剂为基础的化学清洗剂的清洗效果好，可以用于清洗气门上的积炭等难以去除的污垢，但其成本较高，而且有些清洗剂有一定的毒性。出于对环保的考虑，现在很多的清洁方法都使用以水为基础的清洗剂。大多数以水为基础的清洗剂是溶于水的硅酸盐溶液，通常通过浸泡零件或在清洗机中用喷射的方式达到清洗的目的。



在清洗工作中应该注意：凡是橡胶、胶木、塑料、铝合金、锌合金零件以及牛皮油封等，不能够用碱性溶液清洗；预润滑轴承、含油粉末轴承，不允许浸泡在容易使其变质的溶液和油中清洗。在选用酸、碱的溶液时，既要考虑除垢的效能，又要注意其对被清洗零件的腐蚀作用。

## 三、发动机主要零件的清洗

（1）使用刮刀、刷子和磨石　如果零部件上附着有积炭，可以用刮刀刮去积炭，并用刷子和磨石清洁。使用钢丝刷会损伤塑料零部件。根据零部件的材质选择适当的刷子，注意不要使附着层变形或损伤，损坏衬垫安装表面将造成漏水、漏油或压缩空气的泄漏。

（2）使用洗涤油　用刷子和洗涤油清洁时，煤油或无铅汽油将造成橡胶零部件或塑料零部件的老化，因此不能够用煤油或无铅汽油清洁这些零部件。使用煤油或无铅汽油清洁之后，需用水将零部件冲洗干净，然后清除湿气，并在零部件上涂上防锈油，如发动机机油。

（3）使用压缩空气　使用压缩空气吹扫灰尘、湿气或油，要使压缩空气朝下吹出，这样可以避免被吹的灰尘、湿气、油等四处飞扬或对健康产生危害。

（4）清除附着层的润滑脂　冲洗后，用干净的汽油等清除附着表层上的润滑脂。当有油或润滑脂在密封填料、密封剂、垫片等上面时，它们将不能够牢固地连接在一起，从而造成漏油。

（5）密封胶和垫片的清洁方法　在清洁密封胶和垫片时，注意不要造成涂有密封剂的表面损伤。涂有密封剂的表面上如有任何的油或异物，将不利于接合面的紧密粘接，并会导致漏水、漏油。密封胶和垫片的清洁如图 2-32 所示。

1）用磨石、刮泥器和刷子清除尘土和陈旧的密封填料。

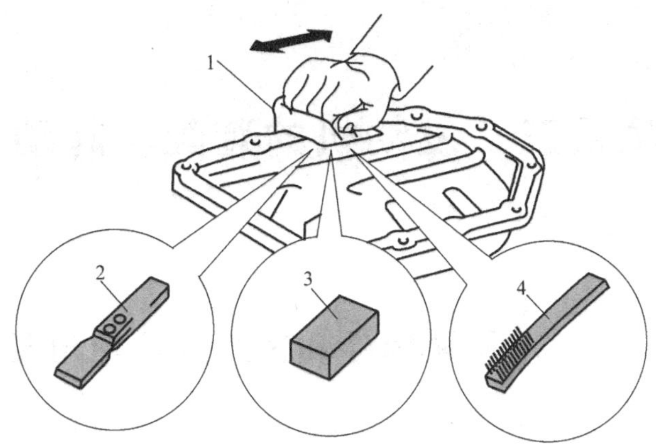


图 2-32　密封胶和垫片的清洁

1—布　2—刮刀　3—磨石　4—钢丝刷

2）用冲洗油辅助密封填料的清除。

3）用清洁的汽油清除残留油。

## 思　考　题

1. 简述分解气缸盖的过程。
2. 简述分解气缸体的过程。
3. 简述发动机零部件的清洗步骤。

# 项目三　发动机的装配与起动

## 任务一　发动机紧固件和密封件的使用及更换

### 一、发动机紧固件的使用及更换

1. 螺柱和螺母

螺柱和螺母是最为常见的紧固零件，它们将发动机各部分上的零件紧固在一起。根据用途有各种不同类型的螺柱和螺母。为了正确地进行发动机零部件的装配，了解螺柱和螺母的一般知识是很重要的。

（1）螺柱　六角头螺柱是最常见的一种螺柱，由于螺柱头部和零件接触的部分面积很大，因此有些螺柱头部在底部加工有法兰盘，或者安装一个垫圈，以减缓螺柱头部施加给零件的接触压力，减少损坏零件的可能性。有些螺柱在螺柱头部和垫圈之间加了一个弹簧垫片，可以防止螺柱松脱。此外，还有一种双头螺柱，一般用于将各零件定位或使装配简化。

（2）螺母　螺母有许多种类型，如图 3-1 所示。其中，六角形螺母是最常见和使用最多的一种螺母（有些螺母的底部加工有法兰盘）；盖螺母是顶部有盖子盖住螺纹，通常用来防止螺柱端部生锈或为了美观；槽顶螺母是指螺母的顶部加工有多个槽，用于锁紧后在槽中插入开口销，为防止螺母转动而松动；自锁螺母是螺母的顶部设计成卷边，或者填充树脂，由于锁紧后能够防松，故称为自锁螺母。

2. 垫圈

根据锁定方式，通常将垫圈分为两种类型：一类是弹簧垫圈，垫圈的弹力可以将螺柱或螺母松脱的可能性降到最低；另一类是牙嵌（式）垫圈，垫圈的一侧有一个齿面，可以提供摩擦力，将螺柱或螺母松脱的可能性降到最低。

3. 开口销和锁紧板

开口销和槽顶螺母配合使用可以实现锁紧功能。在使用过程中，开口销的大小要与槽顶螺母凹槽相一致，使用过的开口销不能够再次使用。

锁紧板的舌片顶着螺柱或螺母安装，以防止紧固件松动，如图 3-2 所示。锁紧板拆卸后不能够再次使用。

4. 塑性域螺柱

所谓“塑性域螺柱”，就是将螺柱按规定的初扭矩拧紧之后，将螺柱再扭转过一个规定的角度，使螺柱变形超出弹性区域范围，然后在塑性域紧固，从而降低螺柱旋转角的不均匀

性所造成的轴向拉力的不均匀性，并增加螺柱稳定的轴向张力，如图 3-3 所示。塑性域螺柱在一些发动机上用作气缸盖和轴承盖的锁紧，为了与普通螺柱区分开来，其螺柱头内部和外部都制成 12 边形的。

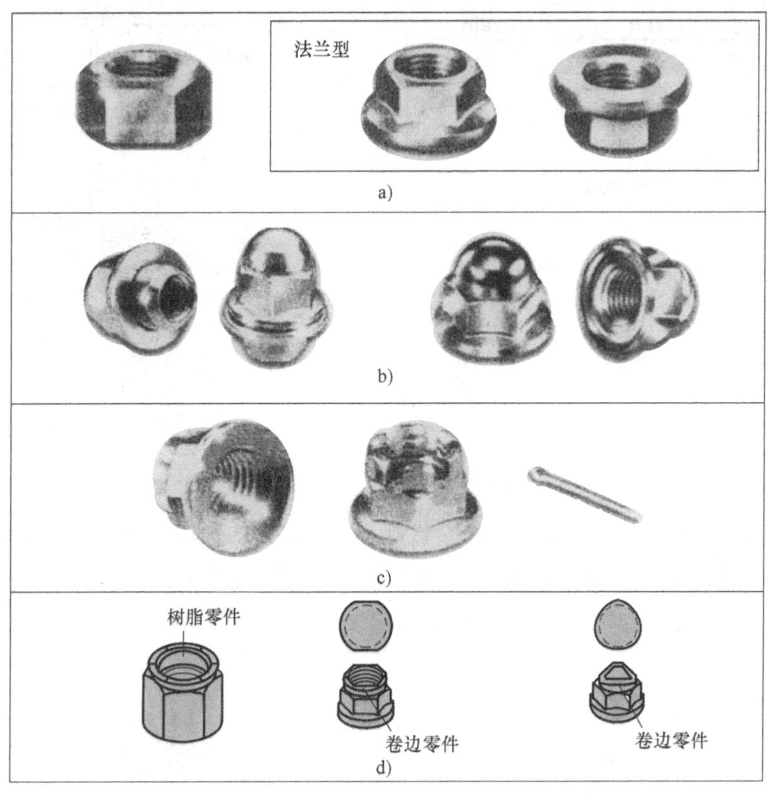


图 3-1　螺母的类型

a）六角形螺母　b）盖螺母　c）槽顶螺母　d）自锁螺母

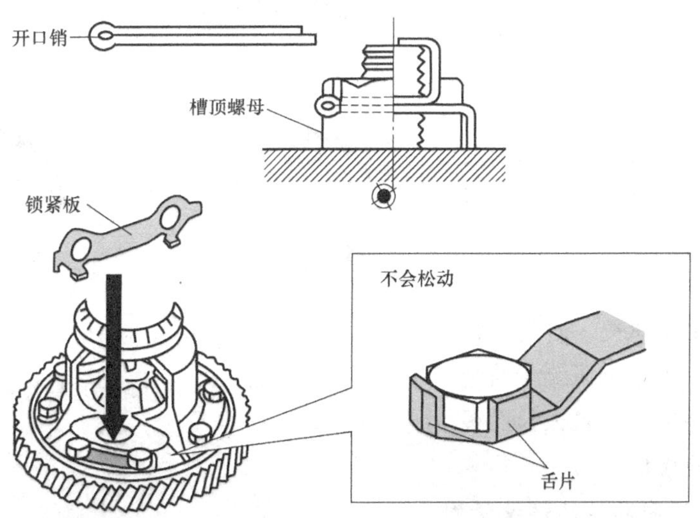


图 3-2　开口销和锁紧板

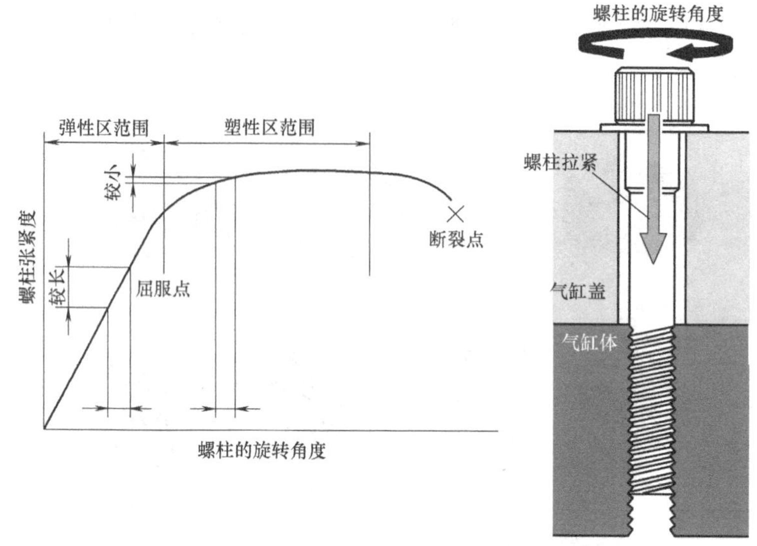


图 3-3　塑性域螺柱



（1）塑性域螺柱的拧紧方法　拧紧塑性域螺柱的方法不同于拧紧普通螺柱，如图 3-4 所示：①用规定的扭矩拧紧塑性域螺柱（图 3-4a）；②用记号笔在螺柱顶上做好标记（图 3-4b）；③按照修理手册中的指示，再按规定的角度（如 90°或 45°）拧紧 1 次或 2 次（图 3-4c、d）。

（2）判断塑性域螺柱是否能够重新使用　由于塑性域螺柱每次拧紧都产生一定的塑性变形，因此在使用被拆卸的塑性域螺柱时，应该先进行测量检查，以判定是否可以重复使用。判断塑性域螺柱是否可以重复使用的方法如图 3-5 所示。

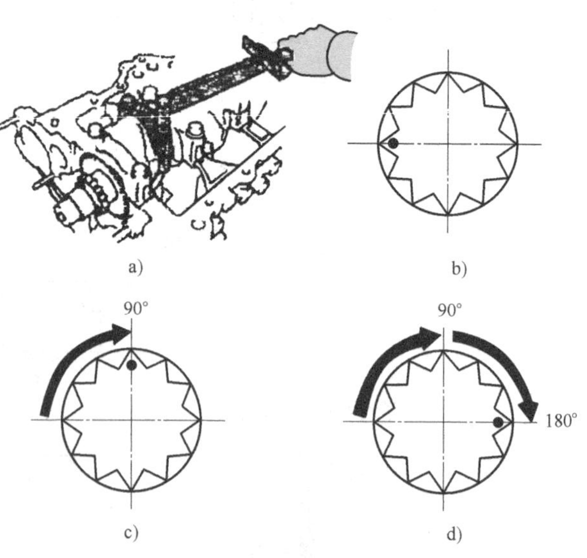


图 3-4　塑性域螺柱的拧紧

1）测量螺柱的收缩。使用游标卡尺测量收缩量最大处的螺柱直径，并与维修手册中的极限值对比。如果螺柱直径小于极限值，则必须更换螺柱。

2）测量螺柱的伸长。使用游标卡尺测量螺柱的长度，如果测量值超过维修手册中规定的螺柱最大长度极限值，则必须更换螺柱。

5. 普通螺纹紧固和特殊螺纹紧固

螺纹紧固分普通螺纹紧固和特殊螺纹紧固：普通螺纹紧固的基本类型有螺柱紧固、双头

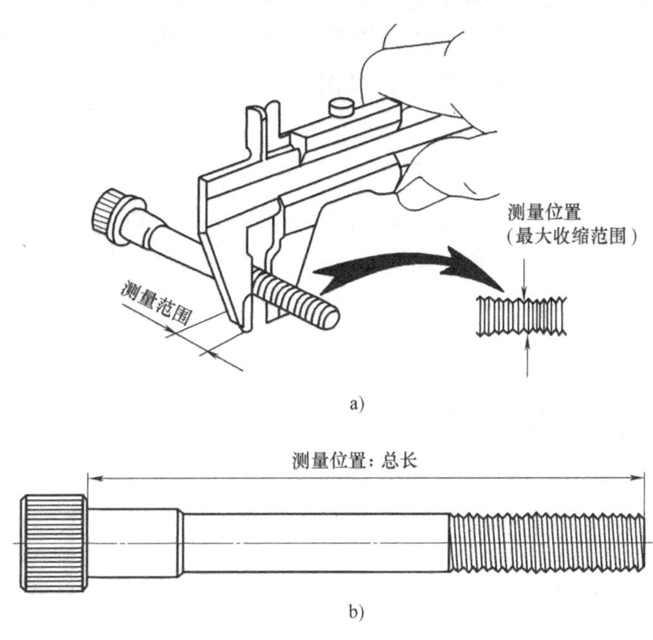


图 3-5　塑性域螺柱的测量

a）测量螺柱的收缩量　b）测量螺柱的伸长量



螺柱紧固和螺钉紧固，见表 3-1；除此以外的螺纹紧固称为特殊螺纹紧固，如图 3-6 所示的圆螺母紧固。

**表 3-1　普通螺纹紧固的基本类型及其应用**

| 类　型 | 螺柱紧固 | 双头螺柱紧固 | 螺钉紧固 |
|---|---|---|---|
| 结构 | | | |
| 特点及应用 | 不需要在紧固件上加工螺纹，紧固件不受材料的限制。主要用于紧固件不太厚，并能从两边进行装配的场合 | 拆卸时，只需要旋下螺母，螺柱仍然留在机体螺纹孔内，故机体螺纹孔不易损坏。主要用于紧固件较厚而需经常装拆的场合 | 主要用于紧固件较厚，或者结构上受到限制不能采用螺柱紧固，且不需经常装拆的场合。如经常拆装，很容易使螺纹孔损坏 |

6. 螺纹紧固安装时应注意的问题

1）为便于拆装和防止螺纹锈死，紧固的螺纹部分应该加润滑油或润滑脂，不锈钢螺纹的紧固部分应该加润滑剂。

2）螺纹紧固中，螺母必须全部拧入螺柱的螺纹中，并且螺柱应该长于螺母外端面 2 ~ 5 个螺距。

3）被紧固件应该均匀受压，互相紧密贴合，紧固牢固。拧紧成组螺钉或螺柱、螺母时，应该根据被紧固件形状和螺钉或螺柱、螺母的分布情况，分2~3次按一定顺序进行操作，以防止受力不均匀或工件变形，如图3-7所示。

7. 螺纹紧固的防松方法

螺纹紧固中应该考虑其防松问题，螺纹紧固一旦出现松脱，轻者会影响发动机的正常运转，重者会造成严重的事故。因此，只有在装配后采取有效的防松措施，才能防止螺纹紧固的松脱，保证螺纹紧固的安全可靠。

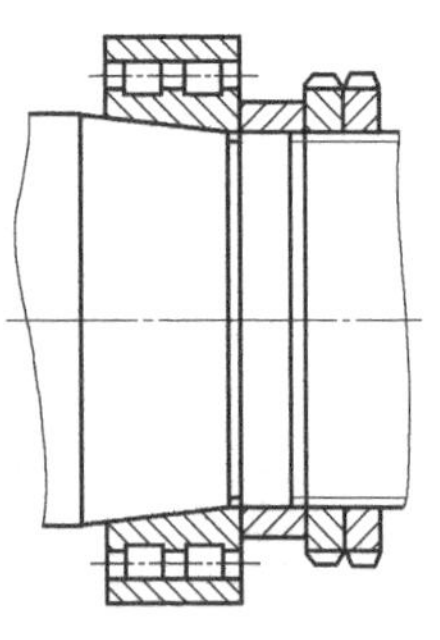

图3-6　圆螺母紧固

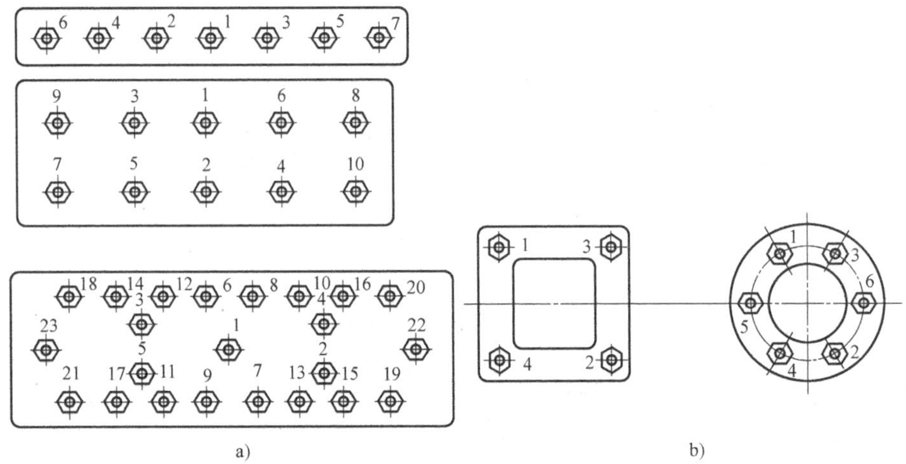


图3-7　拧紧成组螺母的顺序

a）长形分布　b）周向对称分布

螺纹紧固的防松方法，按照其工作原理可以分为摩擦防松、机械防松、铆冲防松等。粘合防松方法得到了很大的发展，它是在旋合的螺纹间涂以液体密封胶，硬化后使螺纹副紧密粘合。这种防松方法，效果良好且具有密封作用。此外，还有一些特殊的防松方法适用于某些专业产品的紧固需要（需用时可参考有关资料）。螺纹紧固的常用防松方法见表3-2。

**表3-2　螺纹紧固常用的防松方法**

| 防松方法 | | 结构形式 | 特点和应用 |
|---|---|---|---|
| 摩擦防松 | 对顶螺母 | 螺柱　上螺母　下螺母 | 两螺母对顶拧紧后，使旋合螺纹间始终受到附加的压力和摩擦力的作用。工作载荷有变动时，该摩擦力仍然存在，旋合螺纹间的接触情况如图所示，下螺母螺纹牙受力较小，其高度可小些，但为了防止装错，两螺母的高度制成相等为宜<br>结构简单，适用于平稳、低速和重载的紧固 |

（续）

| 防松方法 | | 结构形式 | 特点和应用 |
|---|---|---|---|
| 摩擦防松 | 弹簧垫圈 | | 螺母拧紧后，靠垫圈压平而产生的弹性反力使旋合螺纹间压紧。同时，垫圈斜口的尖端抵住螺母与被紧固件的支承面也有防松作用<br>结构简单，防松方便。但由于垫圈的弹力不均匀，在冲击、振动的工作条件下，其防松效果较差。一般用于不是很重要的紧固 |
| | 自锁螺母 | | 螺母一端制成非圆形收口或开缝后径向收口。当螺母拧紧后，收口涨开，利用收口的弹力使旋合螺纹间压紧<br>结构简单，防松可靠，可以多次装拆而不降低防松性能。适用于较重要的紧固 |
| 机械防松 | 开口销与槽顶螺母 | | 槽顶螺母拧紧后，将开口销穿入螺柱局部小孔和螺母的槽内，并将开口销尾部掰开与螺母侧面贴紧。也可以用普通螺母代替槽顶螺母，但需要拧紧螺母后再配钻孔<br>适用于较大冲击、振动的高速机械间的紧固 |
| | 止动垫圈 | | 螺母拧紧后，将单耳或双耳止动垫圈分别向螺母和被紧固件的侧面折弯贴紧，即可以将螺母锁住。当两个螺柱需要双联锁紧时，可以采用双联止动垫圈，使两个螺母相互制动<br>结构简单，使用方便，防松可靠 |
| | 串联钢丝 | a) 不正确　b) 正确 | 用低碳钢钢丝穿入各螺钉头部的孔内，将各螺钉串联起来，使其相互制动。使用时，必须注意钢丝的穿入方向（右图正确，左图错误）<br>适用于螺钉组紧固，防松可靠，但装拆不方便 |

(续)

| 防松方法 | | 结构形式 | 特点和应用 |
| --- | --- | --- | --- |
| 铆冲防松 | 端铆 | 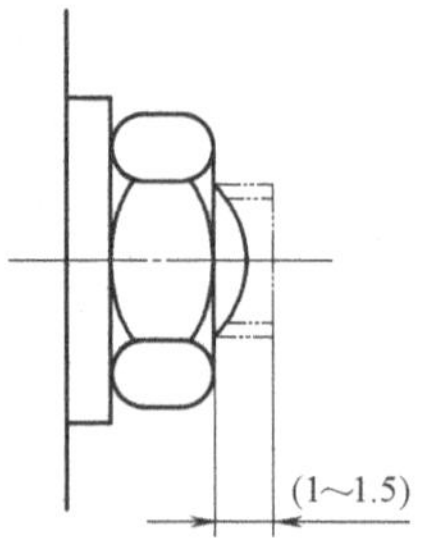 (1~1.5) | 螺母拧紧后,把螺柱末端伸出部分铆死。防松可靠,但拆卸后紧固件不能重复使用。适用于不需要拆卸的特殊紧固 |
| | 冲点 | 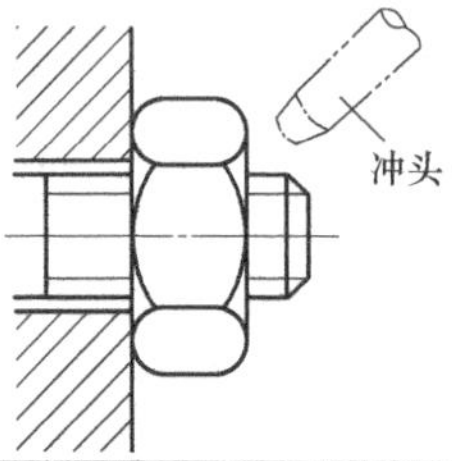 冲头 | 螺母拧紧后,利用冲头在螺柱末端与螺母的旋合缝处打冲,利用冲点防松<br>防松可靠,但拆卸后紧固件不能重复使用。适用于不需要拆卸的特殊紧固 |



## 二、变速器内零部件的装配

### 1. 键联接的装配

键是用来把轴和轴上的零件（如带轮、联轴器、齿轮等）进行周向固定，以便传递转矩的一种机械零件。按键的结构特点和用途，键联接可以分为松键联接、紧键联接和花键联接三大类，见表3-3。

**表3-3　键联接的基本类型及其用途**

| 类型 | 松键联接 | 紧键联接 | 花键联接 |
| --- | --- | --- | --- |
| 结　构 | 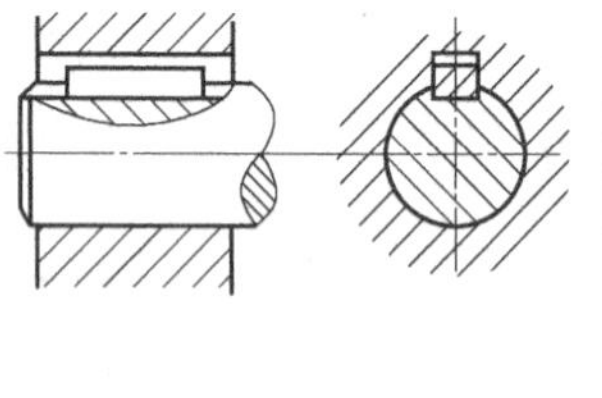 | 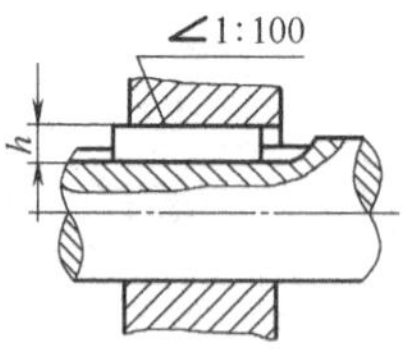 ∠1:100<br>h | 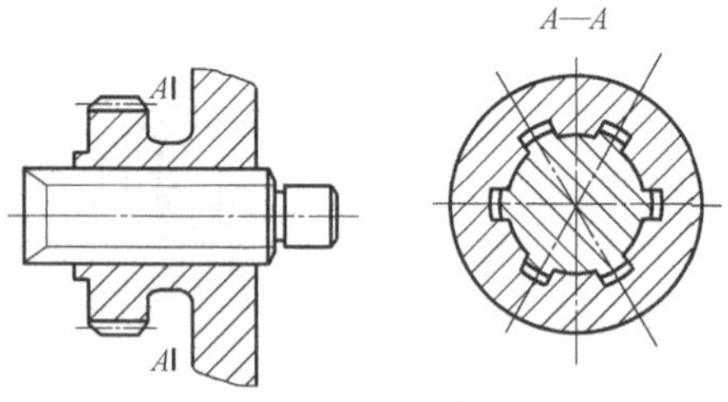 A—A<br>A<br>A |
| 特点和用途 | 松键联接主要有普通平键联接、半圆键联接、滑键联接和导向平键联接等,它们是靠键的侧面传递转矩而不承受轴向力的键联接。松键联接能够保证轴上的零件与轴有较高的同轴度,主要用于高速精密设备传动变速系统中 | 紧键联接除能传递转矩外,还可以传递一定的轴向力。常用的键有普通楔键、钩头楔键和切向键。它们的对中性较差,常用于对中要求不高、转速较低的场合 | 花键联接由于齿数多,具有承载能力大、对中性好、导向性好等优点,多用于滑动配合中,但成本较高。花键联接对轴的强度削弱小,因此广泛地应用于大载荷和同轴度要求高的机械设备中 |

2. 滚动轴承的装配

滚动轴承是由内圈、外圈、滚动体和保持架组成的，是相对运动的轴和轴承座处于滚动摩擦的轴承部件，如图3-8所示。滚动轴承具有摩擦因数小、效率高、轴向尺寸小、装拆方便等优点，广泛地应用于各类机器中。滚动轴承是由专业厂大量生产的标准部件，它的内径、外径和轴向宽度在出厂时已确定，因此其内圈是基准孔，外圈是基准轴。

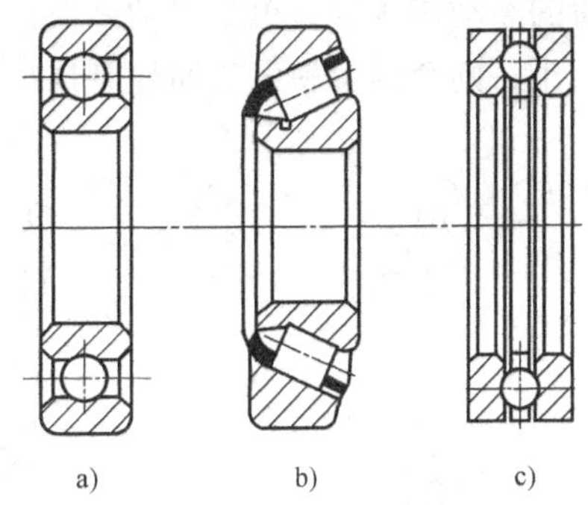


图3-8　滚动轴承
a）深沟球轴承　b）推力调心滚子轴承　c）推力球轴承

（1）装配方法　滚动轴承的装配方法应根据轴承的结构、尺寸大小及轴承部件的配合性质来确定。例如，圆柱孔轴承的装配，由于轴承类型的不同，轴承内、外圈的安装顺序也不同。对于不可分离轴承，应根据配合松紧程度来决定其安装顺序。深沟球轴承内、外圈的安装顺序见表3-4。

**表3-4　深沟球轴承内、外圈的安装顺序**

| 配合性质 | 安装顺序 | 示意图 |
|---|---|---|
| 内圈与轴配合较紧，外圈与座孔配合较松时 | 先装内圈 | |
| 外圈与座孔配合较紧，内圈与轴配合较松时 | 先装外圈 | |
| 外圈与座孔、内圈与轴配合均较紧时 | 内、外圈同时安装 | |

又例如，推力球轴承有松圈和紧圈之分，松圈的内孔比轴大，与轴能相对转动，应紧靠静止的机械零件；紧圈的内孔与轴应取较紧的配合，并装在轴上，如图3-9所示。

（2）滚动轴承内、外圈的压入　当配合的过盈量较小时，可以用铜棒、套筒手工敲击压入，如图3-10所示。当配合的过盈量较大时，可以用压力机械压入，如图3-11所示；也可以采用温差法进行安装。

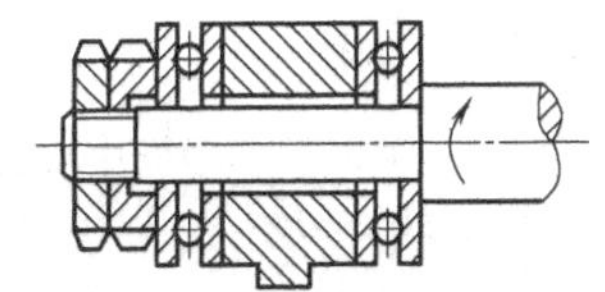

图3-9　推力球轴承松圈与紧圈的安装位置

（3）安装间隙的调整　滚动轴承安装时的间隙调整分为轴向间隙$c$的调整和径向间隙$e$的调整，如图3-12所示。滚动轴承的间隙具有保证滚动体正常运转、润滑及热膨胀补偿的作用，其间隙不能太大，也不能太小。间隙太大，会使同时承受负荷的滚动体减少，单个滚动体负荷增大，降低轴承寿命和旋转精度，引起噪声和振动；间隙太小，则会因容易发热而使磨损加剧，同样影响轴承寿命。

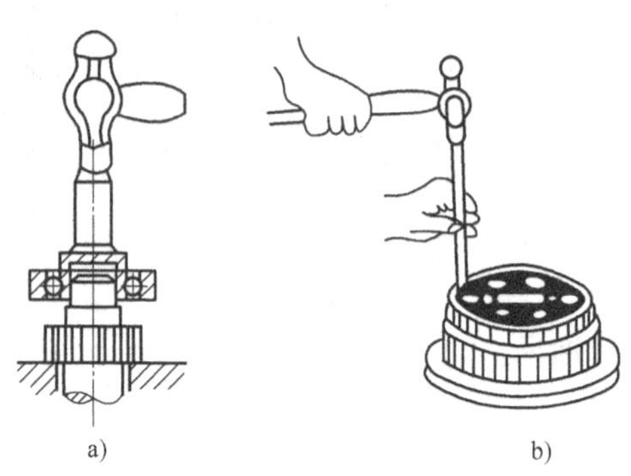

图 3-10　用铜棒、套筒压入轴承

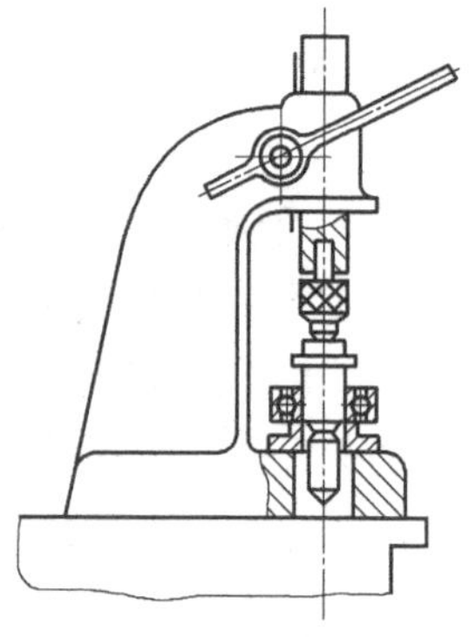
图 3-11　压力机压入轴承



滚动轴承间隙的调整方法常用的有垫片调整法和螺钉调整法两种。图 3-13 所示为用垫片调整轴承间隙的方法。先将轴承端盖紧固螺钉缓慢拧紧，同时用手慢慢转动轴，当感觉到轴转动阻滞时停止拧紧螺钉，这时已无间隙，用塞尺测量端盖与壳体间的距离，可得到的间隙为 $\delta$，垫片的厚度应等于 $\delta$ 再加上一个轴向间隙 $c$。

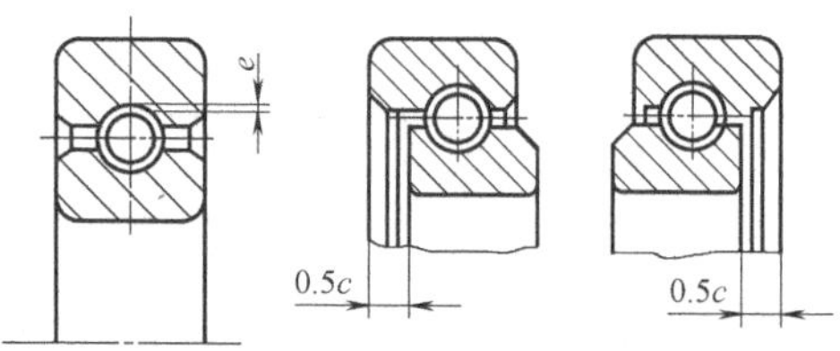

图 3-12　滚动轴承的安装间隙

图 3-14 所示是用螺钉调整轴承间隙的方法。调整时，先松开锁紧螺母 2，再调整调整螺钉 3，推动压盖 1，调整轴承间隙至合适的值，最后拧紧锁紧螺母。

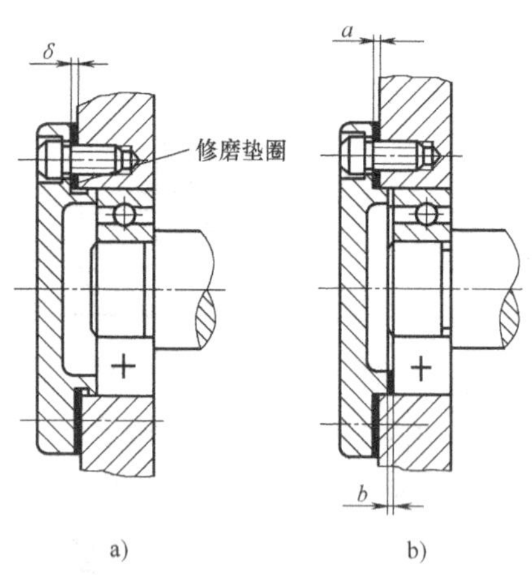

图 3-13　用垫片调整轴承的间隙

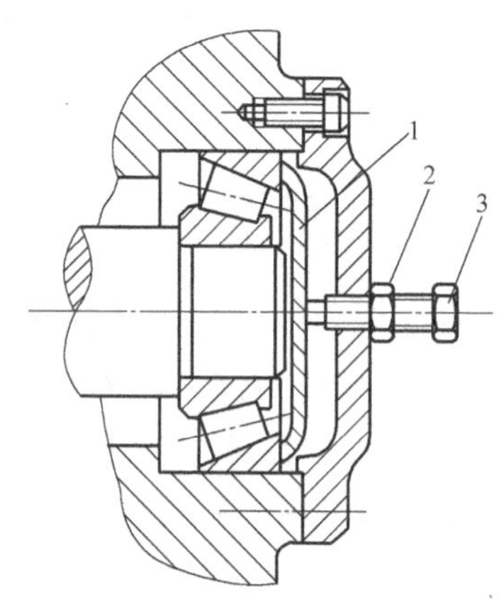

图 3-14　用调整螺钉调整轴承的间隙

1—压盖　2—锁紧螺母　3—调整螺钉

3. 齿轮传动机构的装配

齿轮传动是最常用的传动方式之一，它依靠轮齿间的啮合传递运动和动力。齿轮传动能

够保证准确的传动比，传递功率和速度范围大，传动效率高，结构紧凑，使用寿命长，但其对制造和装配的要求较高。齿轮传动的类型较多，可分为直齿轮、斜齿轮、人字齿轮传动，还可分为圆柱齿轮、锥齿轮及齿轮齿条传动等。

要保证齿轮传动平稳、准确，冲击与振动小，噪声低，除了控制齿轮本身的精度要求以外，还必须严格控制轴、轴承及箱体等有关零件的制造精度和装配精度，这样才能实现齿轮传动的基本要求。

（1）齿轮与轴的装配　根据齿轮的工作性质，齿轮在轴上有空转、滑移和固定连接三种形式。安装前，应该检查齿轮孔与轴配合表面的粗糙度轮廓、尺寸精度及几何误差。

在轴上空转或滑移的齿轮与轴的配合为小间隙配合，其装配精度主要取决于零件本身的制造精度，这类齿轮装配很方便。齿轮在轴上不应该有咬住和阻滞现象，滑移齿轮轴向定位要准确，轴向错位量不得超过规定值。

在轴上固定的齿轮与轴的配合通常为过渡配合，装配时需要有一定的压力。当过盈量较小时，可以用铜棒或锤子轻轻敲击装入；过盈量较大时，则应该在压力机上压装。压装前，应该保证零件轴、孔清洁，必要时涂上润滑油；压装时，要尽量避免齿轮偏斜和端面不到位等装配误差。也可以将齿轮加热后进行热套或热压。对于精度要求高的齿轮装配，装配后还需要进行径向圆跳动和轴向圆跳动的检查，如图3-15所示。



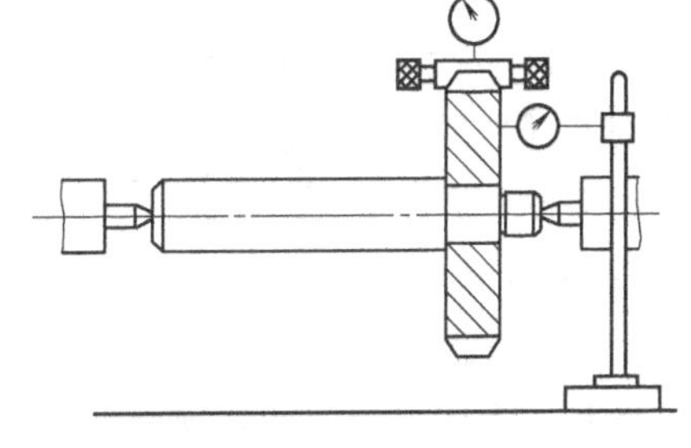
图 3-15　齿轮径向圆跳动及轴向圆跳动的检查

（2）齿轮轴部件和箱体的装配　齿轮轴部件在箱体中的位置是影响齿轮啮合质量的关键。箱体主要部件的尺寸精度、形状和位置精度均必须得到保证，主要有孔与孔之间的平行度和同轴度以及中心距。装入箱体的所有零部件必须清洗干净，装配方式应该根据轴在箱体中的结构特点而定。

若箱体组装轴承部位是开式的，则装配比较容易，只要打开上部，就可以将齿轮轴部件放入下部箱体，如一般的减速器。但有时组装轴承部位是一体的，轴上零件（包括齿轮、轴承等）的装配是在装入箱体过程中同时进行的，在这种情况下，轴上配合件的过盈量通常都不会很大，装配时可以用铜棒或锤子将其敲击装入。

采用滚动轴承结构的，其两轴的平行度和中心距基本上是不可调的。采用滑动轴承结构的，可以结合齿面接触情况作微量调整。

在齿轮传动机构中，如支承轴两端的支承座与箱体分开，则其同轴度误差、平行度误差、中心距均可以通过调整支承座的位置，以及在其底部增加或减少垫片的办法进行调整；也可以通过测量轴线与支承座的实际尺寸偏差，对其进行返修加工的方法解决。

对于大型开式齿轮，一般在现场进行安装施工。安装时应该特别注意孔轴的对中要求，通常采用紧键联接，装配前配合面应该加润滑油（或润滑脂）；轮齿的啮合间隙应该考虑摩擦发热的影响。

4. 过盈配合件的装配

过盈连接是依靠包容件（孔）和被包容件（轴）的过盈配合，使装配后的两零件表面产生弹性变形，在配合面之间形成横向压力，依靠这个压力产生的摩擦力传递转矩和轴向力。其形式简单，对中性好，承载能力强，能够承受变载荷和冲击载荷，但配合面的加工要求较高。

过盈连接的装配，按其过盈量与公称尺寸的大小，主要有压入法、热胀法、冷缩法等。装配前应该仔细清理配合面，不应该有毛刺、凹坑、凸起等缺陷，并应检查配合尺寸是否符合规定的要求。

（1）压入装配工艺　压入装配可以分为锤击法和压力机压入法两种，适用于过盈量不大的场合。锤击法可根据零件的大小、过盈量、配合长度和生产批量等因素，用锤子或大锤将零件打入装配，一般适用于过渡配合。用压力机压入装配时，需具备螺旋压力机、气动杠杆压力机、液压机等设备，直径较大的孔轴过盈配合则需要使用大吨位的压力机。

1）压入前，可以在配合表面涂上润滑油，以防装配时擦伤表面。

2）压入过程中应该保持连续压入，并注意导正，速度也不宜过快，一般为2～4mm/s，不宜超过10mm/s。

3）对于细长的薄壁零件，要特别注意检查其形状偏差，装配时应该垂直压入。



4）锤击时不可直击零件表面，应该采用软垫加以保护。

5）装配时如果出现装入力急剧上升或超过规定数值的情况，应该停止装配，必须在找出原因并处理后方可继续装配。

（2）热胀配合的装配工艺　对于过盈量较大的配合，一般采用热装的方法，利用物体受热后膨胀的原理，将包容件加热到一定温度，使孔径增大，然后与相配件装配，待冷却收缩后，配合件便紧紧地连接在一起。热装的方法适用于配合零件，尤其是过盈配合的零件。配合件是否采用热装方法，要根据零件的大小、配合尺寸公差、零件的材料、零件的批量、工厂现有设备状况等条件来确定。

对于大直径齿轮件中的齿毂与齿圈的装配、一般蜗轮减速器中轮毂与蜗轮圈的装配等，因其属于无键连接传递转矩，故一般都采用热胀装配。对于一般轴与孔的装配，视其过盈量的大小以及轴与孔件的材料来确定装配方法：一般过盈量大的应采用热装方法；过盈量不太大的，如果轴与孔件都是钢质材料，也应优先考虑热胀装配，但也可以选择压入装配方法。压入装配的质量合格率远不及热胀装配，因压入装配受设备压力限制、人员操作水平及零件加工质量、压入装配时的不可测因素等的影响。对于一些较小的配合件，如最常见的滚动轴承等，一般采用热胀装配。

（3）冷缩配合的装配工艺　当套件较大而压入的零件较小时，加热套件不方便，甚至无法加热，或者有些套件不准加热时，可以采用冷缩配合的装配工艺。冷缩配合法是利用物体温度下降时体积缩小的原理，将轴件冷却，使轴件的尺寸缩小，然后将轴件装入孔中，温度回升后，轴与孔便紧固连接了。冷缩配合法与热胀装配法相比变形量小，适用于一些材料特殊或装配精度要求高的零件。由于所用工装设备比较复杂，操作也较为麻烦，所以应用较少。

冷缩配合法常用的冷却剂及冷却温度为：干冰（－78℃）、液氨（－120℃）、液氧（－180℃）、液氮（－190℃）。

## 三、发动机密封件的使用及更换

在发动机的修理维护过程中，要使用大量的密封件，以保证发动机各个密封面的可靠密封，防止漏气、漏水、漏油。常见的密封件有密封衬垫、油封。此外，还经常使用密封胶。

1. 密封衬垫的使用要点

1）装配时，密封表面应该清洁干净。

2）金属衬垫和垫片表面应该平整，没有明显的曲折和凹痕。

3）用纸垫密封时，安装前应按需要涂以清洁的密封胶。

4）有润滑油孔的部位，安装衬垫时，要注意勿将油孔堵塞。

2. 密封胶的使用要点

随着密封剂生产技术的发展，各种密封胶（或称密封填料）相继投入使用，发动机修理装配中密封胶的使用量很大。与衬垫密封相比，密封胶密封的效果可靠持久，省时省力，工作效率高。使用密封胶时，应该注意密封胶的类型和适用场合，按规定使用；为了得到最好的密封效果，应该把粘附在零部件表面的旧密封胶清除干净。

使用密封胶时，应该在全部密封表面均匀地涂抹一层密封胶，不要有任何间断，如图3-16所示。具体零件涂抹密封胶的位置和数量（厚度）都有规定值，使用时可参考相关维修手册。使用密封胶时还应注意以下几点：

1）一些密封胶在涂抹后会立即硬化，因而要迅速安装相关零部件。

2）用密封胶密封的零部件，在组装后至少2h内不要加润滑油等油液。

3）如果零部件在粘上后又再拆开，要把原有的密封胶全部清除掉，并重新涂抹。

4）如果密封胶的涂抹位置错误或太少，将导致漏水、漏油。

5）不要涂抹过多的密封胶，以免将油路和滤清器堵塞。

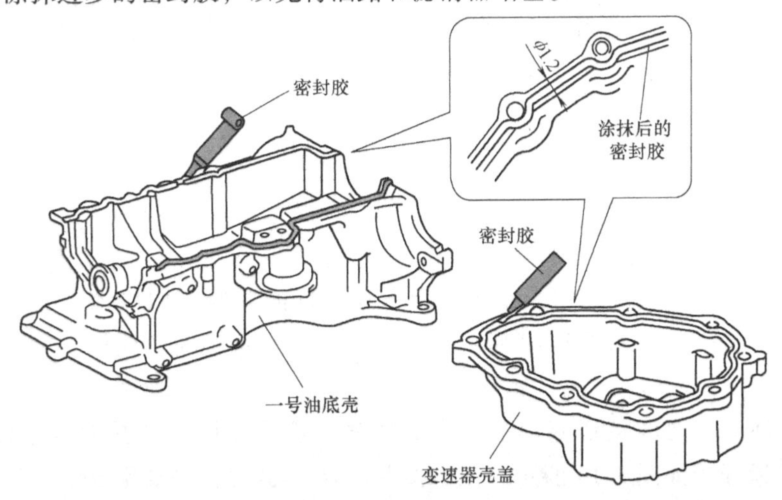


图3-16　密封胶的使用

6）在冬天可以轻度加热密封胶，以使涂抹更加容易。

# 任务二　发动机的组装

## 一、机体与曲柄连杆机构的组装

1. 安装曲轴

1）在轴承盖和气缸体上的轴承座上安装轴承和止推垫圈时，止推垫圈的合金一面（或有机油槽的一面）应该向外（朝向曲轴）。

2）安装轴承后，应该在轴承内表面涂上发动机机油。注意：不要在轴承背面涂发动机机油，因为轴承产生的热量会通过轴承背面散发到气缸体中，如果在轴承背面涂上发动机机油，势必会妨碍这些总成之间的接触，从而造成散热效果下降。

3）将曲轴放在轴承座上后，应该按拆卸时的位置和方向安装轴承盖，不可以错乱。

4）依照“先中间，后两边，交叉对称”的原则，按规定的扭矩分次紧固各个主轴承盖螺柱，如图 3-17 所示。图中，① ～ ⑩为轴承盖螺柱的紧固顺序。

5）曲轴装配之后，应该确保用手能够转动曲轴。



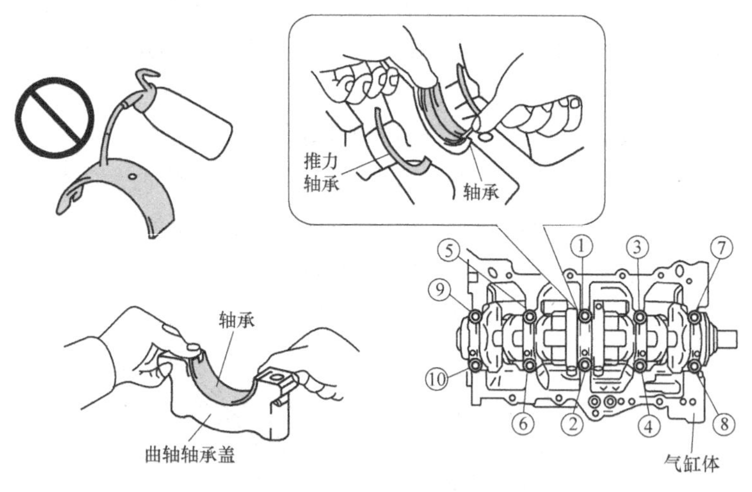


图 3-17　曲轴的安装

2. 活塞连杆组的组装

组装活塞、活塞销、连杆时，要注意活塞和连杆的安装方向应该一致。半浮式活塞销要使用专用工具安装，如图 3-18 所示；安装全浮式活塞销时，应该先将活塞放在沸水中加热。

安装活塞环时，要注意活塞环的方向和序号。不要将所有的活塞环端隙放成一排，应该将其互相错开，如图 3-19 所示。或者按照维修手册的有关规定安装，以防止泄漏压缩气体。

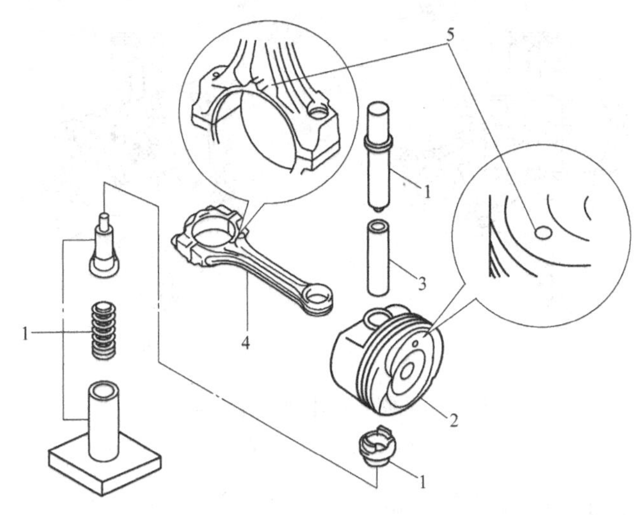


图 3-18　半浮式活塞销的安装

1—活塞销安装专用工具　2—活塞　3—活塞销　4—连杆　5—方向记号

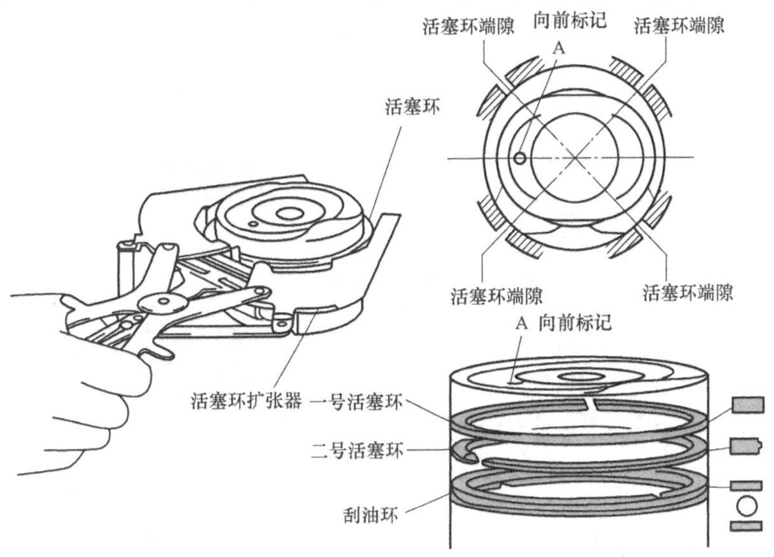


图 3-19　活塞环的安装

3. 活塞连杆组的安装

1）将活塞连杆组装入气缸时，应该使气缸体保持竖直向上的位置，以防在插入活塞连杆组时，连杆尖锐的棱角损坏气缸内壁，如图 3-20 所示。如果连杆上有螺柱，应该在螺柱上套一根塑料管，以防损坏气缸内壁。

2）在轴承盖和连杆上安装连杆轴承时，应该在轴承内表面涂上发动机机油。

3）用活塞环压缩器收紧活塞环时，应该在活塞环压缩器的内表面涂油，以免损坏活塞和活塞环。不要在活塞环压缩器内转动活塞，以防改变活塞环的位置或造成损坏，如图 3-21 所示。

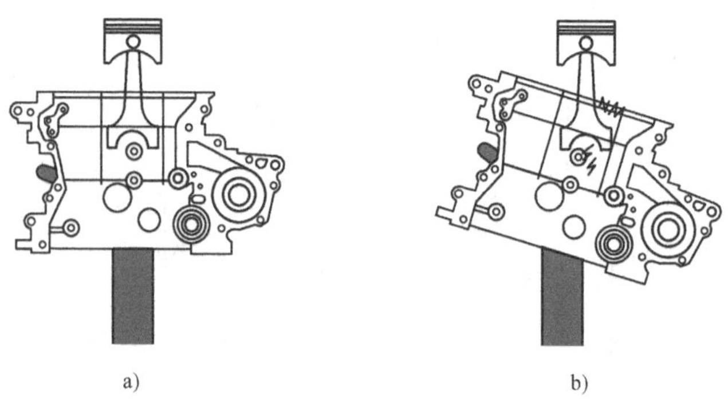


图 3-20 使气缸体保持竖直向上
a）正确 b）错误

4）用锤柄轻轻敲打，将活塞从气缸顶部插入，注意其向前标记应当朝向发动机的前面。

5）安装连杆轴承盖，并按规定的扭矩紧固螺柱。

6）每次装配一个活塞连杆组时，都应该转动曲轴，确保其能够自由转动，然后再装配其他的活塞连杆组。



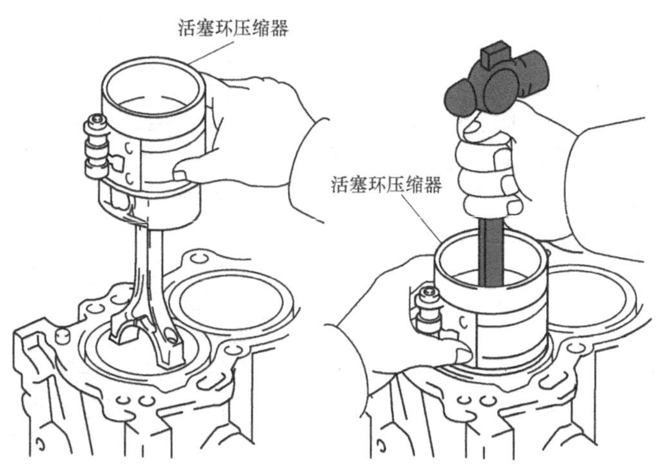


图 3-21 安装活塞连杆组

## 二、气缸盖与气门组的组装

### 1. 气门油封的更换

气门油封是一种骨架式耐高温氟橡胶油封，其构造如图 3-22 所示。气门油封一般固定在气门导管顶端，与气门导管紧配合，油封上方的唇口与气门杆活动配合，唇口处外圆装有一个螺旋弹簧，以保证其与气门杆之间的密封性。

气门油封不能够再次使用，在安装时应该更换。安装气门油封时，应当将适量的发动机

机油涂抹在气门油封的唇部。有些发动机的进气门与排气门的气门油封是不同的，不可以安装错误。

2. 气门组的组装

按与拆卸气门组相反的顺序，使用气门拆装专用工具组装气门组，如图 3-23 所示。每组装好一个气门组后，应该检查气门弹簧锁片是否安装到位。可以将旧气门杆放在装好的气门杆端部，用塑料锤快速而轻轻地敲击已安装好的气门。敲击气门杆时，要用布将气门杆盖住，以防止在气门未正确安装时，气门锁片和气门弹簧弹出。

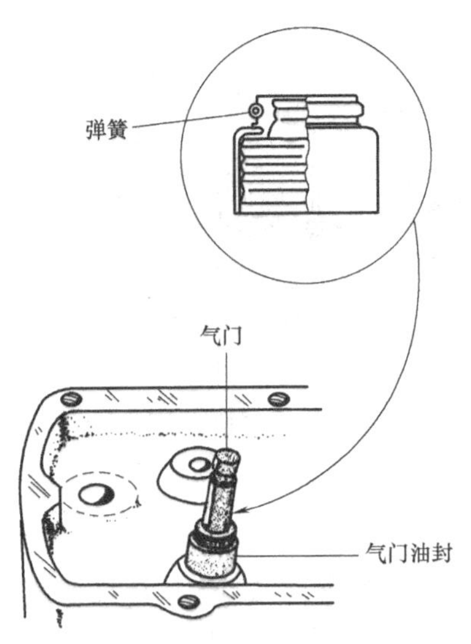


图 3-22 气门油封

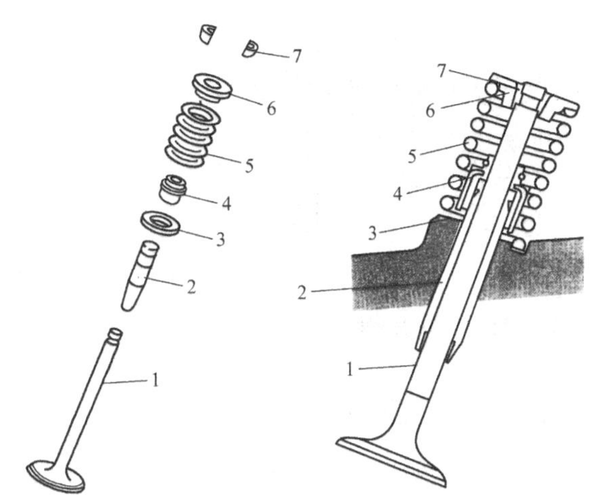


图 3-23 气门组零件图

1—气门 2—气门导管 3—气门弹簧垫片 4—气门导管油封 5—气门弹簧 6—气门弹簧座 7—锁片



## 三、气缸盖的安装

1. 安装气缸垫

安装气缸垫以前，应清洁气缸盖下部和气缸体上部，清除各螺柱孔中的油污或水分，如图 3-24 所示。按照正确的方向将垫片定位，然后将其安装在气缸体上。如果垫片未正确定位，则油孔和水套就可能被覆盖，从而造成漏油、漏水或者油孔和水套堵塞。

2. 安装气缸盖总成

将气缸盖和缸体的锁销（定位销）对准，然后将气缸盖放在气缸体上。此时应注意不要移动气缸盖，否则锁销就有可能损坏

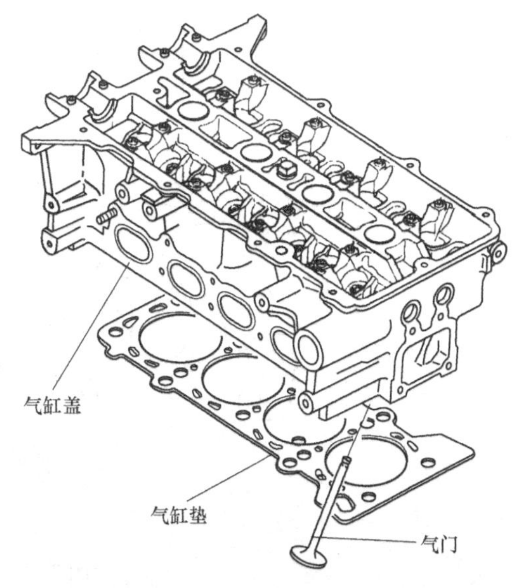


图 3-24 气缸盖及气缸垫

气缸盖底部。

在安装气缸盖螺柱时，应该在螺柱的螺纹和螺柱头下部涂抹一薄层机油。然后按“先中间，后两端，对称交叉”的原则，分几次逐步紧固，如图 3-25 所示。具体车型的发动机气缸盖螺柱的紧固次数和顺序应该参考维修手册。

塑性域螺柱应该按维修手册规定的次数和角度紧固，如图 3-26 所示。安装前，可以用油漆在气缸盖螺柱的前面做标记，以保证转动的角度正确。

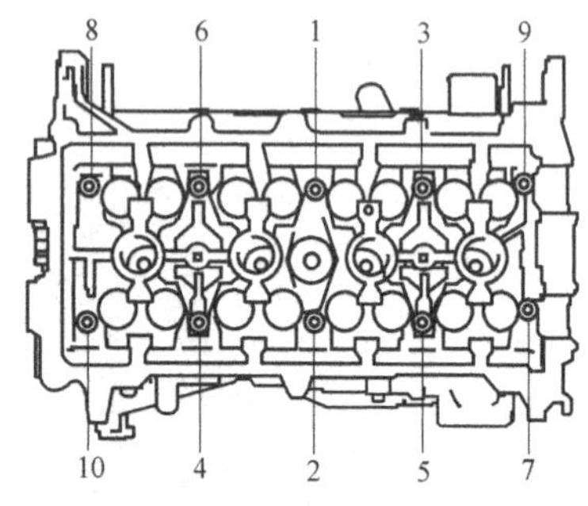


图 3-25　气缸盖螺柱的紧固顺序

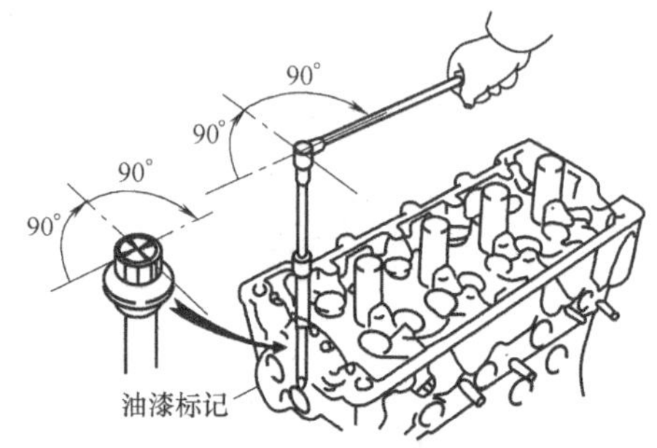


图 3-26　塑性域螺柱的紧固



## 四、油封的安装

发动机各处的油封都不能够重复使用。在检修发动机时，如要拆卸油封，应该更换新的油封。安装油封时，应该根据其外形选择专用安装工具，以防止油封在安装时损坏，如图 3-27 所示。在安装油封以前，应该在其唇部涂抹润滑脂。

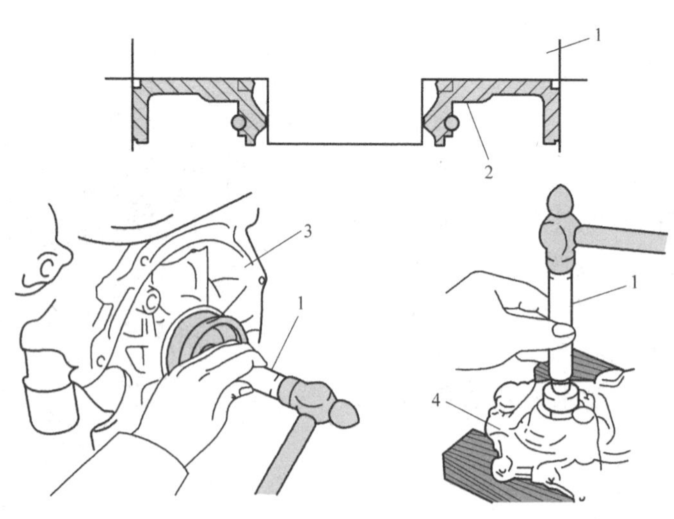


图 3-27　安装油封

1—油封更换专用工具　2—油封　3—气缸体　4—正时链条盖

## 五、凸轮轴的安装

有些发动机必须先将气缸盖安装到气缸体上后，才能够安装凸轮轴。在这种情况下，安装凸轮轴之前，应先将曲轴从第1缸上止点位置逆时针旋转大约40°，使活塞向下移动。以防止安装凸轮轴时，因气门下移顶到活塞而造成气门杆弯曲。

将凸轮轴放在气缸盖上，并使凸轮轴尽可能水平。凸轮轴轴承盖螺柱应该分几次逐步均匀紧固，如图3-28所示。每次只能紧固一点，以防止凸轮轴受到较大的弯曲应力。凸轮轴轴承盖螺柱的紧固顺序因发动机类型的不同而不同，应该参考维修手册。

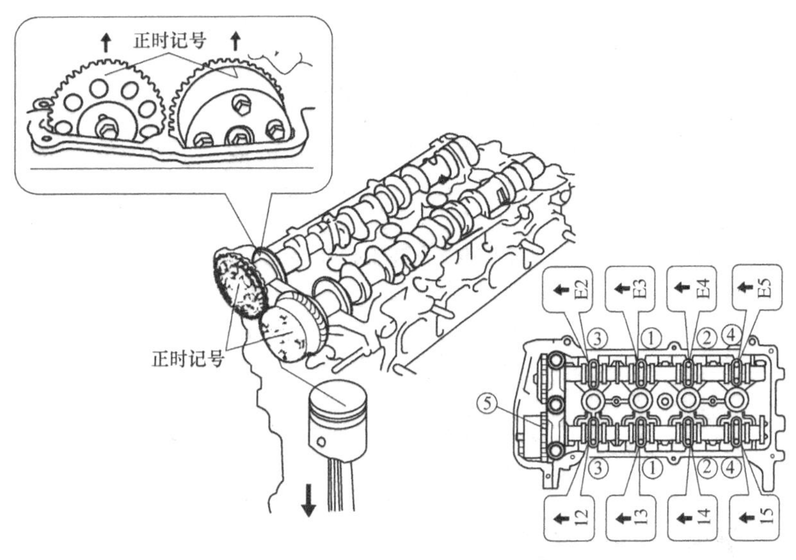


图3-28　安装凸轮轴

## 六、正时链条的安装

1）转动曲轴，各缸活塞均远离上止点位置，其方法是先使第1缸活塞处于压缩上止点位置，然后将曲轴转动40°～140°，如图3-29所示。

2）转动进气和排气正时链轮，使之处于第1缸压缩上止点后约20°的位置。

3）逆时针旋转曲轴，使之处于第1缸压缩上止点后20°的位置。

4）安装正时链条，注意应该使链条上的正时记号和链轮上的记号对齐。

5）顺时针转动曲轴两周，确保正时记号正确。

## 七、附件的安装

发动机的附件包括排气歧管隔热罩、排气歧管、排气歧管衬垫、歧管支架、进气歧管衬垫、进气歧管、发电机、发动机线束等。安装时，应该按维修手册规定的顺序进行。图3-

30 所示为发动机进气歧管、排气歧管示意图。

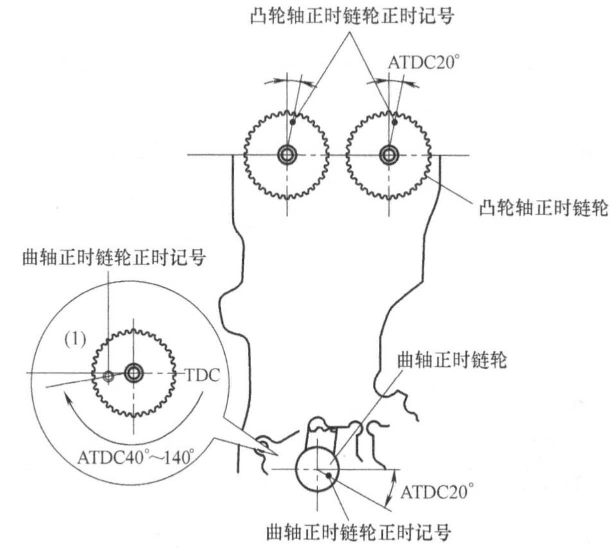


图 3-29　安装正时链条



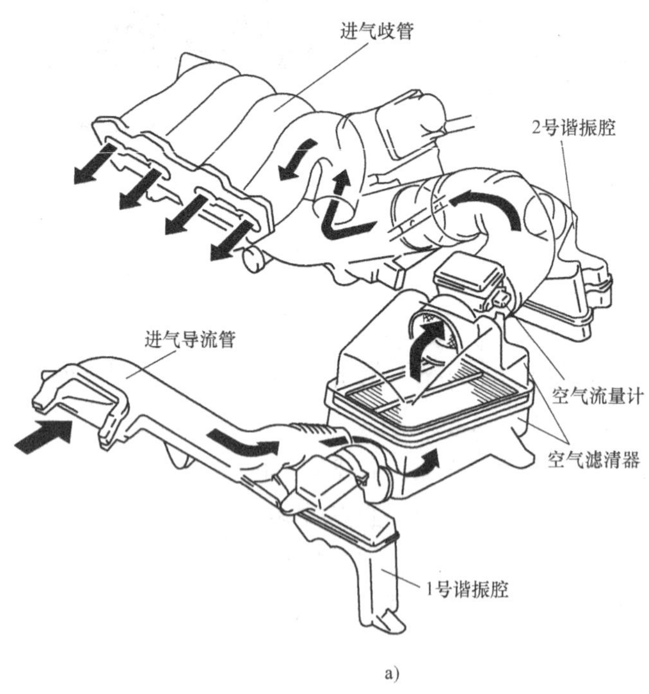


图 3-30　发动机进气歧管、排气歧管示意图

a）进气歧管

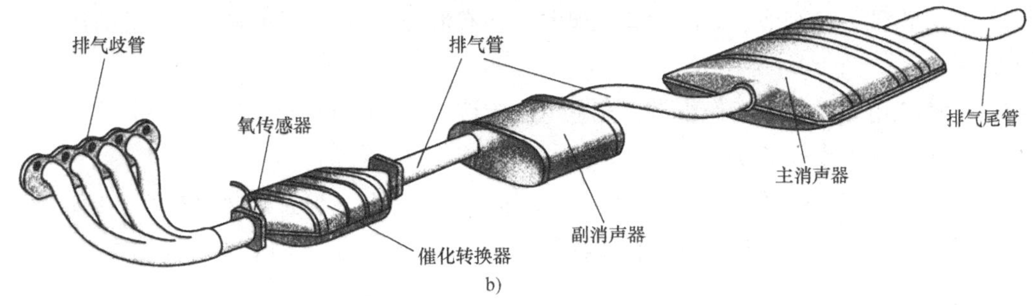


图 3-30　发动机进气歧管、排气歧管示意图（续）
b）排气歧管

# 任务三　发动机大修后的起动和磨合

## 一、发动机大修后的初次起动



### 1. 发动机起动前的检查

大修后的发动机在起动前，应该仔细检查一遍其安装情况，确保所有零部件都已装配完好。

1）确认各线束插接器都已经连接到正确的位置，轻轻拉动各插接器，检查其是否连接可靠。

2）检查各处的螺柱或螺母，确认紧固良好无松动。

3）检查是否有零件遗落在托盘工作台上或其周围。

4）检查所有的卡箍是否安装在正确的位置。

5）检查发动机中注入的机油是否达到油尺的规定标记。

6）检查是否有冷却液或发动机机油从软管或管道接头处泄漏。

7）检查传动带是否安装在正确的位置上，各传动带的张紧力是否合适。

8）起动发动机，检查发动机起动时是否有异常的声音。

9）检查燃油系统各管路及各接头处，确认无漏油。

### 2. 发动机起动期间的检查

发动机最严重的磨损发生在起动阶段。冷态发动机的机油比较黏稠，需要若干秒才能够将其送到发动机的所有运动零部件处。因此，大修后的发动机初次起动后，不应该急于加速，而应让它以正常的快怠速转速空转（电喷发动机快怠速由发动机计算机控制）。发动机起动后，让发动机怠速运转，直到机油压力达到最大值。根据环境温度的不同，这个过程需要 15 ~ 60s 的时间，发动机怠速运转时间不能够超过 5min。发动机起动后，应该检查以下各项：

1）检查是否有异常的声音，特别是气门机构有无异常响声。有的发动机需要运转几分钟后，才能够消除异响。

2）检查汽油、冷却液、润滑油有无泄漏。如有泄漏，应该立即停止发动机的运转并进行修理。

3）检查充电系统是否工作正常，充电电压应该为13.5～15.0V。

3. 冷却液的检查和添加

完成发动机预热后，停止发动机并等待冷却液完全冷却。检查散热器中冷却液的液位，必要时向散热器中注入冷却液，并使储液箱中的冷却液液位达到“FULL”标记线。

4. 发动机运转后的检查

发动机初次起动运转至热车后，应该熄火并进行以下检查：

1）检查发动机油底壳、机油滤清器、气门室罩、前后油封等处有无机油泄漏。

2）检查燃油各管路和接头处有无燃油泄漏。

3）检查发动机冷却系统各管路和接头处有无冷却液泄漏。

5. 发动机初次起动运转时的注意事项

1）发动机大修后，最初3h的运转期间内不要过多地处于怠速状态。

2）初次运转的2～3h内，应该保持正常转速范围和75%的负荷。



3）尽量不要让发动机以一个固定的转速长时间运转，尽可能多地改变发动机转速。

4）满负荷或高速运转，每次应该少于2min。

5）大负荷运转后，应该让发动机小负荷运转，待回到稳定的工作温度后再熄火。

## 二、发动机大修后的磨合与试验

发动机在装配后，应该进行磨合及试验，其目的是提高配合零件的表面质量，使其能够承受应有的载荷；减少初始阶段的磨损量，延长发动机的使用寿命；检查和消除装配中的缺陷；调整各机构，使它们互相协调，以求获得良好的动力性和经济性。

发动机的磨合与试验分为冷磨合、无负荷热磨合、有负荷试验三个阶段。冷磨合是由外部动力驱动发动机转动进行磨合；无负荷热磨合是让发动机起动后在空载状态下运转而进行磨合；有负荷试验是发动机运转后在规定的负荷下进行的运行试验。发动机在磨合与试验过程中，应该选择适当的转速和载荷，完成规定时间的磨合和试验，并使用规定的润滑油。

1. 发动机的冷磨合

发动机冷磨合时，一般不安装火花塞。将发动机置于专用的磨合台架上，将可改变转速的动力装置连接在发动机飞轮或曲轴带轮上，带动发动机转动。此时，应该加足黏度较小的润滑油，这样有利于散热并冲洗摩擦表面的磨屑。

冷磨合的时间和转速应根据发动机的状况及所用润滑油的黏度来选择：采用低黏度机油时，在400～700r/min的转速下不少于1.5h，在800～900r/min的转速下不少于0.5h。

冷磨合后的发动机，应该放出全部润滑油，加入清洗油（80%的柴油和20%的机油，质量分数）转动约5min，然后放出清洗油，以清洗各油道；或者将各主要零部件拆下，然后进行清洗和检查。

2. 发动机的无负荷热磨合

发动机冷磨合后，应该装上全部附件，起动发动机，使其在无负荷状态下运转，进行无负荷热磨合。它是在冷磨合的基础上，使零件表面再增加一些压力，在一定的转速下进一步磨合。在这一阶段中，还要对发动机的初次运转状况进行检查，如有故障要及时排除。

发动机开始运转的最初几分钟对延长其寿命是至关重要的。起动发动机后，应以1500～2000r/min 的转速运转约 20min，在热磨合期间应该避免怠速运转，以防采用飞溅润滑的凸轮和挺柱等零部件因润滑不良而损坏。另外，由于怠速时连杆轴颈甩出的机油较少，使气缸壁得不到足够的机油。因此，热磨合期间应该确保发动机机油压力正常，冷却液温度不至于过高，且要检查有无机油渗漏。如果需要进行任何调整，应该立即关闭发动机。

热磨合后，应该检查发动机的气缸压力。检查气缸压力应该在发动机冷却液温度正常时进行，拆除全部火花塞，以起动机带动发动机转动，用气缸压力表逐缸检查，气缸压力应该符合相关规定。

3. 发动机的有负荷试验

发动机经过冷磨合及无负荷热磨合后，可以再进行一次有负荷试验。有负荷试验不但可以进一步在有负荷条件下磨合和试验发动机大修后的功率恢复情况，还可以发现发动机因修理不当而发生的某些故障，这些故障往往是在无负荷试验时不容易或不能够发现的。

有条件时，可以在测功机上进行发动机有负荷试验。还可以同时检测发动机的动力性，由于大修后的发动机处于磨合阶段，所以不能够测定发动机最高转速下的额定功率，通常是测定发动机的最大转矩。即发动机在正常温度条件下，将节气门全开，同时逐渐加大负荷，使发动机稳定在最大转矩的转速下，测定其最大转矩值，要求此值不低于原厂规定值的 90%。

如果没有测功机，在确认发动机不存在严重泄漏且运行良好的前提下，可以驾驶汽车到车流量较少的路上试车，进行有负荷试验。试车前，应该再一次检查所有的软管连接情况和液面高度。

在路试中，先让汽车加速行驶，这时节气门全开，车速从 50km/h 加速到 80km/h。然后关闭节气门，让汽车滑行减速到 50km/h。活塞环是现代发动机最需要磨合的部分，让汽车加速可以给活塞环施加一定的载荷，使活塞环紧靠在气缸壁上，有助于磨合活塞环；减速阶段也有助于将额外的机油吸到缸壁上以防拉缸。重复这一过程 10～12 次，以使活塞环得到充分的磨合。

所有的磨合程序完成后，要复查发动机有无机油渗漏；要确保所有的线路和管路连接正确，所有的指示灯或指示仪表的工作正常。

## 三、发动机维修后的验收标准

经过磨合、试验和调整以后，要进行发动机的验收。必须保证其动力性能良好，怠速运转稳定，燃料消耗经济，附件工作正常。

1）在发动机冷却液温度正常时，发动机的气缸压力、机油压力、进气歧管真空度应该符合要求。

2）发动机在正常温度下，5s 内应能起动，低、中、高速运转均匀、稳定，水温不应超过限度；加速性能良好，应无断火、进气管回火及排气管放炮等现象；发动机的排放限值应该符合有关的规定。

3）发动机运转稳定后，不允许有活塞敲缸声和活塞销、连杆轴承、曲轴轴承等的异响。

4）发动机不应该有漏油、漏水、漏气、漏电现象。

## 四、发动机大修后的使用

1. 磨合期

为保证发动机的使用寿命，大修发动机的汽车必须进行走合期的磨合，并在走合期结束时进行一次走合维护。汽车走合期间磨合状况的好坏，直接关系其使用寿命，必须按生产厂家的规定驾驶汽车，做好磨合期间的维护工作。

2. 发动机在磨合期的使用规定

大修发动机汽车磨合期的规定如下：

1）磨合期的里程为 1500 ~3000km。

2）在磨合期内，应该选择较好的道路并减载限速运行。一般汽车按装载质量标准减载 20% ~25%，并禁止拖带挂车；半挂车按装载质量标准减载 25% ~50%。



3）在磨合期内，驾驶人必须严格执行操作规程，保持发动机处于正常工作温度。磨合期内严禁拆除发动机限速装置。

4）磨合期内要认真做好车辆日常维护工作，经常检查、紧固各外部螺柱、螺母，注意各总成在运行中的声响和温度变化，及时进行调整。

5）磨合期满后，应该进行一次磨合期维护，更换机油，清洗滤清器，最好重新拧紧缸盖螺柱。机械气门挺柱在走合保养中也可以重新调整。装有铸铁进气歧管的发动机，应该在发动机工作温度下重新拧紧进气歧管，以防漏气。

3. 磨合期后的注意事项

磨合期之后的 3000 ~4000km 是汽车由磨合期到使用期的过渡阶段。在这个阶段中，发动机仍然不宜以很高的转速运转，车速不宜过快，汽车不要超载，并尽量避免在恶劣的路面上行驶。

## 思　考　题

1. 简述螺纹紧固的防松方法。
2. 简述曲轴和活塞连杆组的安装要点。
3. 简述气缸盖的安装步骤。

# 项目四　机体与曲柄连杆机构的检修

## 任务一　气缸盖与气缸体的检修

### 一、气缸盖和气缸体变形的检修

1. 气缸盖与气缸体变形的检测

气缸盖和气缸体变形的主要表现为翘曲，其变形程度可以通过检测气缸盖下平面和气缸体上平面的平面度误差获得。平面度误差可以用平板做接触检验，或者用刀口形直尺和塞尺检测，如图 4-1 所示。

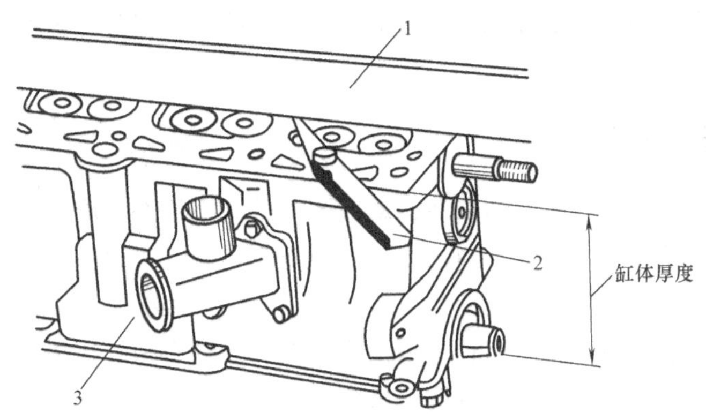


图 4-1　用刀口形直尺和塞尺检测气缸体的平面度误差

1—刀口形直尺　2—塞尺　3—气缸体

用刀口形直尺和塞尺检测气缸体上平面的时候，应该在六个位置进行检测，即横向两个方向，纵向两个方向，对角线两个方向，如图 4-2 所示。对于每一个方向，塞尺都要塞到刀口形直尺与平面的缝隙中，先小后大，到刚好能够塞进去并有一定的阻力为止，然后读出读数，取六个方向的最大值就是这个平面的平面度。

气缸盖的测量与气缸体的测量基本相同，测量读数的读取也相同。但是，气缸盖的进气歧管侧面和排气歧管侧面的测量，只需要测量对角线两个方向。

2. 气缸盖与气缸体变形的修复方法

当气缸盖和气缸体平面的平面度误差超过允许限度时，会引起发动机漏水、漏气，甚至冲坏气缸衬垫等故障。可以采用以下方法修理：气缸体局部不平时，可以用刮刀刮平；气缸顶平面螺纹孔附近的凸起，可以用磨石、平面砂轮推磨或用粗锉刀修平；较大的表面不平时，可以用平面磨床或铣床进行磨削和铣削，但一定要注意削去的金属不能太多，以免气缸体报废。用平面磨削的方法修复气缸体时，上平面最大加工量为 0.10mm。也可以涂上研磨膏，把气缸盖放在气缸体上扣合研磨。气缸盖的翘曲还可以用敲压法校正。

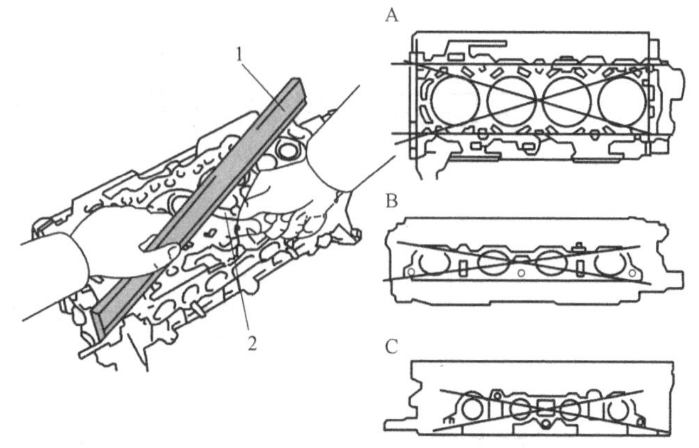


图 4-2　气缸体平面度误差的检测

1—刀口形直尺　2—塞尺

A—气缸体　B—进气歧管侧　C—排气歧管侧

当气缸体和气缸盖修磨后，会造成燃烧室容积的减少和各缸燃烧室容积不等的现象，要求燃烧室容积变化的差值不大于同一发动机各燃烧室平均值的 1% ~2%，减少后的燃烧室容积不小于原厂规定的 95%，否则会出现压缩比过大、怠速工作不稳和增加爆燃倾向的情况。所以，气缸盖修磨后，应该对燃烧室容积加以测量和调整，有的厂家甚至严格规定气缸体和气缸盖不能够进行修磨。



## 二、气缸磨损的检修

在正常磨损的情况下，气缸在活塞环运动区域内的磨损特点是沿高度方向呈上大下小不规则的锥形。磨损的最大部位是第一道活塞环在上止点位置时相对应的气缸壁，而活塞环与气缸壁不接触的上口几乎不发生磨损而形成明显的缸肩。

造成气缸锥形磨损的原因主要有：上部活塞环与气缸壁之间的压力较大；发动机上部的工作温度较高、润滑不良、空气带入的磨料较多；气缸内可燃混合气燃烧后，产生水蒸气和酸性氧化物，它们溶于水而生成矿物酸，对气缸表面产生腐蚀作用等。

气缸沿圆周方向的磨损也是不均匀的，形成的是不规则的椭圆形。其最大磨损部位往往随气缸结构和使用条件的不同各异，一般是前后方向或左右方向的磨损最大。

造成气缸椭圆形磨损的原因主要有：连杆变形；气缸中心线与曲轴中心线不垂直；气缸套安装不正；在压缩和做功行程中，活塞以很大的侧压力压向气缸壁，使发动机左右方向磨损严重；由于离合器工作时轴向力的作用，曲轴不断前后移动，或者因曲轴的弯曲变形以及气缸体的变形，导致气缸磨损的椭圆长轴位于曲轴轴线方向上等。一般水冷却发动机第一缸前部和最后一缸后部的冷却强度大，其磨损较大，特别是长期在较低温度条件下工作时，对气缸磨损的影响更大。

1. 气缸磨损的检测

测量发动机气缸磨损程度是确定发动机技术状况的重要手段。通过测量，主要可确定气缸磨损以后的圆度误差、圆柱度误差。测量气缸的磨损通常使用内径百分表，如图 4-3 所示。

1）根据气缸直径的尺寸，选择合适的固定量杆固定在内径百分表的下端。固定量杆固定好后与活动量杆的总长度，应该与被测气缸的尺寸相适应。

2）校正内径百分表的尺寸，即将千分尺校正到被测气缸的标准尺寸，再将内径百分表校正到千分尺的尺寸，并使活动量杆有 2mm 左右的压缩行程，最后旋转表盘的指针对准零位。

3）将内径百分表的量杆伸入气缸上部，测量第一道活塞环在上止点位置附近时所对应的气缸壁，一般是在气缸上部距其上部平面 10mm 处，分别测量平行和垂直于曲轴轴线方向的磨损。

4）将内径百分表下移，测量气缸中部和下部的磨损。气缸下部一般取距缸套下部 10mm 处，同样是分别测量平行和垂直于曲轴轴线方向的磨损。

用内径百分表进行测量时，应该注意不要在发动机修理台架上测量发动机气缸的内径，以防因缸体被夹紧变形而造成测量不准。另外，测量时必须使量杆与气缸中心线垂直。当摆动内径百分表，其指针指示到最小读数时，即表示量杆垂直于气缸轴线，内径百分表指示的最小读数即为正确的气缸直径值。将这个直径值与标准尺寸比较，即可以得到气缸的磨损量。实践证明，多数发动机前、后两缸的磨损最大，因此测量时应该根据气缸的磨损情况，重点测量前、后两缸的磨损。

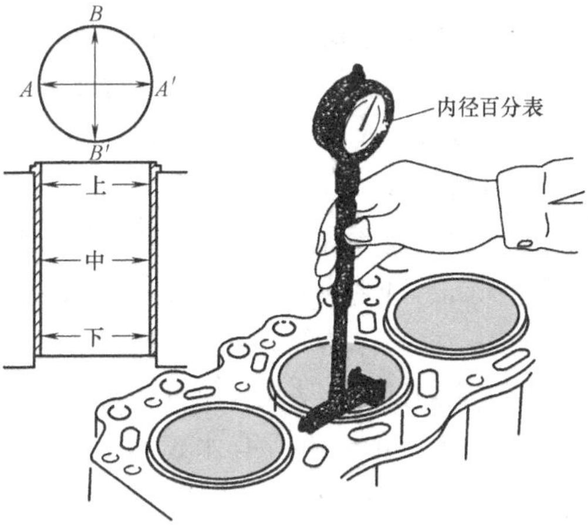

图 4-3 气缸内径的测量

气缸的圆度误差一般采用两点法测量，即用同一截面上不同方向最大直径与最小直径差值的一半作为圆度误差。圆柱度误差也可以用两点法测量，其数值是被测气缸任意截面、任意方向上所测得的最大直径与最小直径差值的一半。

2. 气缸磨损的修复方法

整体式气缸或配用干式气缸套的气缸，其磨损后可以用修理尺寸法修复。所谓修理尺寸法，就是对磨损后的气缸孔进行镗、磨加工，使之达到标准的加大尺寸（修理尺寸），然后配用加大的活塞和活塞环。通常气缸每级修理尺寸为标准尺寸加上 0.25mm。

当气缸镗削加工到超过最大一级修理尺寸后，可以采用镶套修理法修复。所谓镶套修理法，就是将原有的气缸套压出，镶入新的气缸套，再将新的气缸套加工到气缸的标准尺寸。整体式气缸原来没有气缸套，磨损后可以将气缸孔加大到镶套尺寸后镶入气缸套，再加工到标准尺寸。

以上气缸的镗缸修理法，在国内汽车修理工作中一直被广泛使用。但随着汽车制造技术的发展进步，以及汽车使用更新政策的实施，发动机需要镗缸修理的情况会越来越少。其原因首先在于气缸、活塞零件在材料和加工技术上已经取得了突破性的进展，目前有各种耐磨材料和表面加工方法可供选择，气缸和活塞的耐磨性得到了极大的提高；其次，由于空气滤清器性能的不断提高，加上铺装路面越来越多，粉尘环境越来越少，使进入气缸的颗粒磨料大为减少；最后，由于机油品质的提高，使机油油膜的保持能力和润滑能力都有本质性的改善。

例如，装有 EA827 系列发动机的国产捷达轿车曾经创造过行驶 600000km 无大修的记录，600000km 的行驶里程对一般公务和家庭用车而言，意味着使用到报废年限（10～15年）是不会发生大修需求的。因此，发动机只要保养、使用得当，在整个使用期间便不需要用镗缸等方法对气缸进行修理。目前需要采取镗缸修理的大部分发动机气缸，是因为使用或维护不当导致气缸产生不正常磨损的发动机。

## 三、气缸体和气缸盖裂纹的检修

气缸体和气缸盖在使用中还会产生裂纹，主要原因有：发动机长时间在超负荷条件下工作；发动机处于高温状态下突然加入冷水；水套中的水垢过厚，使局部温度过高；在冬季，停车后没有及时放水而冻裂或者突然加入高温热水而胀裂；气缸盖螺柱未按规定顺序和力矩拧紧而产生裂纹等。



气缸盖裂纹经常出现在气门座或气门座圈处，以及火花塞螺孔之间。如果裂纹宽度最大不超过 0.5mm，或者火花塞螺孔虽有裂纹但不超过第一圈螺纹范围，则气缸盖不需修理也可继续使用。气缸体和气缸盖等零件的裂纹，通常采用水压试验进行检验，如图 4-4 所示。

水压试验的试验方法是：将气缸盖及气缸垫装在气缸体上，将水压机出水管接头与气缸体前端连接好，并封闭所有水道口，然后将水压入气缸体水套中，要求压力为 0.3～0.4MPa，保持 5min。如气缸体或气缸盖由里向外渗水珠，则表明该处有裂纹。

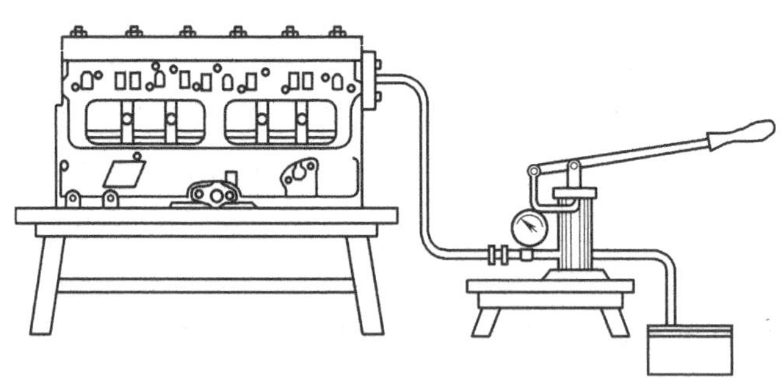

图 4-4　水压试验

水压试验的压力不能过低，并且应该在彻底清除水垢的情况下进行试验，否则在清除水垢以后可能发现新的裂纹。另外，镶配气门座圈、气门导管或气缸套时，若过盈量过大，也会造成新的裂纹。必要时，在这些工序之后，应再进行一次水压试验。

气缸体和气缸盖裂纹与破裂的修理方法有粘接、焊接和螺钉填补等。大部分裂纹可以采用粘接法修复，常采用环氧树脂粘接。还可以采用焊接方法，这种方法一般用于受力较大的部位。另外，可以采用堵漏剂来修复气缸体和气缸盖漏水故障。这是一种新工艺，它适用于铸铁或铝合金气缸体和气缸盖所出现的细小裂纹和砂眼（裂纹宽度和砂眼直径小于 0.3mm）

等缺陷的修补。堵漏剂是一种新材料，它是由水玻璃、无机聚沉剂、有机絮凝剂、无机填充剂和粘结剂等制成的胶状液体。具体采用哪种修理方法，应该根据破裂的程度、损伤的部位进行选择。

# 任务二　活塞连杆组的检修

## 一、活塞的检修

活塞在正常工作中磨损很小。活塞头部在工作中由于活塞环的支承作用，很少与气缸壁接触。活塞裙部虽与气缸壁接触，但单位面积所受压力不大，润滑条件也较好，所以磨损速度慢。发动机是否需要大修，主要取决于活塞与气缸壁的间隙和气缸的磨损程度。

活塞的最大磨损部位是活塞环槽及活塞销座孔。第一道活塞环槽的磨损最为严重，而活塞环槽的磨损会造成活塞环的侧隙增大，导致气缸窜气和窜润滑油。活塞裙部的磨损较小，通常是在承受侧向力的一侧发生磨损和擦伤。当活塞裙部与缸壁间隙过大时，发动机工作时容易出现敲缸，并出现严重的窜油现象。活塞在工作时，由于气体压力和惯性力的作用，使活塞销座孔形成椭圆形磨损，其最大磨损部位是座孔的上、下方向，使活塞与活塞销的配合松旷，出现不正常的响声。



### 1. 活塞积炭的清除

用清洁活塞环槽的工具或断裂的活塞环清除活塞环槽内的积炭，如图4-5所示。如果积炭将活塞环嵌在环槽中不能转动，可以将活塞总成浸泡在煤油中，待其软化后，再用溶液和软刷清除活塞顶部的积炭。切记不能用钢丝刷或刮刀、螺钉旋具等工具硬撬。

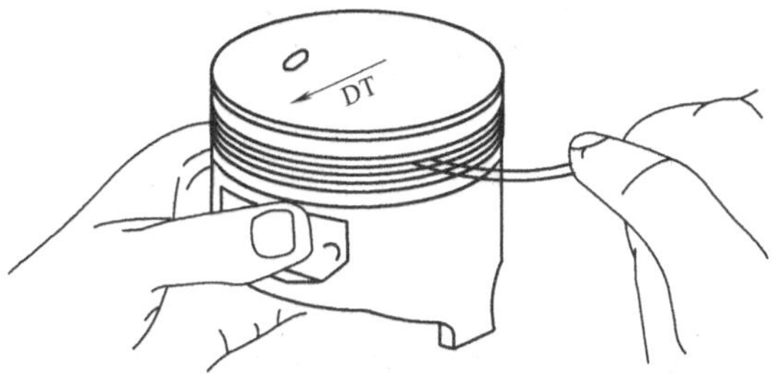


图4-5　清除活塞环槽内的积炭

### 2. 活塞磨损的检查

用千分尺在与活塞销垂直的方向测量活塞裙部直径，如图4-6所示。测得的结果与标准尺寸的最大偏差量为0.04mm，超过标准时应该更换活塞。

### 3. 活塞与气缸配合间隙的检查

活塞与气缸壁之间的间隙是气缸的最大直径减去活塞直径的值，如图4-7所示。一般气缸与活塞的间隙标准为0.02～0.04mm，维修极限为0.08mm。如果间隙接近或超过了维修极限，则需要检查活塞和气缸体是否过度磨损。

## 二、活塞环的检修

活塞环在工作时，由于受高温作用和润滑条件差的影响，将产生严重的磨损，其主要磨损是外径的磨损。随着磨损的加剧，活塞环的弹力逐渐减弱，端隙增大，使气缸的密封性变差，出现窜油、漏气等现象，导致发动机机油消耗量增大，动力性下降，经济性变坏。活塞

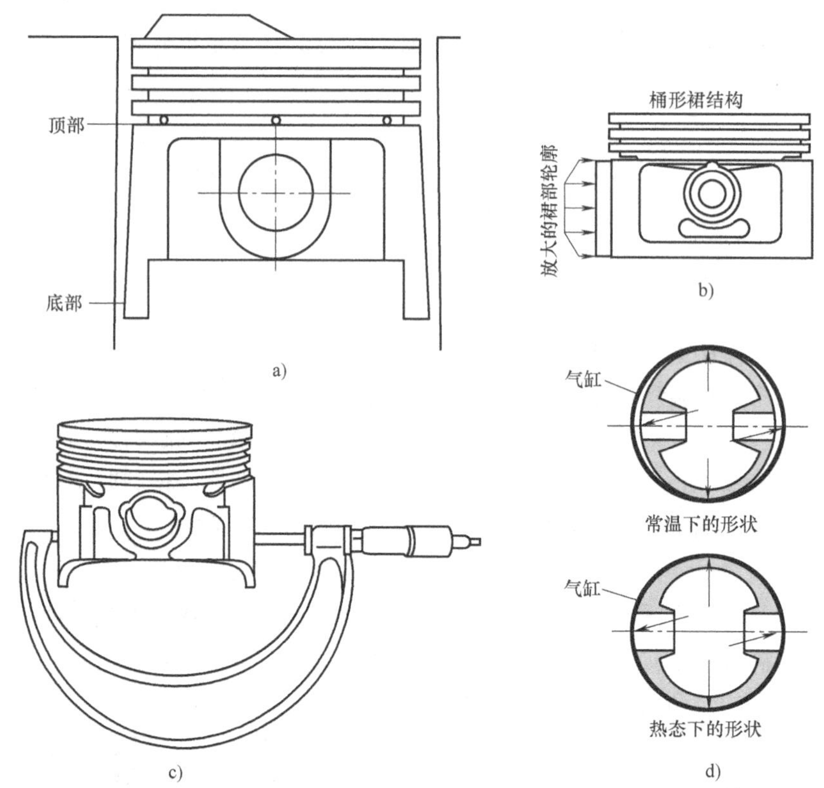


图 4-6　测量活塞裙部直径



环磨损后，应该更换新的活塞环。

为确保活塞环与活塞环槽、气缸的良好配合，在更换活塞环时应该进行活塞环与环槽配合间隙的检验。

1. 活塞环侧隙的检查

侧隙是指活塞环与活塞环槽上、下平面间的间隙，如图 4-8 所示。侧隙过大，将影响活塞环的密封作用；侧隙过小，活塞环则可能卡死在环槽内，造成拉缸事故。侧隙的标准尺寸一般为 0.02 ~ 0.05mm，极限尺寸为 0.15mm。

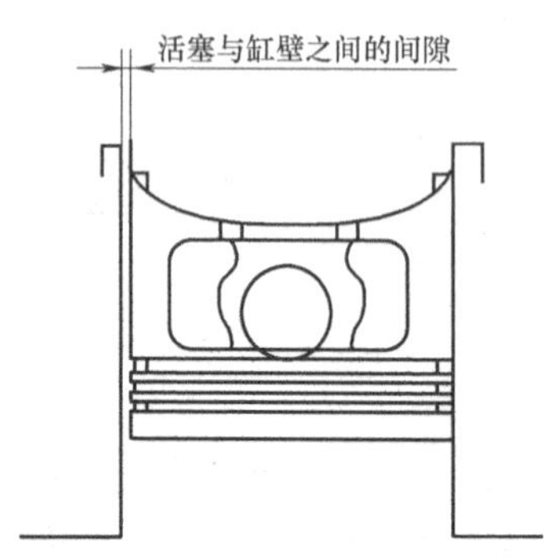


图 4-7　活塞与气缸壁之间的间隙

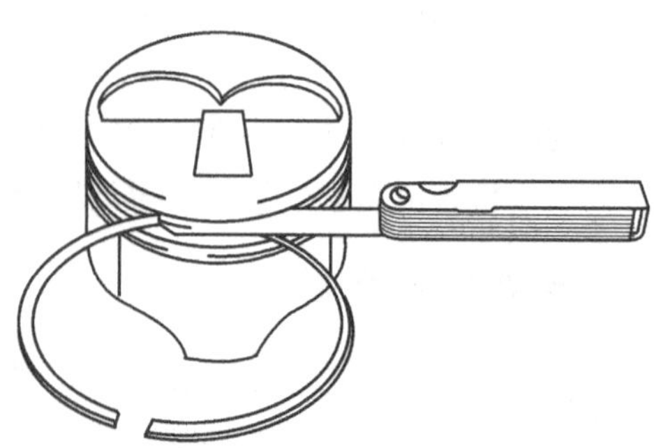

图 4-8　检查活塞环侧隙

2. 活塞环端隙的检查

活塞环端隙是指将活塞环置入气缸筒内，在活塞环开口处的间隙，如图4-9所示。它的作用是防止活塞环受热膨胀而卡死在气缸里，其大小与气缸直径有关。

可以将活塞环平正地放入气缸，用一个活塞顶部将环推到活塞行程的底部（即气缸磨损最小处）。然后取出活塞，用塞尺测量端口间隙。如间隙过大，则不能使用；如间隙过小，可以取出来用细锉刀锉环口一端予以调整。活塞环端隙的极限尺寸为1.00mm。

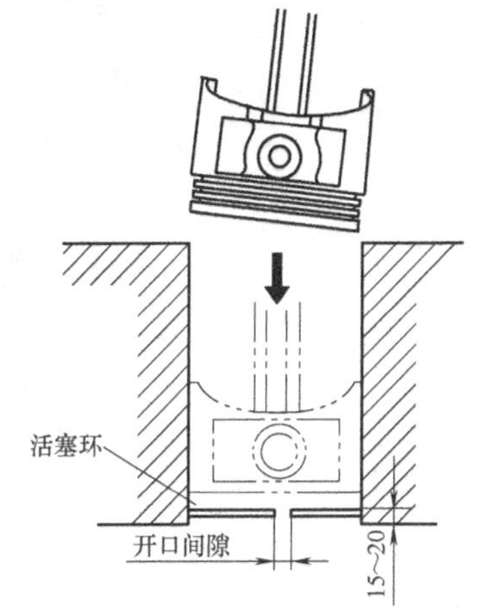

图4-9　检查活塞环端隙

3. 活塞环背隙的检查

背隙是指活塞与活塞环装入气缸后，活塞环背部与活塞环槽之间的间隙，常以槽深与环厚之差来表示，其值一般为0.10~0.35mm。如背隙过小，会使活塞环在气缸中卡死，这时可以更换活塞环。

## 三、连杆的检修

连杆在工作中承受着活塞传来的巨大而又变化着的作用力，以及活塞连杆组件在运动中所产生的方向、大小变化着的惯性力，而且这些力有时是冲击性的。因此，连杆在使用中会发生各种损伤，主要包括杆身的弯曲、扭曲、弯扭并存、双重弯曲、大小头孔磨损、螺柱孔损坏、大头端接触面损伤以及杆身裂纹等。连杆弯曲或扭曲，会使活塞在气缸内歪斜，造成活塞与气缸及连杆轴承的偏磨、活塞组与气缸间漏气和窜油。因此，必须对连杆进行检查和校正。

1. 连杆弯曲和扭曲的检测

连杆弯曲一般产生在大、小端轴线所形成的平面内（前后弯），弯曲后，连杆大、小端轴承孔中心线不平行。连杆扭曲将使大、小端轴线不处于同一平面内。连杆的双重弯曲往往发生在校正时，因为校正部位与弯曲部位不一致而产生。这时大、小头中心线在同一平面内，但中心线之间的距离缩短了。连杆弯曲和扭曲变形的检测，可以使用连杆检验仪，如图4-10所示。

连杆检验仪上支持连杆大头孔的心轴（棱形支承轴）与检验平板相垂直。进行连杆的弯扭检验时，首先卸去轴瓦，将连杆盖与连杆装合，按扭力要求拧紧，检查内孔的圆度误差、圆柱度误差，如图4-11所示。检验出的误差不得大于0.0025mm，否则应该更换连杆；然后，再将连杆大头装在检验仪的心轴（棱形支承轴）上，并使心轴（棱形支承轴）的定心块向外扩张，将连杆固定在检验仪上。

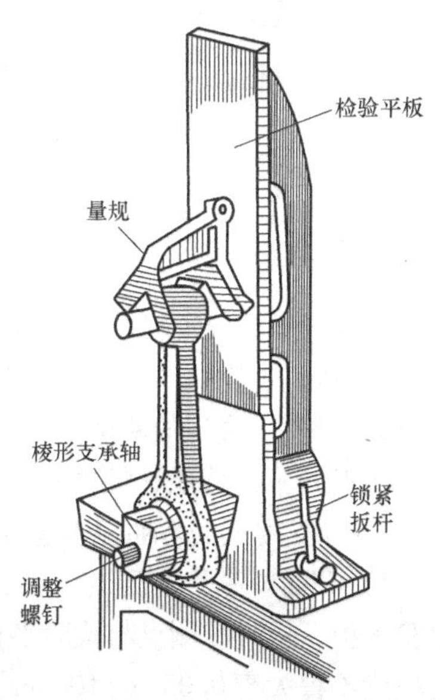

图4-10　连杆检验仪

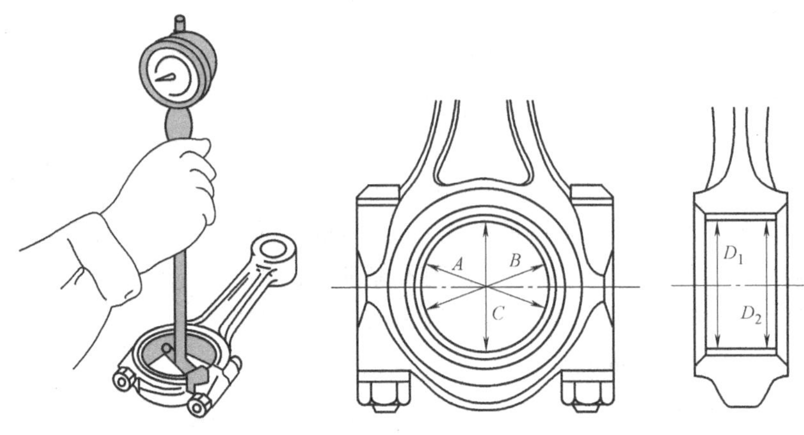


图 4-11　连杆大头孔内径的测量

测量工具是一个带有 V 形块的量规（也称三点规），量规上的三点共面并与 V 形块垂直，如图 4-12 所示。下面两测点间的距离为 100mm，上测点与两下测点连线的垂直距离也是 100mm。若连杆衬套与活塞销的间隙合适，则将活塞销插入连杆小头衬套内，骑上量规；若衬套由于磨损而过松，则应该将衬套拆除，改用测量心轴直接装入连杆小头孔再测量。仔细观察三个测点与检验平板的接触情况，用塞尺测量其间隙，记录数据；将连杆翻面再检测一次，记录其数据。根据两次的记录，进行弯曲度和扭曲度的计算，取其平均值作为检验结果。



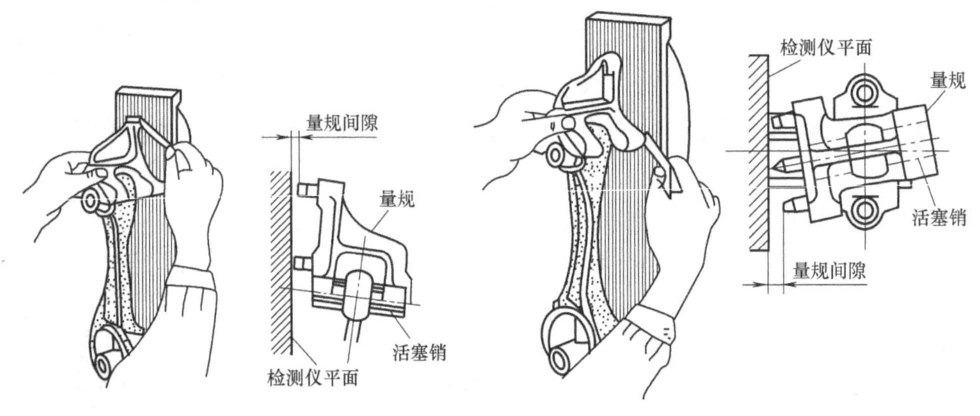


图 4-12　用量规测量连杆弯曲和扭曲变形量

在连杆检验仪上检验连杆时，量规三个测点的情况如下：

1）正直：量规的三个测点全部与检验平板接触。

2）弯曲：量规的两个下测点（或一个上测点）与检验平板接触，而一个上测点（或两个下测点）不与检验平板接触。这时用塞尺测得的测点与检验平板间的间隙值，即为连杆在 100mm 长度上的弯曲值。连杆的弯曲程度不得大于 0.05mm/100mm。

3）扭曲：一个上测点、两个下测点中的一个测点接触检验平板，而另个一测点不接触检验平板。这时该测点与检验平板间的间隙为连杆在 100mm 长度上的扭曲数值。连杆的扭曲程度不得大于 0.05mm/100mm。

4）弯曲和扭曲并存：两个下测点中的一个测点接触检验平板或者仅仅一个上测点接触

检验平板，而两个下测点与检验平板间的间隙不一致。

连杆弯曲和扭曲变形，也可以采用通用的量具进行检测，其检测方法为：在连杆大头和小头内装入标准心轴，放在平板上的V形架上，用百分表测量，如图4-13所示。通过测定活塞销两端的高度差值，即可以计算出连杆弯曲值；也可以通过测量活塞两端的高度差值来计算连杆的扭曲值。

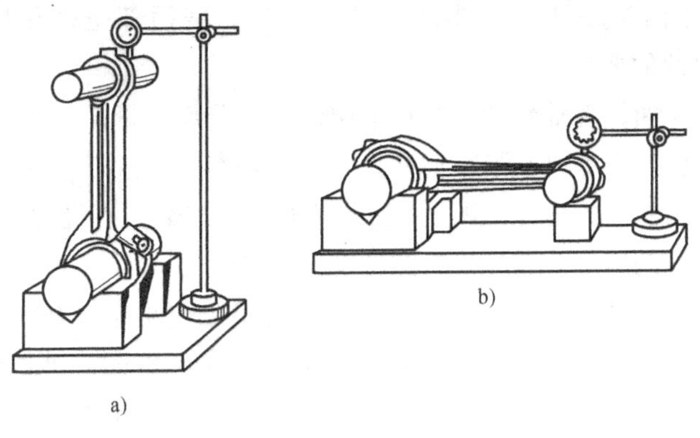

图4-13　用百分表测量连杆的弯曲和扭曲

2. 连杆的修理

经过检验发现连杆有弯曲和扭曲时，应该使用专用工具予以校正或更换。如弯曲、扭曲并存，一般先校正扭曲变形，再校正单向弯曲变形或双向弯曲变形。校正连杆弯曲、扭曲的方法如图4-14所示。双重弯曲的校正比较困难，因此有条件时，为保证发动机的修理质量，最好更换弯曲、扭曲较为严重的连杆。



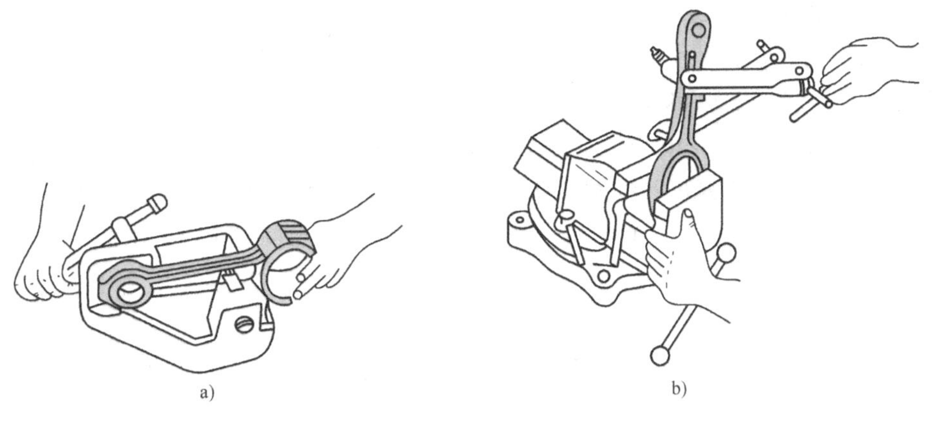

图4-14　校正连杆弯曲、扭曲的方法

a）连杆弯曲的校正　b）连杆扭曲的校正

常温下进行连杆的弯曲、扭曲校正时，卸去负荷后有复原的趋势，因此校正后应该进行消除残余应力的处理。即将校正后的连杆加热到400～450℃，保温0.5～1h，以消除残余应力，以避免其在工作中恢复弯、扭状态。

# 任务三　曲轴飞轮组的检修

## 一、曲轴的检修

1. 曲轴磨损的检修

由于轴颈受力复杂，故其磨损是不均匀的，沿着径向磨成椭圆，沿着轴向磨成锥形。但它们的磨损部位都有一定的规律性，连杆轴颈的最大磨损靠近主轴颈一侧，主轴颈的磨损椭圆与结构有关。例如，六缸全支承式曲轴两端主轴颈的最大磨损部位朝向第一、六缸曲柄的一面，而中间主轴颈的最大磨损部位则相反。另外，连杆轴颈的磨损速度比主轴颈的要大。

曲轴各轴颈的磨损程度用外径千分尺测量，如图4-15所示。主要测量轴颈的圆度误差、圆柱度误差以及最小尺寸，以确定是否需要进行大修及修理级别。用千分尺先在油孔两侧测量，然后旋转90°再次测量，最大直径与最小直径之差的一半为圆度误差。同时，测得轴颈两端的直径差的一半为圆柱度误差。

曲轴主轴颈和连杆轴颈的圆度误差应小于0.005mm，维修极限值为0.006mm；曲轴主轴颈和连杆轴颈的圆柱度误差应小于0.005mm，维修极限值为0.006mm；当曲轴主轴颈和连杆轴颈的圆度误差和圆柱度误差大于标准值时，应该按修理尺寸法进行磨削修整或进行堆焊、镀铬，然后磨削至规定的尺寸。

曲轴轴颈除磨损外，还有轴颈表面擦伤、烧伤等问题。擦伤主要是由于润滑油不清洁，油中坚硬的杂质划伤表面；烧伤是由于油路堵塞，或润滑油粘度低，使配合副无油或缺油而形成干摩擦或半干摩擦，造成温度升高，使轴颈表面退火呈蓝色，严重时可以使轴瓦的合金熔化，使配合副抱死。



2. 曲轴变形的检修

把两个V形架放置于平板上，将曲轴两端主轴颈支承在V形架上，用百分表的测头抵在中间主轴颈表面，如图4-16所示。然后转动曲轴一周，百分表最大与最小读数之差，即为中间主轴颈对两端主轴颈的径向圆跳动，即曲轴的弯曲量。当弯曲量大于0.06mm时，应该校正曲轴；当弯曲量超过0.10mm时，应该更换曲轴；若弯曲量小于极限值，可以在光磨轴颈时予以消除。

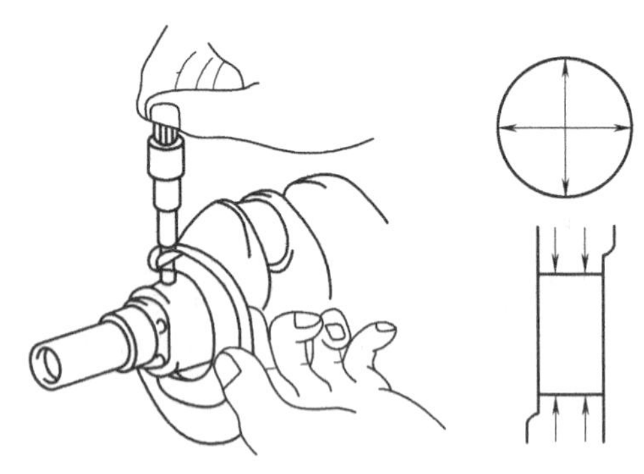

图4-15　曲轴轴颈磨损的测量

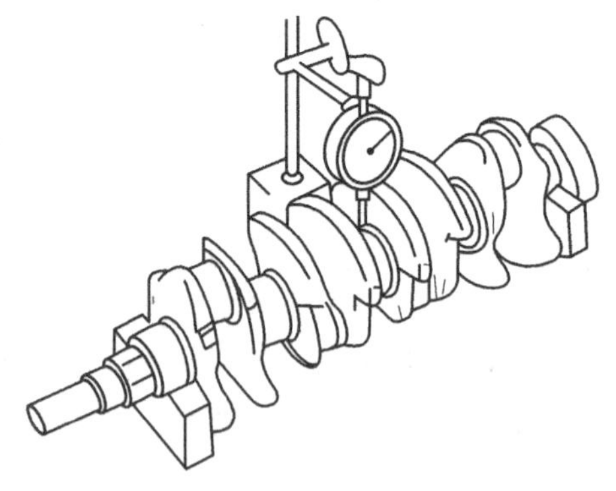

图4-16　曲轴的弯曲检验

曲轴的弯曲变形可以用校正法修复，如图4-17所示。校正曲轴的弯曲变形，要在压力机上进行。校正时，先将曲轴放置在压力机工作平台的V形架上，并在压力机的压杆与曲轴轴颈之间垫以铜片或铅皮，以免压伤轴颈与压杆的接触平面。曲轴弯曲拱面朝上，以使压力作用的方向与曲轴弯曲的方向相反。

然后将两支百分表支于曲轴中部下面，两支百分表的测头触及轴颈的下表面，转动表

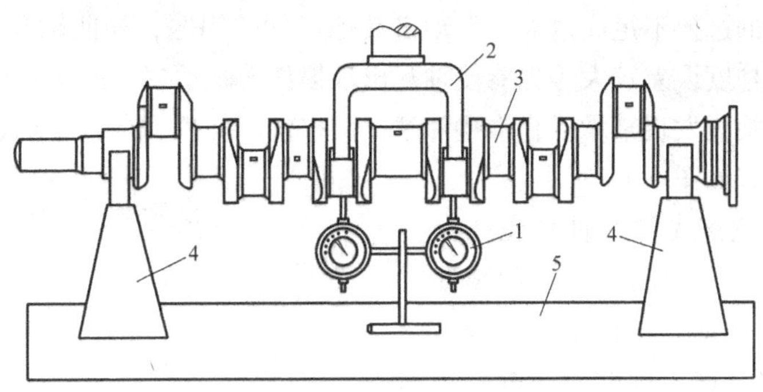


图 4-17　曲轴弯曲变形的修复

1—百分表　2—叉形压头　3—曲轴　4—V 形架　5—检验平台

盘，使指针调零。开动压力机进行加压，当弯曲变形量较大时，应该分多次进行校正，以免因一次压弯量太大而使曲轴折断。铸铁曲轴加压变形量为曲轴原来弯曲量的 10～15 倍，钢曲轴加压变形量为曲轴原来弯曲量的 30～40 倍，校正压力的保持时间为 2～4min。

为减少冷压后的弹性后效作用使曲轴重新弯曲，应该进行时效处理。最好采用人工时效法消除内应力，即将校直后的曲轴加热到 197～500℃，保温 0.5～1h 后自然冷却，就可以消除冷压时的内应力，然后再进行检验。也可以采用自然时效处理，即将冷压后的曲轴搁置 5～10 天，再重新检验，如果需要再进行校正。冷压法会使曲轴的疲劳强度降低，在轴颈的圆角处容易形成新的应力集中。

在没有压力机的条件下，也可以在气缸体上校正：将气缸体倒放，在前、后两轴承座上放好旧轴承，再放上曲轴，用百分表检验弯曲部位，在弯曲变形量最大的轴颈处安装旧轴承盖，用螺柱均匀拧紧轴承盖，并保持一定的时间，则可以达到校正的目的。

曲轴两端同一平面内两个连杆轴颈的中心线，应该在其与曲轴中心线组成的平面内，若其中一条中心线不在这一平面内，则说明曲轴存在扭曲变形。曲轴的扭曲变形，通常采用磨削的方法修复。磨削修复曲轴轴颈是在专用曲轴磨床上，而且是在曲轴校正的基础上进行的。曲轴的磨削，除了轴颈表面尺寸、几何形状（圆度及圆柱度）和表面粗糙度符合技术要求外，还必须达到几何位置的要求。即磨削曲轴时，必须保证各主轴颈轴线的同轴度，以及各连杆轴颈轴线的同轴度；限制曲柄半径误差，并保证连杆轴颈相互位置夹角的精度；同时，还应该保证曲轴原轴线位置不变，以保持曲轴原有的平衡性。当磨损轴颈的尺寸超出修理尺寸时，必须更换曲轴。

## 二、曲轴轴承的检修

曲轴并非直接在轴承上转动，而是在轴承与轴颈表面间的油膜上转动，这些油是由发动机机油泵供给的。如果曲轴轴颈失圆、出现锥度或被划伤，油膜将不能很好地生成，则轴颈将和轴承接触，从而引起轴承的过早磨损。因为主轴承和连杆轴承一般都由含有铅、铜、锡或铝的合金制成，而它们都比曲轴材料软，所以磨损都会先出现在轴承上，只要及时检修，一般不会过分损伤曲轴，在修配时只需更换轴承就可以了。

轴瓦会由于各种原因而发生故障，其主要原因是污物进入轴瓦内和轴瓦内缺油，轴承座孔与轴瓦过盈配合的过盈不足或过大，发动机其他组件的问题，如曲轴和连杆弯曲或扭曲，轴颈圆度误差或圆柱度误差较大等也能使轴瓦出现损伤。轴承损伤的主要形式是磨损、疲劳剥落和烧熔。如果检查发现轴承或止推垫片摩擦面拉伤、变色、翻边等现象，则应该更换整套轴承或止推垫片，如图4-18所示。

选配轴承前，应该先检查轴承座孔是否符合标准。当轴承座孔的圆度误差和圆柱度误差不超过0.025mm时，可以不用修理；当轴承座孔的磨损超过这个标准时，可以在轴承盖两端面堆焊加工。当气缸体主轴承座孔的同轴度误差在允许范围内时，只需按照一定的修理尺寸光磨曲轴轴颈，再选配同一修理尺寸级别的轴承即可。选配的新轴承应该定位凸点完整、瓦背光滑和弹性合适，装入座孔后，上、下两片轴瓦每端都应该高出轴承座结合面0.03～0.05mm。

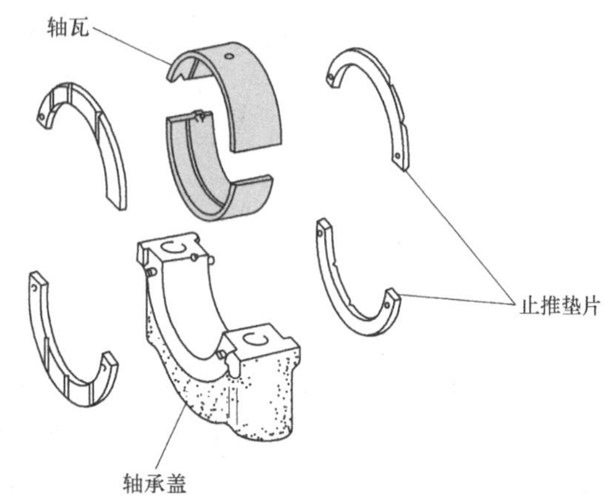

图4-18 曲轴轴承结构

在进行连杆轴承修配前，应先检测连杆轴颈，如果圆度误差和圆柱度误差均在极限以内，可以选配轴瓦。若磨损严重超过极限，则需进行轴颈磨削或堆焊修复。连杆轴承修配后，应该检查其松紧度，方法是：在连杆轴瓦上涂一薄层润滑油，装在连杆轴颈上，按规定的力矩拧紧螺柱、螺母，然后把连杆放平。若能慢慢下垂，并且用手甩动时能够转动一周，则其松紧度基本合适。



## 三、曲轴轴向间隙及径向间隙的调整

1. 轴向间隙的检查与调整

曲轴装到气缸体上之后，应该检查其轴向间隙。可以将百分表的测头顶在曲轴平衡重上，前、后撬动曲轴，观察表针的摆动数值，如图4-19所示。多数轿车发动机的曲轴轴向间隙是靠第3道主轴承的止推片来保证的，当轴向间隙过小或过大时，应该通过更换或修刮止推片进行调整。

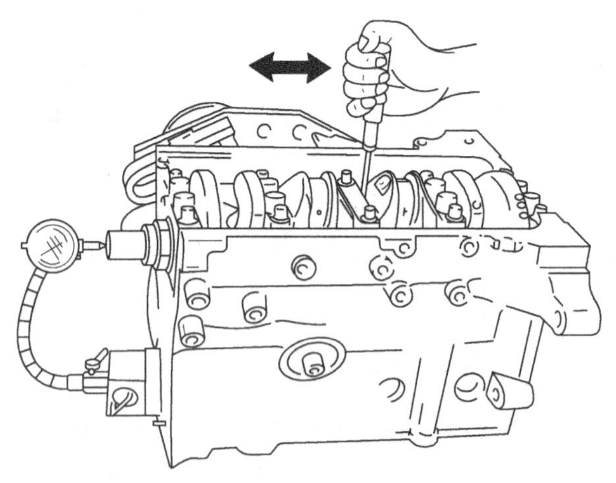
图4-19 曲轴轴向间隙的测量

2. 径向间隙的检查与调整

曲轴主轴承和连杆轴承必须有适当的径向间隙，因为轴承的润滑和冷却取决于径向间隙的大小。径向间隙过小会使阻力增大，加剧磨损，或者使轴瓦划伤；径向间隙太大，则曲轴会上、下敲击，并使润滑油压力降低，曲轴表面过热并与轴瓦烧熔到一起。曲轴的径向间隙可以用塑料塞尺检测，如

图 4-20 所示。检测步骤为：首先，清洁曲轴主轴颈、连杆轴颈、轴瓦和轴承盖，将塑料塞尺放置在曲轴轴颈上（不要将油孔盖住），盖上轴承盖并按规定的扭力拧紧螺柱（注意不要转动曲轴）；然后，取下轴承盖和塑料塞尺，用被压扁的塑料塞尺和间隙条宽度相对照，查得塑料塞尺宽度对应的间隙值，即为径向间隙。

图 4-20　塑料塞尺的刻度

曲轴轴承的径向间隙也可以通过分别测量曲轴轴颈的外径和轴承座孔的内径后计算得出。具体方法是：先测量曲轴主轴颈的外径（参见图 4-15），再测量曲轴主轴承座孔的内径，如图 4-21 所示；然后将外径、内径相减，其差就是曲轴的径向间隙。

连杆轴颈间隙的测量方法和曲轴主轴轴颈间隙的测量方法相同。

## 四、曲轴裂纹的检修

曲轴的裂纹一般出现在应力集中的部位，如主轴颈或连杆轴颈与曲柄臂相连的过渡圆角处，表现为横向裂纹（环形裂纹）。也可能在轴颈中的油孔附近出现沿轴向延伸的纵向裂纹（斜角形裂纹），以及淬火微细裂纹。

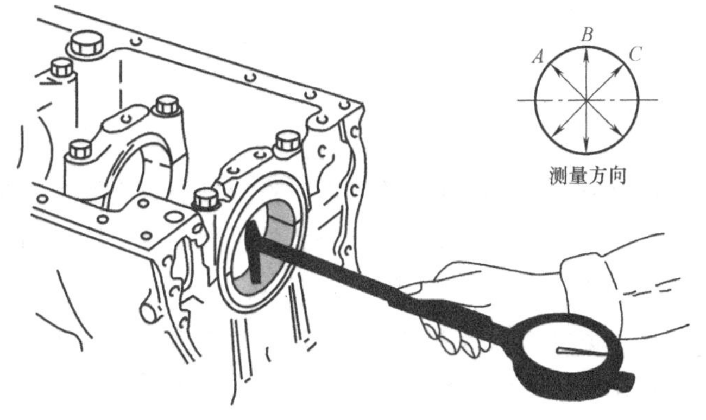


图 4-21　曲轴主轴承座孔直径的测量

曲轴裂纹常用的检查方法有磁力探伤、超声波探伤、X 射线探伤和浸油敲击法等。用磁力探伤法检查时，使磁力线通过被检查的部位，如果轴颈表面有裂纹，在裂纹处磁力线会偏散而形成磁极，将磁性铁粉撒在表面上，铁粉会被磁化并吸附在裂纹处，从而显现出裂纹的位置和大小。浸油敲击法检查是将曲轴置于煤油中一段时间，取出后擦净并撒上白粉，然后分段用锤子轻轻敲击，如有明显的油迹出现，则表明该处有裂纹。

曲轴轴颈表面不允许有横向裂纹，如果有，则必须予以报废。否则在反复载荷的作用下，裂纹会逐渐扩大而导致曲轴断裂。纵向裂纹在使用过程中也会逐渐扩大，其深度如在曲轴轴颈修理尺寸以内，则可以通过磨削来消除；否则，应该予以报废。

另外，还应该注意检查曲轴前、后油封轴颈处有无肉眼可见的磨损痕迹，这种磨损会大大缩短曲轴油封的使用寿命。曲轴油封轴颈处如有磨损，可以将油封错开一定的轴向位置安装；如磨损较严重，应该更换曲轴。

## 五、飞轮的检修

飞轮是一个转动惯量很大的铸铁圆盘，如图 4-22 所示。它的主要功用是保证曲轴的旋转角速度和输出转矩尽可能均匀，使发动机运转平稳，并使发动机有可能克服短时间的超负荷。此外，飞轮又往往用做摩擦式离合器的主动件。同时，起动时利用飞轮上的齿圈传力。飞轮常见的损坏主要是齿圈磨损、打坏、松动和端面打毛；飞轮与离合器摩擦片接触的工作表面磨损、起槽、刮痕，或者因铆钉露头将飞轮工作表面划磨成沟槽等。

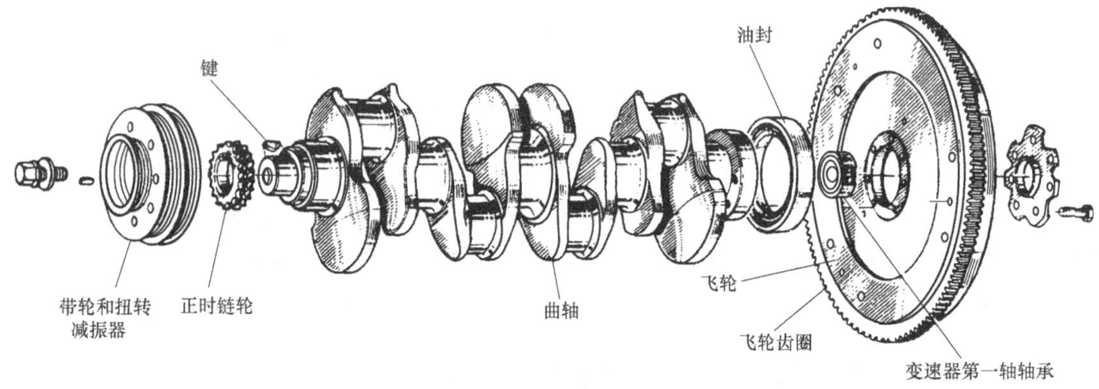




图 4-22　曲轴飞轮组

1. 飞轮的检查

将百分表表架装在飞轮壳上，百分表的测头靠在飞轮的光滑端面上，旋转表盘，使零位对正指针，转动飞轮一圈，百分表的读数差就是轴向圆跳动量，一般不大于 0. 15mm。

2. 飞轮与齿圈的修理

齿圈是与飞轮热压套合的，齿圈的牙齿若是单面磨损，可以将齿圈翻面使用。个别牙齿损坏时，可以堆焊修复。若齿圈两面均严重磨损超过 30%，或者牙齿连续四个以上损坏时，可以堆焊修复或更换新齿圈。装配时，将齿圈加热到 300 ~ 350℃，套装在飞轮外周的凸缘上。

飞轮工作面磨成波浪形或起槽，若深度超过 0. 5mm，应该更换飞轮并对曲轴和飞轮进行动平衡试验。否则，会影响发动机运转的平稳性能。还应该对飞轮进行静平衡试验，其允许不平衡量一般为 0. 0098N · m。

飞轮与曲轴装合后，其工作面对曲轴两端主轴颈公共轴线的轴向圆跳动，在半径 150mm 范围内，应不得大于 0. 15mm。超过此值时，允许在曲轴凸缘盘与飞轮之间加垫片调整，不允许用机械加工的方法调整。

## 思　考　题

1. 简述气缸盖和气缸体变形的检修方法。
2. 简述活塞环的检修方法。
3. 简述曲轴轴向间隙及径向间隙的调整方法。

# 项目五　配气机构的检修

发动机配气机构在工作中往复运动和相互摩擦频繁，润滑条件相对较差，容易造成零件磨损和损伤，出现气门关闭不严、异响、配气相位失准等故障，影响发动机的正常工作，导致发动机功率下降、燃油消耗量增加等一系列后果。

当配气机构出现以上故障时，应该进行维护与修理，以恢复各零件的工作性能，保证配气正时，使气门关闭严密，进气充分，排气彻底，工作平稳、无异响，提高发动机的功率，降低燃油消耗。

## 任务一　气门组的检修

气门组零件在工作时，受高温气体的冲刷和零件往复运动惯性力及冲击力的作用，同时润滑条件较差，容易造成气门头部工作锥面的过度磨损、烧伤和腐蚀，使气门与气门座失去密封性。另外，气门杆与气门导管的磨损使二者的配合间隙增大，气门杆在气门导管中上下运动时发生摇晃，导致气门落座时不同心，还容易造成气门杆弯曲，同时容易使机油窜入燃烧室，在气门座与气门导管口处烧结，阻滞气门的正常工作。

### 一、气门的检修

1. 气门的损伤与检验

气门常见的损伤有头部工作锥面磨损，接触面变宽，烧蚀氧化出现斑点和凹陷，气门杆部磨损和弯曲变形等。

1）使用千分尺测量气门杆的磨损量，如图 5-1 所示。载货汽车的气门杆磨损量大于 0.10mm、轿车的气门杆磨损量大于 0.05mm，或者出现明显的台阶形磨损时，应该更换新的气门。

2）测量气门头部的边缘厚度，如图 5-2 所示。若厚度小于 1.0mm，则应更换新的气门。

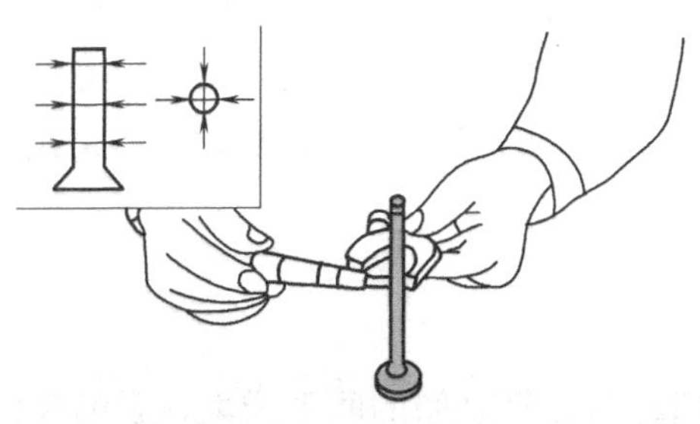

图 5-1　测量气门杆磨损量

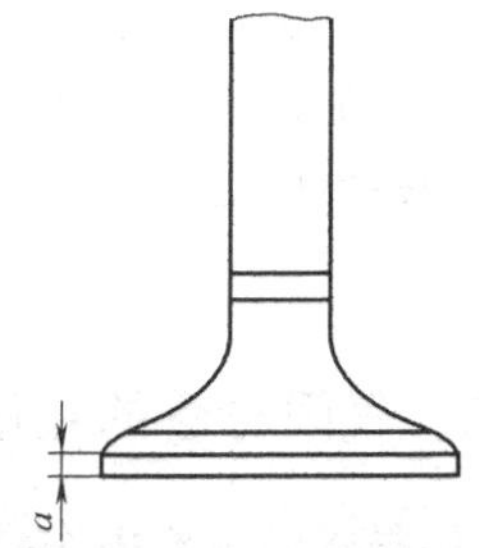


图 5-2　测量气门头部的边缘厚度

3）当气门杆尾端的磨损量大于 0.5mm（有不平或者起槽）时，应该更换新气门。

4）使用百分表检查气门杆的弯曲，如图 5-3 所示。当气门杆的直线度误差和工作面的径向圆跳动大于 0.05mm 时，应该更换或校直气门，校直后的直线度误差不得大于 0.02mm。

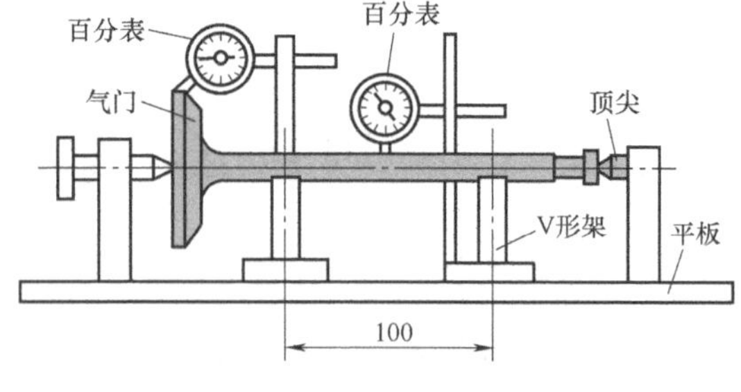


图 5-3　气门杆弯曲的检查

5）气门头部如有烧蚀、烧裂、烧损，应该予以更换。

2. 气门头部工作锥面的修理

当气门头部工作锥面起槽、接触面变宽、烧蚀氧化出现斑点和凹陷不是很严重时，可以在气门光磨机上进行修磨后继续使用，如图 5-4 所示。

气门的光磨工艺如下：

1）光磨前，应该先对气门杆进行校直，并检查砂轮面是否平整。

2）将气门杆紧固在夹架上，使气门头部的伸出长度为 30 ~ 40mm。调整夹架的位置，使之与气门工作锥角相符合。

3）先开动夹架电动机，观察气门是否摇摆，若摆动较大，应该先校正。

4）开动砂轮电动机和冷却液开关，进行光磨。光磨进给时，一只手转动横向手柄慢慢移动夹架做横向进给，另一只手转动纵向手柄，将砂轮移向气门工作面，并来回转动横向手柄，使转动着的气门工作面在砂轮工作面上左右慢慢移动，但不能让气门移出砂轮工作面。

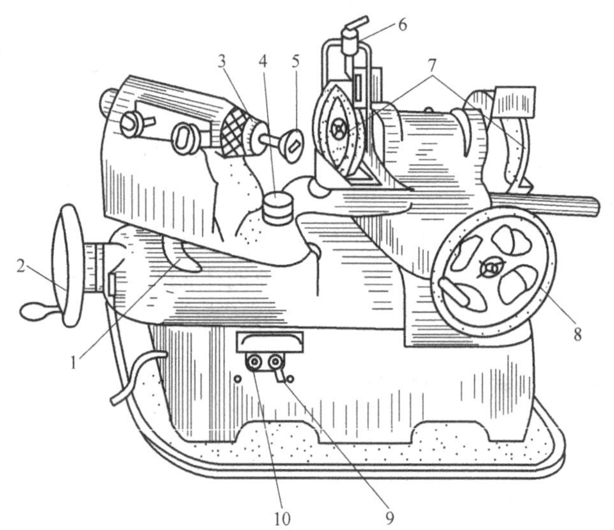


图 5-4　气门光磨机

1—刻度盘　2—横向手柄　3—夹架　4—夹架固定螺钉　5—气门　6—冷却液开关　7—砂轮　8—纵向手柄　9—砂轮电动机开关　10—夹架电动机开关

光磨时进给量要小，冷却液要充足，以提高气门工作锥面的加工精度并降低表面粗糙度值，待到把旧痕、缺陷全部磨去后，再进行 3 ~ 5 次进给，直到没有火花为止。光磨后，气门头部边缘厚度应该不小于 1.0mm。注意：有些发动机的气门磨损后不允许修整光磨，只能更换。

## 二、气门导管的检修

气门导管的主要损伤是磨损，它将导致气门杆与导管之间的间隙增大，影响气门的密封性。

1. 气门导管与气门杆配合间隙的检查

气门导管的磨损情况可以通过测量导管与气门杆间隙的方法来检查。测量气门导管与气门杆间隙的方法有两种：

1）用小孔内径百分表测量气门导管内径，用外径千分尺测量气门杆的外径，气门导管内径与气门杆外径之差，就是气门导管与气门杆的配合间隙，如图 5-5 所示。

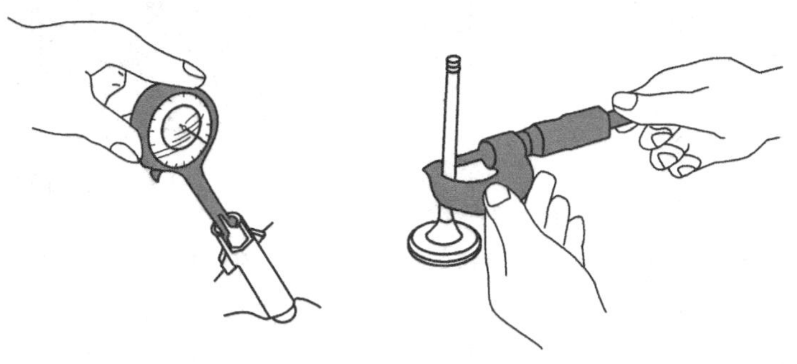

图 5-5 测量气门导管与气门杆的配合间隙

2）将气门提起至气缸盖平面 15mm 左右，将百分表架固定于气缸盖上，百分表的测头顶触在气门顶部边缘处，来回推动气门。百分表指针的差值，就是气门导管与气门杆的配合间隙，如图 5-6 所示。气门导管与气门杆配合间隙的使用限度为：进气门不得超过 1.0mm，排气门不得超过 1.3mm，超过标准值时应该更换气门导管。



2. 气门导管的更换

更换气门导管的方法如下：

1）将气缸盖放置在平板上，接合面朝下，露出燃烧室，将最大外径略小于气门导管外径的阶梯形冲头插入气门导管孔内，用锤子或压力机从燃烧室一侧将气门导管逐个小心压出。有些发动机的气门导管拆卸前，需要先用铜棒将气门导管打断，取出定位卡环，再将气门导管从燃烧室一侧压出。

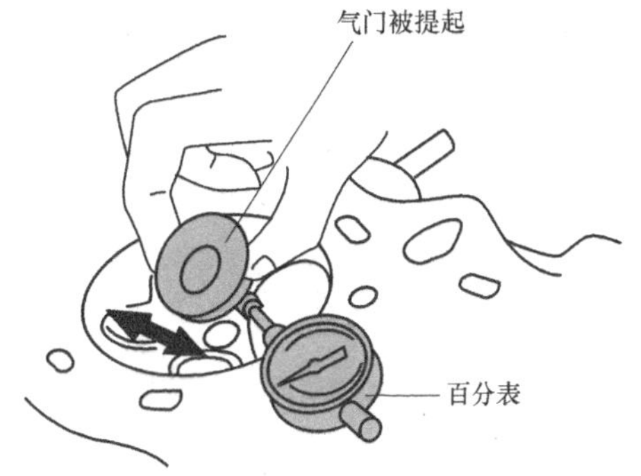


图 5-6 用百分表测量气门导管与气门杆的配合间隙

2）选择外径尺寸符合要求的新气门导管。新气门导管的内径应与气门杆尺寸相配合，外径与承孔应有 0.03 ~ 0.07mm 的过盈量。在维修过程中，这一过盈量通常用比较法来判断，一般新气门导管的外径相对应旧气门导管的外径大0.01 ~ 0.02mm 就可以了。

3）镶装气门导管。用细砂布打磨气门导管承孔口，翻转气缸盖，使燃烧室向下，在气门导管外表面上涂少许机油，并放正气门导管，将阶梯形冲头插入气门导管内孔，用压力机或锤子将气门导管从缸盖上方压入承孔内，直至台肩与承孔接触。没有台肩的气门导管压入后，气门导管上端高度（与缸盖基本平面间的距离）应该符合规定要求，若这一高度过小（导管打入气道过多），则会增加进、排气阻力；若高度过大，则会影响气门导管的散热性能，还容易使摇臂压坏气门油封。

4）气门导管的铰削。气门导管镶入后，应该检查气门杆与气门导管的间隙是否符合技术要求。如气门杆在运动中有阻滞感，说明间隙过小，在工作中可能卡死，可以采用成形专用气门导管铰刀铰削，如图5-7所示。铰削时进给量要小，双手用力要均匀，转动要平稳，边铰削边试配，直到间隙合适为止。

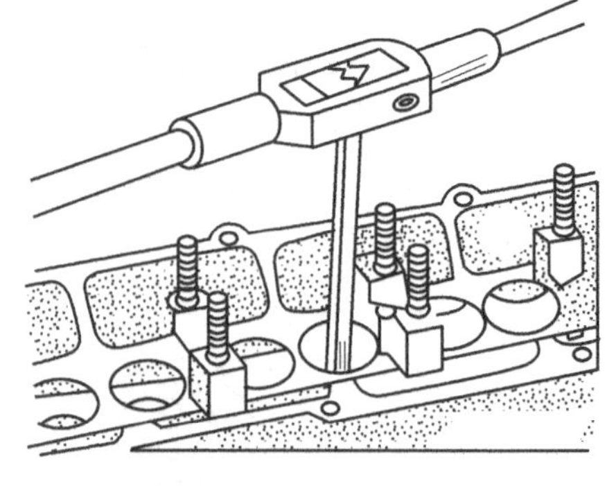

图5-7 气门导管的铰削

## 三、气门座的检修

气门座在工作中由于受到气门的高速频繁冲击，以及受高温燃气的腐蚀和烧蚀，使得密封带变宽或者出现凹陷、斑点等，导致气门关闭不严，气缸密封性降低。当气门座密封带宽度超过3mm或者密封带表面出现凹陷、斑点时，一般可以通过铰削和磨削加工法修复。当气门的下陷量（气门落座后，其大端平面低于原标准的量）大于2mm，或者座圈松动、有裂纹、烧蚀或磨损严重时，应该更换气门座。

1. 气门座圈的镶换

（1）取出旧气门座圈



1）气门座圈下边沿与气道间形成台阶的可以用小撬杠撬出，但要注意在支点处加垫块，以免压坏气缸盖平面；或者使用气门座圈专用拉具拉出，如图5-8所示。

2）沿座圈工作面均布轻轻地点焊几点，待座圈冷却收缩后，轻轻一撬就可以将其取出来。

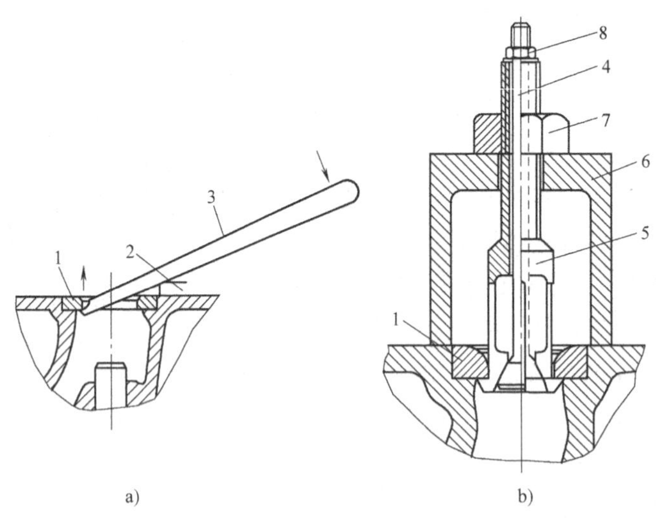


图5-8 气门座圈的取出方法

a）撬气门座圈 b）拉气门座圈

1—气门座圈 2—垫块 3—撬棒 4—胀开锥 5—拉爪 6—套筒 7—施加拉力螺母 8—胀开螺母

（2）选择新气门座圈 用千分尺测量座圈外径，用内径千分尺测量座圈孔内径，选择合适的过盈量（汽油机一般为 -0.125 ~ -0.05mm，柴油机一般为 -0.15 ~ -0.10mm）。如

承孔材料为铝合金，则需要选择较大的过盈量。

（3）镶装气门座圈

1）冷镶法。将检验合格的新座圈放入液氮中冷却至 -195℃（1 ~ 2min），再用长柄镊子取出迅速放入干净的座孔中（倒角一端朝下），待温度正常后就能紧密配合。也可以将新座圈放入冰箱冷冻室内冷冻，镶配时，先用喷灯将座孔周边均匀加热至100℃左右，将座圈取出后迅速压入座孔中。

2）热镶法。将气缸盖置于机油中或烘干箱内加热至 100 ~ 150℃，保温 2h 取出，将气门座压入座孔中。

若将座圈冷缩和气缸盖加热同时进行，则更加容易镶装。此外，没有条件时也可以用阶梯形冲头直接将气门座圈压入座孔中。

2. 气门座的铰削

气门座的铰削是用成套的气门座铰刀手工操作的，铰刀有高速工具钢整体式和镶硬质合金刀片式两种。铰削的作业方法如图 5-9 所示。

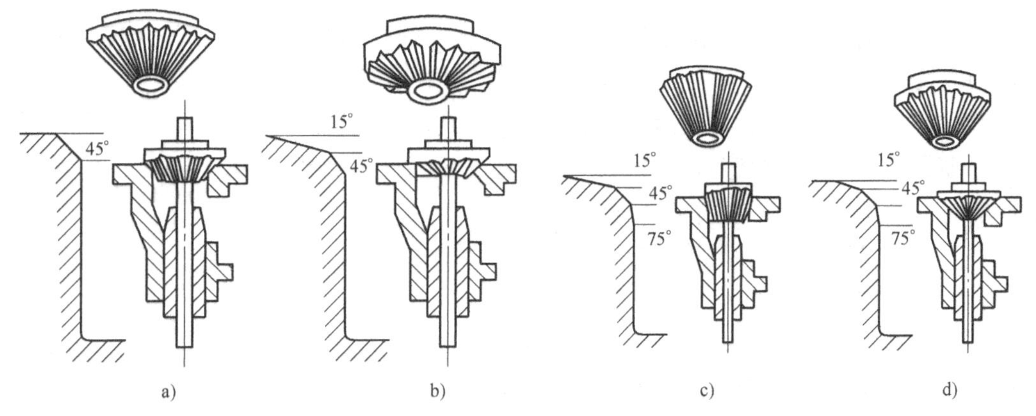


图 5-9　气门座的铰削顺序

a）粗铰　b）接触面偏上，铰上口　c）接触面偏下，铰下口　d）精铰

（1）选择铰刀导杆　根据气门导管内径选择铰刀导杆，一般以导杆插入气门导管后滑动自如，又无旷量为宜。

（2）去除座口硬化层（旧气门座）　把砂布垫在铰刀下，以防止铰刀在铰削时打滑，并可延长铰刀的寿命。

（3）粗铰工作锥面　使用与气门锥角相同的粗铰刀铰削工作锥面，直到凹陷、斑点全都去除，并且形成宽度在 2.5mm 以上的完整锥面为止。铰削时，两手用力要均衡，并保持顺时针方向转动，以免起棱。新座圈可以直接用与气门锥角相同的细刃铰刀铰出宽度为 2.5mm 的工作锥面。

（4）气门座和气门试配　使用相配的气门进行涂色试配，查看接触面的位置及宽度是否合适。接触面应在气门工作锥面中部偏下（锥面小端）处，若接触面偏上，可用 75°锥角的铰刀铰削气门座上口，使接触面下移；若接触面偏下，可用 15°锥角的铰刀铰削气门座下口，使接触面上移。接触面宽度应符合原来的规定，一般进气门为 1.0～2.0mm，排气门为 1.5～2.5mm。

（5）精铰工作面　使用与工作面角度相同的细刃铰刀进行最后的精铰，并在铰刀下垫上细砂布修磨，以减小气门座口的表面粗糙度值，同时可以缩短下一工序的研磨时间。

3. 气门座的磨削

对于材质坚硬不易铰削的气门座，可以用气门座光磨机进行磨削。气门座的磨削方法与铰削相仿，只是将铰刀换成了成形的角度砂轮，同样是以气门导管孔为加工基准，选择合适的定心导杆，以保证同心度和垂直度。磨削加工速度快、质量好、劳动强度低，但要注意磨削的时间不宜太长，并要边磨边检查。若磨削后的气门座与气门接触良好，则可以不再进行研磨。

4. 气门与气门座的研磨

更换气门导管、修磨气门工作锥面、铰削气门座后，均需要进行气门与气门座的研磨，以保证正确的配合与可靠的密封。在检测气缸压力过程中发现气门漏气时，也需要对气门和气门座进行研磨。气门的研磨，可以用手工操作或者使用气门研磨机。

（1）手工研磨　研磨前，用汽油或煤油将气门、气门座和气门导管清洗干净，并在气门头部顶面按缸分别打上顺序号，以免弄乱。手工研磨气门可以分为三个步骤：



1）在气门工作锥面涂上一层薄薄的粗研磨砂，同时在气门杆上涂机油，插入气门导管内（严禁研磨砂进入气门导管），然后利用橡胶捻子吸住气门研磨，如图 5-10 所示。

研磨时，以 2～3 次/s 的频率使气门与气门座相拍击，在提起气门的同时旋转气门（角度以 10°～30°为宜），以保证研磨均匀。研磨时不应过分用力，也不要提起气门用力在气门座上撞击，否则会将气门工作面磨宽或磨成凹槽。当气门工作面磨出一条比较整齐、无斑痕、宽度一致的接触带时，磨削结束，洗去粗研磨砂。

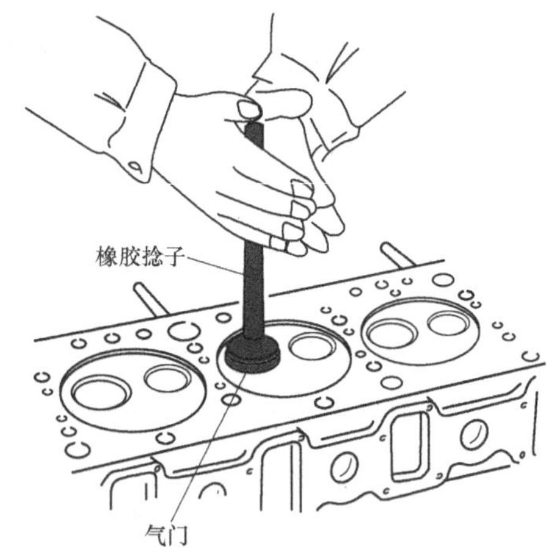

图 5-10　手工研磨气门

2）换用细研磨砂，继续研磨。重复拍击、捻转动作，直至气门工作面出现一条整齐、清晰的灰色环带时为止，洗去细研磨砂。

3）在气门工作锥面上涂上机油，继续研磨几分钟就可以了。

待全部气门研磨合格后，使用汽油或煤油冲洗气门、气门导管及气门座，并且擦干吹净，注意编号不准错位。气门研磨后不得再更换气门导管，否则应该重新研磨气门。

（2）气动研磨机研磨　将气缸盖清洗干净，放在工作台上。在气门工作锥面上涂一层研磨砂，同时在气门杆上涂机油，插入气门导管内。连接好气动研磨机气管，用研磨机端头的橡胶捻子吸住气门，开动研磨机进行研磨。先粗磨，再清洗掉粗研磨砂，换成细研磨砂研磨，直到合格为止。

5. 气门与气门座密封性的检验

气门与气门座经过研磨后，应该对其密封性进行严格的检查，具体方法有以下几种。

（1）用软铅笔划线检查　图 5-11 所示为用软铅笔划线检查气门密封性的示意图。将气门及气门座洗干净，用软铅笔在气门工作锥面上顺轴向均匀地划上直线（图 5-11a），然后将气门插入气门导管放回相配的气门座中，用橡胶捻子吸住气门顶面，将气门上下拍击数次取出，观察铅笔线条，若铅笔线条均被切断（图 5-11b），则表示密封良好。如发现有未被切断的线条，可以将气门再插入气门座，转动 1～2 圈后取出，若线条仍然未被切断，则说明气门工作锥面有缺陷；若线条被切断，则说明气门座工作锥面有缺陷。

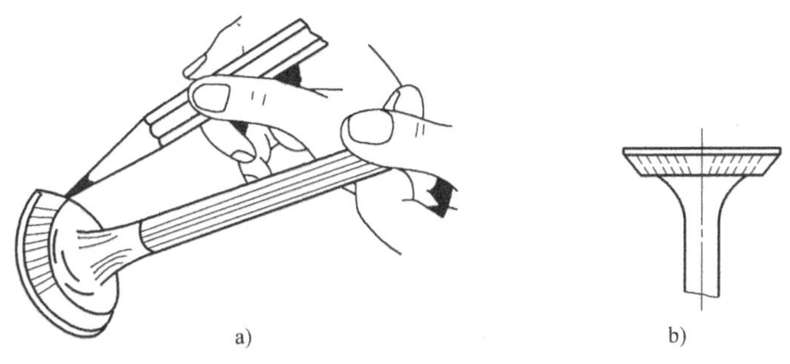


图 5-11　用软铅笔划线检查气门密封性



（2）用红丹涂色检查　将红丹涂在气门工作锥面上（薄薄的一层），然后用橡胶捻子吸住气门在气门座上旋转 1/4 圈，再将气门提起，若红丹整齐、均匀地布满气门座工作面一周而无间断，就表示气门与气门座密封良好。

（3）用汽油或煤油渗漏法检查　将汽油或煤油倒入装好气门的燃烧室，从气道观察气门与气门座接触处，若 5min 内无渗漏现象，则表示气门与气门座密封良好。

## 四、气门弹簧的检测

气门弹簧的常见损伤有裂纹折断、歪斜变形、自由长度缩短、弹力减弱等，这些损伤将导致气门关闭不严，并且可能引发异响，影响发动机的正常工作。图 5-12 所示为气门弹簧的检验示意图。

（1）外观检查　目测检查气门弹簧，如有折断或明显的变形，则应该予以更换。

（2）变形的检查　气门弹簧的外圆柱面对底面的垂直度在全长上应不大于 1.5mm，可以用直角尺检查（图 5-12a），不合格则应更换新弹簧。

（3）自由长度的检查　一般可以用游标卡尺进行测量（图 5-12b），也可以与新的气门弹簧相比较。气门弹簧的自由长度一般可以允许缩短 3%～4%（减小值一般不得超过 2.0mm），超过时应该予以更换。

（4）弹力的检查　在弹簧弹力试验器上进行（图 5-12c），将弹簧压缩到规定的长度，相应的弹力值应该符合原厂的规定。当弹簧弹力的减小值大于原厂规定的 10% 时，应该予以更换。

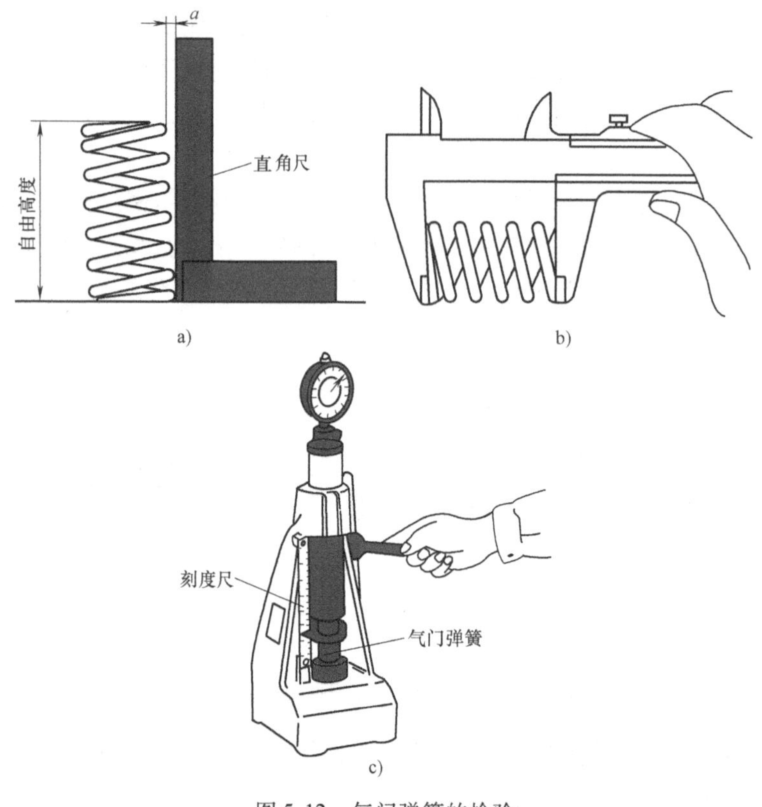


图 5-12　气门弹簧的检验

# 任务二　气门传动组的检修

气门传动组的检修主要包括凸轮轴的检修、液压气门挺柱的检修、气门推杆的检修、正时链条与链轮的检修、正时带和带轮的检修等。

## 一、凸轮轴的检修

凸轮轴的检修包括凸轮轴弯曲变形的检查、凸轮轮廓磨损的检查、凸轮轴轴颈磨损的检查和凸轮轴裂纹的检查。

1. 凸轮轴的常见损伤及其原因

（1）凸轮的轮廓磨损　凸轮轴的主要损伤是凸轮轮廓的磨损。由于凸轮与挺柱的接触面积小，单位压力大，相对滑动的速度又很高，因此在使用中常出现凸轮轮廓表面磨损、拉毛和点蚀等现象，尤其是凸轮顶部附近的磨损最大。凸轮的轮廓磨损将直接影响气门的开启规律，使气门升程减小，造成气门开启时间和气流通道截面的减小，从而使气流阻力增大，进气不足，排气不畅，残余气体量增加，使发动机充气效率下降、功率下降、燃油消耗增加，还会使发动机噪声增大。

（2）凸轮轴的轴颈磨损　凸轮轴轴颈的磨损一般较小，但如果发动机的润滑系统出现

故障，机油压力不足，则常会导致顶置式凸轮轴的轴颈润滑条件变差而出现磨损。轴颈磨损会使轴颈与轴承的配合间隙增大，造成振动和异响。

（3）凸轮轴的弯曲变形　凸轮轴在正常工作中不会产生弯曲变形。但凸轮轴的抗弯强度较差，常由于拆装中的错误操作而导致其弯曲。此外，若因润滑不良导致凸轮轴轴承出现高温卡死的情况，也会造成凸轮轴弯曲的后果。凸轮轴弯曲变形后，会影响发动机的正常工作，使配气相位和气门间隙失准，凸轮轴的轴颈和轴承的偏磨还会加剧正时齿轮和机油泵、分电器的驱动螺旋齿轮的磨损。

2. 凸轮轴的检修

（1）凸轮轴弯曲的检查和校正　凸轮轴的弯曲是以凸轮轴中间轴颈相对两端轴颈的径向圆跳动来衡量的。将V形架和百分表座放置在平板上，凸轮轴两端轴颈架在V形架上，使百分表的测头与凸轮轴中间轴颈垂直接触，如图5-13所示。转动凸轮轴，观察百分表指针的摆差（径向圆跳动量），若摆差大于一定值，则应该在压力机上进行校正修复或者更换凸轮轴。

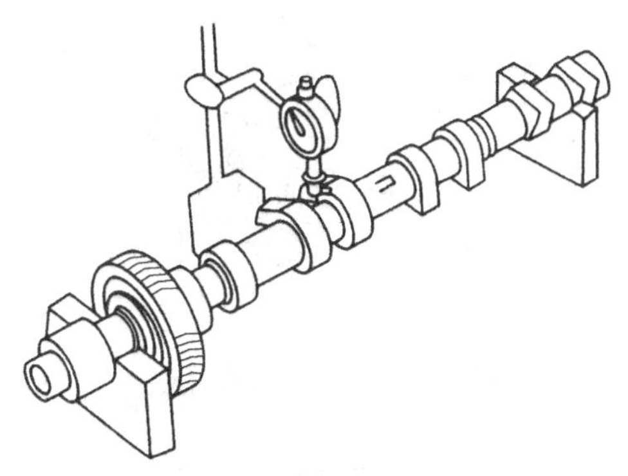

图5-13　凸轮轴弯曲的测量

（2）凸轮磨损的检查和修理　凸轮磨损一般以凸轮的最大升程减小值来衡量，也可以通过直接测量凸轮的高度来判断，如图5-14所示。凸轮的高度可以用千分尺测量（图5-14a），若凸轮的高度低于允许值，则应该更换凸轮轴。凸轮最大升程的检查，是先用千分尺测量凸轮的高度值$H$，这个值减去凸轮的基圆直径$D$（$H-D=E$），就是凸轮的最大升程（图5-14b）。当凸轮的最大升程减小0.40mm或者凸轮表面累积磨损量超过0.80mm时，应该更换凸轮。

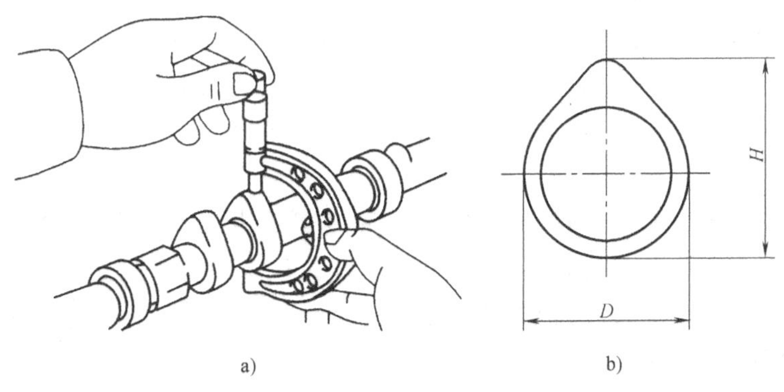


图5-14　凸轮磨损的测量

（3）凸轮轴轴颈的检查　用千分尺测量凸轮轴轴颈的直径，计算圆度误差和圆柱度误差，如图5-15所示。若凸轮轴轴颈的圆度误差、圆柱度误差和各轴颈的同轴度误差超过规定值时，应该更换凸轮轴。

（4）凸轮轴轴向间隙的检查和调整　凸轮轴轴向间隙的检查，应该在不装气门及气门挺柱的情况下进行：用支架固定百分表，使百分表的测头接触凸轮轴的前端，轴向推拉凸轮轴，百分表指针的摆动量就是凸轮轴的轴向间隙，如图 5-16 所示。如果轴向间隙过大，则应更换凸轮轴的推力轴承或卡块式止推垫片。

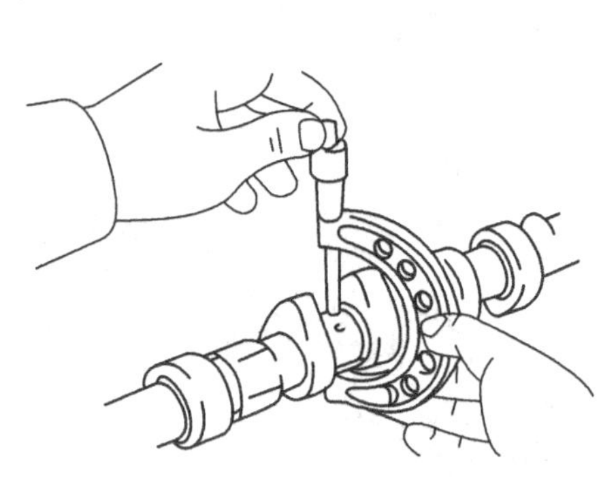

图 5-15　凸轮轴轴颈的测量

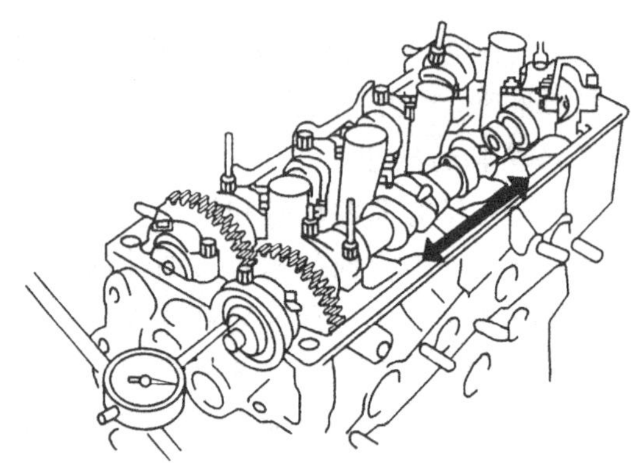

图 5-16　凸轮轴轴向间隙的检查



## 二、液压气门挺柱的检修

液压气门挺柱在工作时，要求供给足量干净的润滑油，以保证其中柱塞与液压缸的正常工作。因此，使用中应该经常检查润滑油的质量，按规定行驶的里程或时间更换润滑油。

检修液压气门挺柱的配气机构时，应该将拆卸下来的液压气门挺柱浸泡在干净的机油中，以防止空气进入液压挺柱。如有空气进入液压挺柱中，会使液压挺柱变软（可压缩），导致气门升程变小，发动机运转中出现气门脚异响。在维护时，可以拆下液压挺柱，使用专用工具排除液压气门挺柱内渗入的空气，以恢复气门的最大升程。

在发动机起动时，气门发出不规则的噪声属于正常现象，因发动机静止起动时液压挺柱高压腔内还未得到润滑油的补充，在凸轮与液压挺柱之间存在间隙，发动机起动后，液压挺柱的液压缸反复充油，噪声将逐渐自然消失，发动机温度达到正常后不应该出现噪声。若发动机起动后在 2500r/min 的转速下运转 2min，液压挺柱还有噪声，可以停机使用以下方法检查液压挺柱。

1）拆下气门室罩，顺时针转动曲轴，直到待查液压挺柱的凸轮凸尖朝上（气门关闭时），用带有楔形尖端的木棒或塑料棒轻轻压下液压挺柱，用塞尺检查凸轮与液压挺柱之间的间隙，若间隙大于 0.1mm，则需要更换液压挺柱。液压挺柱不能调整和修理，只能整体更换。更换新的液压挺柱后 30min 内不得起动发动机，以免造成液压补偿元件未沉下而导致气门碰到活塞。

2）检查液压挺柱偶件的密封性。将液压挺柱浸泡在机油中，将油孔向上，轻轻转动并推拉柱塞，将其腔内的空气排出。把排出空气后的液压挺柱放在降漏试验台上，调整负载臂，在柱塞上施加 200N 的压力，当柱塞滑下 2mm 左右后，测量它再滑降 1mm 所用的时间，如图 5-17 所示。当测得的时间低于标准值 7s 时，应该更换液压挺柱。

## 三、气门推杆的检修

气门推杆在工作中容易发生弯曲和两端球面磨损。推杆的直线度误差应该符合规定要求，杆身应平直，不得有锈蚀和裂纹。检查推杆的直线度时，将推杆放在平板的一角，使杆身与平板接触，两端悬空，滚动推杆，用塞尺测量推杆与平板间的间隙，如图 5-18 所示。

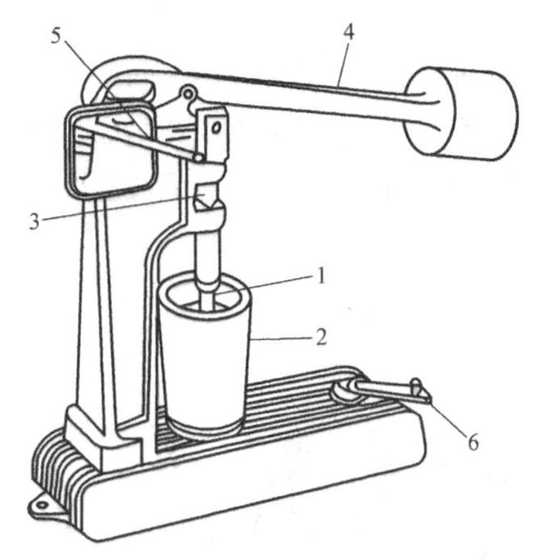


图 5-17 液压挺柱的降漏测试

1—液压挺柱 2—检验杯 3—推杆 4—负载臂 5—指示刻度盘 6—手柄

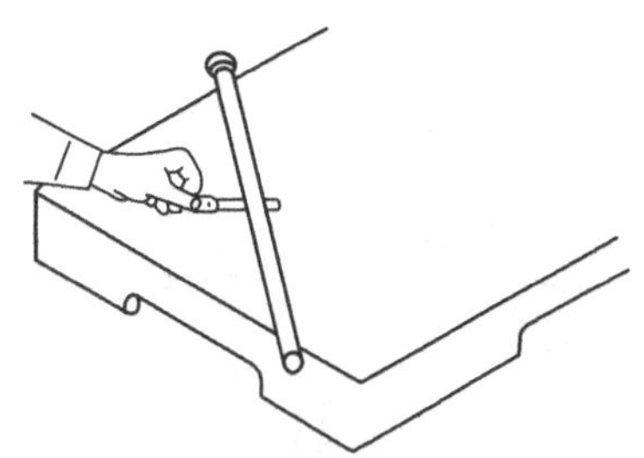

图 5-18 推杆直线度的检查



## 四、正时链条和链轮的检修

采用链条传动的顶置凸轮轴式配气机构，在发动机工作过程中，由于正时链条的磨损会造成节距变长，工作噪声增大，严重时还会使配气正时失准。因此，在维修中应该对链条和链轮进行检查。

(1) 正时链条的检查 图 5-19 所示为链条长度测量示意图。图中，将链条的一端固定，另一端用弹簧秤拉住，在拉力为 50N 时，测量链条的长度。若链条长度大于极限值，则应更换链条。

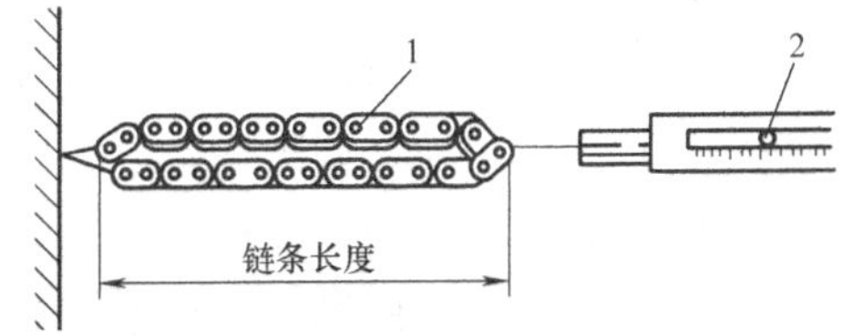


图 5-19 链条长度的测量

1—链条 2—弹簧秤

(2) 正时链轮的检查 正时链轮磨损程度的检查方法是：将链条套在正时链轮上，用手指捏紧链条后，使用游标卡尺测量其直径，如图 5-20 所示。如直径小于允许值，则应该更换链轮和链条。

## 五、正时带和带轮的检修

正时齿带为帘布层或玻璃纤维层结构，具有较高的使用寿命。在正常情况下，一般在汽车行驶 10 万 km 时才需要更换。正时齿带经过一段时间的使用后会发生老化和损伤，因此使用中应该经常检查和维护，避免发生折断、滑齿，造成活塞与进、排气门相撞，从而使活塞与气门损坏，严重时还会造成气门摇臂、摇臂轴、凸轮轴、气缸盖的损坏。

1. 正时齿带张紧度的检查

许多车型发动机中正时齿带的张紧度是自动调整的，使用和维修中无需调整。部分车型发动机的正时齿带需要人工调整，其调整方法和张紧度的检查因车型而各不相同。某些车型发动机正时齿带张紧度的检查方法如图 5-21 所示。用拇指和食指捏住两带轮之间同步齿带的中间部位，用力翻转，若刚好能翻转 90°，即为张紧度合适。否则，应该松开张紧轮紧固螺母，使张紧轮压紧同步齿带，保持适当的张紧力后紧固张紧轮固定螺母，然后复查，直到合适。

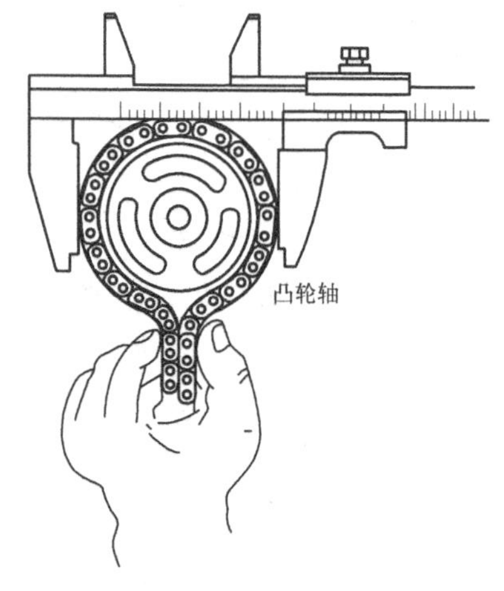


图 5-20　链轮直径的测量

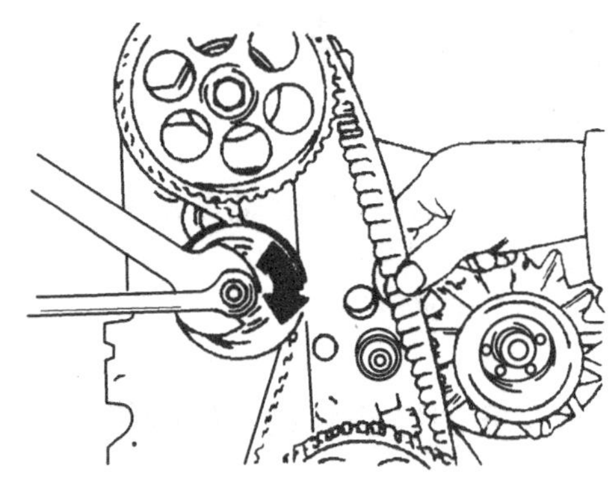

图 5-21　正时齿带张紧度的检查

2. 正时带的更换

如果在检查正时带时发现有表面剥离、断齿、齿面磨损、开裂、边缘磨损、帘线外露等损坏现象，应予以更换，如图 5-22 所示。

安装正时带时，应该认准其旋转方向。先将凸轮轴正时带轮上的正时记号与气缸盖上的正时记号对准，再转动曲轴使带轮上的第一缸上止点记号与缸体或正时带护罩上的正时记号对正，然后才能安装正时带，并安装好正时带张紧轮，调整好正时带张紧力。安装后，应该按发动机旋转方向转动曲轴两圈，再让第一缸活塞处于压缩上止点的位置，然后重新检查凸轮轴正时带轮和曲轴带轮上的气门正时记号位置是否正确，否则说明安装有误，应该重新安装。

3. 正时带张紧轮的检修

正时带张紧轮的常见损坏形式是表面磨损和轴承有异响。检查时可以用手转动张紧轮，通过手感和声响判断轴承有否卡滞现象和非正常响声，并检查正时带张紧轮与正时带的接触表面有无磨损和损伤。如有不正常现象，应该更换轴承或张紧轮。

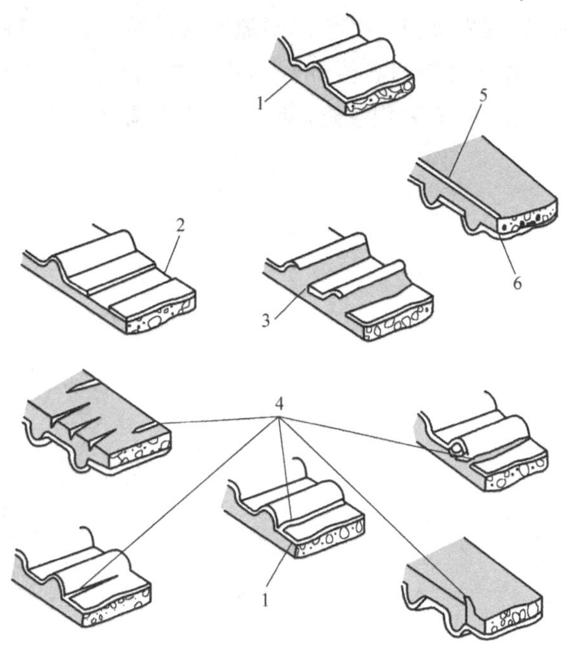


图 5-22 正时带的损伤形式

1—表面剥离 2—断齿 3—齿面磨损 4—开裂 5—边缘磨损 6—帘线外露



# 任务三 气门间隙的检查与调整

## 一、气门间隙的调整

在发动机的维护与修理中，气门间隙的检查与调整是一项重要的作业内容。由于发动机使用中配气机构零件的磨损，或者在分解检修中更换零部件等原因，会导致原有气门间隙的变化，应该检查和调整气门间隙，使之符合技术要求（采用液压挺柱的发动机不需要调整气门间隙）。

气门间隙必须在该气门处于完全关闭的状态下进行调整。不同的汽车生产厂家对气门间隙的调整都有具体的规定和不同的技术要求，例如是否在冷态或热态下调整，调整的间隙值应为多大等。大多数的汽车都是在冷态（即冷车）下调整的，也有部分汽车要求在热态（即热车，冷却液温度达到正常工作温度后）下调整；还有部分汽车在冷态、热态下均可进行调整，但气门间隙值在冷态、热态时有所不同。

气门间隙的调整部位取决于配气机构的结构形式，有摇臂的配气机构，其气门间隙用摇臂推杆一端的调整螺钉进行调整，如图 5-23 所示。调整时，先松开锁紧螺母和调整螺钉，将与气门间隙规定值厚度相同的塞尺插入所要调整气门脚与摇臂推杆之间的间隙中，通过旋转调整螺钉调整气门间隙，并来回拉动塞尺，当感觉塞尺有轻微阻力时就可以了。拧紧锁紧螺母后还要复查，如间隙有变化均需重新进行调整。

没有摇臂的顶置凸轮轴式发动机，其气门间隙通常是通过更换挺柱上不同厚度的垫片来调整的，如图 5-24 所示。由于发动机各缸的气门不可能同时处于关闭状态，因而气门间隙也不可能一次性全部调整好，一般采用逐缸调整法或两次调整法。

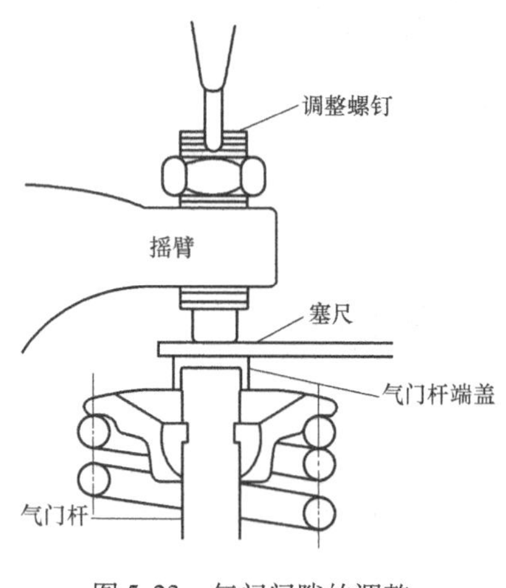


图 5-23　气门间隙的调整

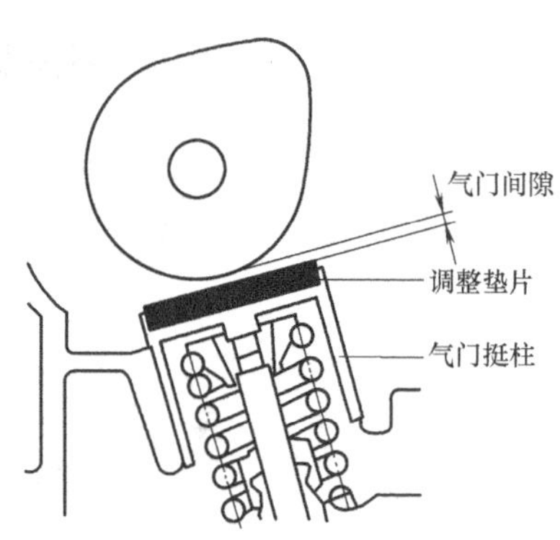


图 5-24　更换垫片调整气门间隙



## 二、逐缸调整法

逐缸调整法的调整步骤如下：

1）转动发动机曲轴，使某一气缸处于压缩行程的上止点位置，这时该缸的进、排气门均处于关闭状态。判定某一气缸处于压缩行程上止点位置的方法很多，其中常用的两种方法如下：

① 根据曲轴带轮上的第一缸上止点位置记号判定：先转动曲轴使第一缸活塞处于压缩行程上止点位置，此后每转动 720°/$i$（气缸数），根据发动机各缸的做功次序，即可以使另一个气缸处于压缩行程的上止点位置。

② 通过观察对应气缸的气门是否处于叠开状态判定：转动曲轴，同时观察所要调整气门间隙气缸的对应缸（即活塞与其同时上、下的气缸）的气门，当其排气门快要完全关闭且进气门开始打开时，该缸即处于气门叠开状态，这时所要调整气门间隙的气缸就处于压缩行程上止点位置。

2）检查与调整该缸进、排气门的间隙。如果是有摇臂的配气机构，可以使用扳手和螺钉旋具，松开摇臂上气门调整螺钉的锁紧螺母，将塞尺插入气门杆与摇臂之间，拧动调整螺钉，使塞尺被轻轻压住，抽出时稍有压力感即可。调好后拧紧锁紧螺母，然后用塞尺复查一次。

3）转动曲轴，用同样的方法检查调整其余各缸的气门间隙。

由此可见，对于多缸发动机而言，使用逐缸调整法时需要摇转曲轴数次，总的时间花费较多，但这种方法调整气门间隙较为准确。

## 三、两次调整法

两次调整法就是把发动机上所有气门分两次调整完毕，这种方法操作简单、工作效率高。所有的发动机，不论气缸数目多少，都只需调整两次就可以将所有气门全部调整完。

两次调整法是先让发动机的第一缸处于压缩行程的上止点，这里以点火顺序为1→3→4→2的四缸发动机为例进行分析：第一缸处于压缩行程上止点，其进、排气门均关闭（均可调整）；第三缸处于进气行程下止点，其排气门关闭（可调整），进气门由于有迟闭角尚未完全关闭（不可调整）；第四缸处于排气行程上止点，其进、排气门处于叠开状态（均不可调整）；第二缸处于做功行程下止点，其排气门开启（不可调整），进气门关闭（可调整）。因而，可以调整的气门有4个，不可以调整的气门也是4个。如果当第四缸位于压缩行程的上止点时，按以上方法分析，可以知道原来不可以调整的四个气门均可以调整了。

例如，再以点火次序为1→5→3→6→2→4的六缸发动机为例进行分析：当第一缸位于压缩行程的上止点时，进、排气门均关闭（均可调整）；第五缸处于压缩过程约1/3时，由于存在进气门迟闭角，所以不能确定进气门是否完全关闭（不可调整），而排气门在前一个行程中就已经关闭了（可调整）；第三缸这时处于进气行程约2/3处，可以确定这个缸的排气门已经关闭（可调整）；第六缸这时处于排气行程的上止点，其进、排气门处于叠开状态，所以进、排气门均开启（均不可调整）；第二缸则位于排气行程约2/3处，因为进气门是关闭的（可调整），而排气门则为开启状态（不可调整）；第四缸这时正处于做功行程约2/3处，这时因有排气提前角，所以排气门是否关闭不能确定（不可调整），而可以确定进气门是关闭的（可调整）。

综上所述，可以归纳为第一缸进、排气门均可调，第五缸排气门可调，第三缸排气门可调，第六缸进、排气门均不可调，第二缸进气门可调，第四缸进气门可调。同样，当曲轴旋转一周使第六缸位于压缩行程上止点时，用上述相同的方法对各缸的工作情况进行具体分析后，就可以知道原来不可调的气门均为可调。

以上分析方法较为繁琐，实际工作中常采用“双排不进法”进行分析。“双排不进法”是根据发动机气缸的工作状况，把气门的调整分成四种情况。即“双”表示某缸进、排气门均可调整；“排”表示某缸只可调整排气门；“不”表示某缸进、排气门均不可调整；“进”表示某缸只可调整进气门。采用“双排不进法”时，应该根据发动机的做功顺序进行分析。

（1）工作次序为1→3→4→2的四缸发动机　当第一缸活塞处于压缩行程上止点位置时，第一缸进、排气门均可调整；第三缸排气门可调整；第四缸进、排气门都不可调整；第二缸进气门可调整。第一次调整完毕后，旋转活塞，使第四缸处于压缩行程上止点位置，这时第一缸进、排气门均不可调整；第三缸进气门可调整；第四缸进、排气门均可调整；第二缸排气门可调整。

（2）工作次序为1→5→3→6→2→4的六缸发动机　当第一缸活塞处于压缩行程上止点位置时，第一缸进、排气门均可调整；第五、三缸可调整排气门；第六缸进、排气门都不可调整；第二、四缸可调整进气门。第一次调整完后，旋转活塞，使第六缸处于压缩行程上止点位置，这时第一缸进、排气门均不可调整；第五、三缸可调整进气门；第六缸进、排气门都可调整；第二、四缸可调整排气门。

## 思 考 题

1. 简述气门损伤的种类和检验方法。
2. 简述凸轮轴轴向间隙的检查和调整方法。
3. 简述气门间隙的检查和调整方法。

# 项目六　润滑系统主要部件的检修

润滑系统的常见故障是机油压力过高或过低、机油消耗过多和机油容易变质等，这些故障有的是由曲柄连杆机构与配气机构的机械故障引起的，有的是由润滑系统本身的故障引起的。润滑系统本身的故障因素主要表现在：机油的油量和黏度不正常、安全阀和旁通阀损坏、机油滤清器失效、机油泵损坏、机油压力表或传感器失效、油路堵塞或漏油等。

## 任务一　机油泵的检修

### 一、齿轮式机油泵的结构

外啮合齿轮式机油泵一般安装在曲轴箱内，通常由曲轴前端的齿轮驱动，有一些车辆由凸轮轴上的斜齿轮驱动。图 6-1 所示为外啮合齿轮式机油泵的结构图。壳体上加工有进油口和出油口，壳体内装有一对主动齿轮和从动齿轮，齿轮与壳体内壁之间有很小的间隙。

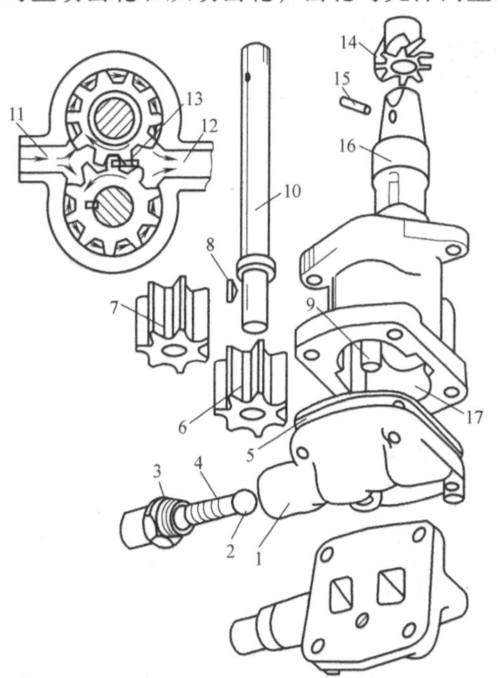


图 6-1　外啮合齿轮式机油泵的结构图

1—泵壳　2—机油压力调节球阀　3—螺塞　4—调节弹簧　5—密封垫　6—主动齿轮　7—从动齿轮　8—键　9—从动轴　10—机油泵轴　11—进油腔　12—出油腔　13—卸压槽　14—机油泵传动齿轮　15—销　16—泵体　17—泵腔

发动机工作时，齿轮按图中所示箭头的方向旋转，进油腔的容积由于轮齿脱离啮合而增大，使腔内产生一定的真空度，机油便经进油口被吸入。齿轮旋转时，把齿间所存的机油带到出油腔内。出油腔一侧轮齿进入啮合，容积减小、油压升高，机油便经出油口被送到发动机油道中。发动机连续运转，润滑油不断被输送到各润滑部位，且输出的油量与发动机的转速成正比。

为保证油泵连续供油，前一对轮齿未脱离啮合，后一对轮齿便已进入啮合，在两对轮齿之间形成封闭的间隙，因齿间间隙不断减小，封闭在齿间的机油会产生很大的推力，作用于齿轮轴。为此，在泵盖上铣出一条与出油腔相通的卸压槽，齿间的液压油则通过卸压槽导向出油腔。

## 二、齿轮式机油泵间隙的检测方法

图 6-2 所示为齿轮式机油泵间隙的检测方法。

1）用直尺和塞尺检查齿轮端面到泵盖端面的距离，即检验端面间隙（图 6-2a），一般为 0.05 ~ 0.15mm。

2）用直尺和塞尺检查泵盖端面的平面度，平面度误差大于 0.05mm 应该修磨平面。



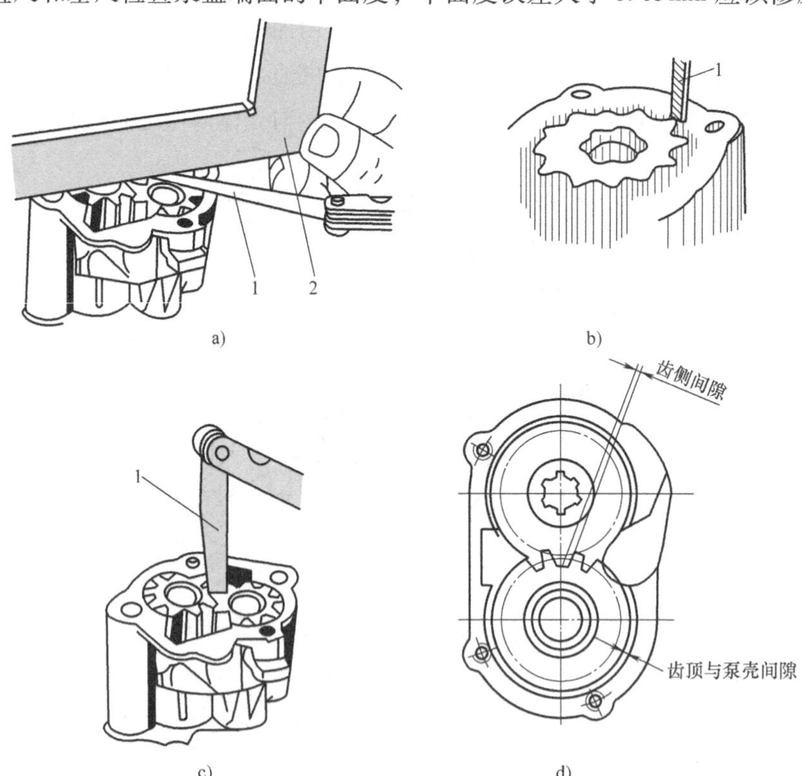


图 6-2　齿轮式机油泵间隙的检测

a）测量泵盖与齿轮端面间隙　b）测量齿顶与泵壳间隙　c）测量主、从动齿轮啮合间隙

d）齿侧间隙、齿顶与泵壳间隙位置

1—塞尺　2—直尺

3）用塞尺检查齿顶与泵体之间的间隙（图 6-2b），间隙值一般为 0.05 ~0.15mm。

4）用塞尺测量齿轮的啮合间隙（图 6-2c），同时在相邻 120°的三点上进行测量，间隙值一般为 0.05 ~0.20mm，三点齿隙相差不应该超过 0.10mm。

齿轮式机油泵的齿侧间隙、齿顶与泵壳间隙（图 6-2d）。

## 三、机油泵的检修

机油泵的主要损伤形式是零件的磨损，它将造成泄漏，使泵油压力降低和泵油量减少。机油泵的端面间隙、齿顶间隙、齿轮啮合间隙以及轴与轴承间隙，各处密封性和限压阀的调整都将影响泵油量和泵油压力。由于机油泵工作时润滑条件好，零件磨损速度慢，使用寿命长，故可以根据它的工作性能确定是否需要拆检和修理。

（1）齿轮的检查与修理　机油泵磨损后，应检查主、从动齿轮的啮合间隙，可以用塞尺在互成 120°处分三点测量，啮合间隙一般为 0.05 ~0.25mm，各点的测量误差不应超过 0.10mm，各部位间隙大于使用限度时，应该修复或更换零件及总成。

（2）泵轴的检查与修理　用千分表检查泵轴是否弯曲，指针摆差不应超过规定值，否则应进行校正。主动轴与轴承孔的配合间隙一般为 0.03 ~0.08mm，最大不得超过 0.16mm。从动齿轮的轴向间隙一般为 0.02 ~0.05mm，超过 0.15mm 时，应该修复或者更换。

（3）泵壳的检查与修理　泵盖与齿轮的间隙不得超过规定值（一般为 0.05 ~0.25mm），如果间隙不符合要求，可以增减垫片或者磨削泵壳与盖的接合面。

（4）泵盖的检修　泵盖平面上有轻微的拉毛时，可以在平板上磨光；有明显的台阶时，应测量其平面度误差，当误差超过 0.10mm 时，可以在机床上磨平或车平。

机油泵检修后，可将其放入清洁的机油中，用手转动机油泵轴，应有机油从出油孔中排出；当拇指堵住油孔，继续转动机油泵时，应感到有压力，否则应更换机油泵。

# 任务二　机油滤清器的检修

图 6-3 所示为汽油机的润滑系统，它一般由机油泵、集滤器、机油滤清器、限压阀、旁通阀和机油管道等组成，有些汽油机润滑系统中还设有机油冷却器。其中，机油滤清器应按原制造厂的规定定期清洗、调整或更换滤芯，以保证润滑油的清洁，减少发动机的磨损。

## 一、集滤器的维护

当发动机工作时，机油泵将油底壳中的机油经集滤器吸入，集滤器可以防止大的机械杂质进入机油泵和润滑油路中，如图 6-4 所示。集滤器的损坏形式有油管和滤网堵塞，应该使用柴油或煤油清洗后用压缩空气吹干。

## 二、全流式机油滤清器的维护

图 6-5 所示为全流式机油滤清器结构示意图。全流式机油滤清器串联于机油泵和主油道之间，因而全部机油都经过它滤清（图 6-5a）。全流式机油滤清器应该根据汽车生产厂家的

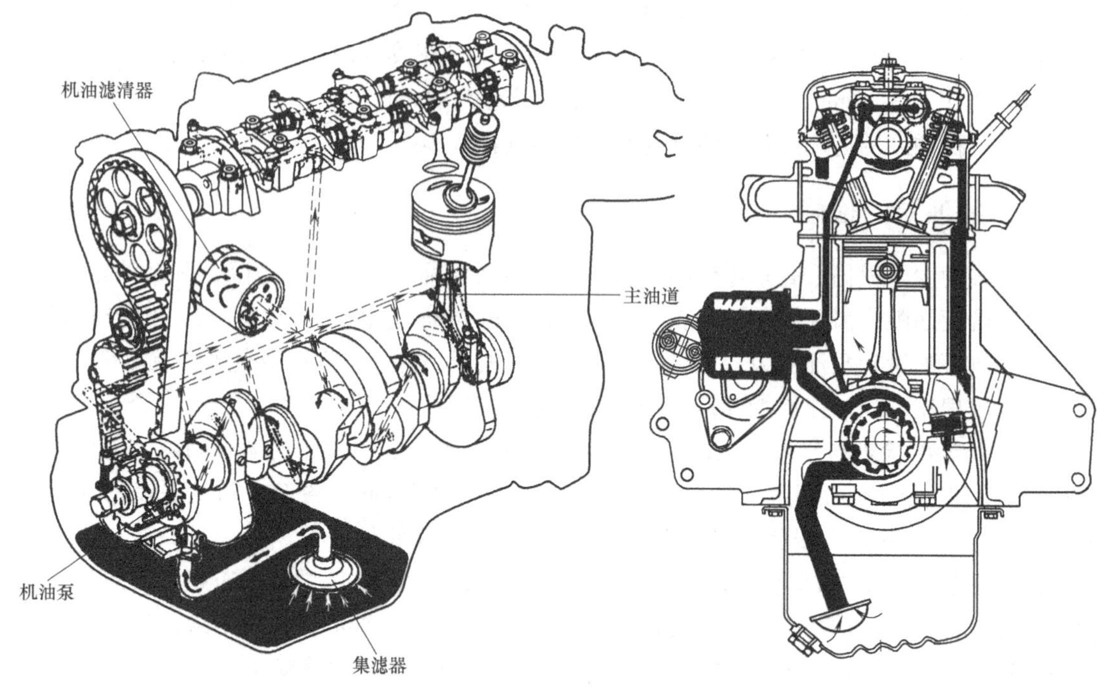




图 6-3 汽油机的润滑系统

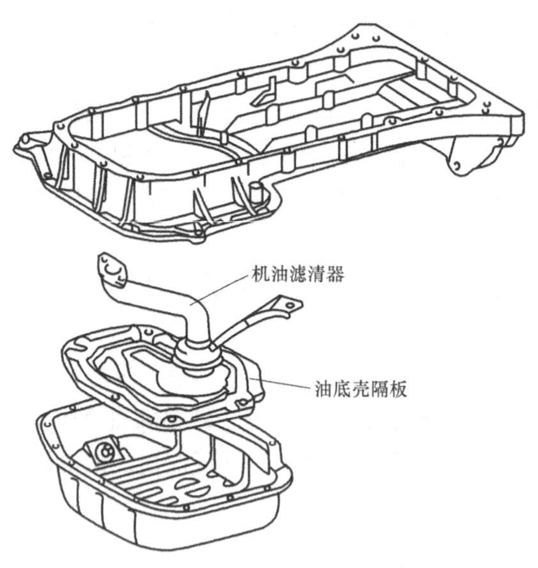


图 6-4 集滤器

要求定期更换，其更换周期一般为汽车每行驶 5000 ~ 12000km 左右。全流式机油滤清器的滤芯有多种形式，目前大部分汽车发动机都采用纸质滤芯。纸质滤芯的机油滤清器有两种结构形式：一种是可分解式机油滤清器（图 6-5b）；另一种是整体式机油滤清器（图 6-5c）。

可分解式机油滤清器在维护时应该拆洗壳体，更换滤芯，检查各密封圈，若有老化、损坏应予以更换；整体式机油滤清器更换时要整个更换滤清器。安装滤清器或滤芯时，应该先将滤清器或滤芯内充满机油。

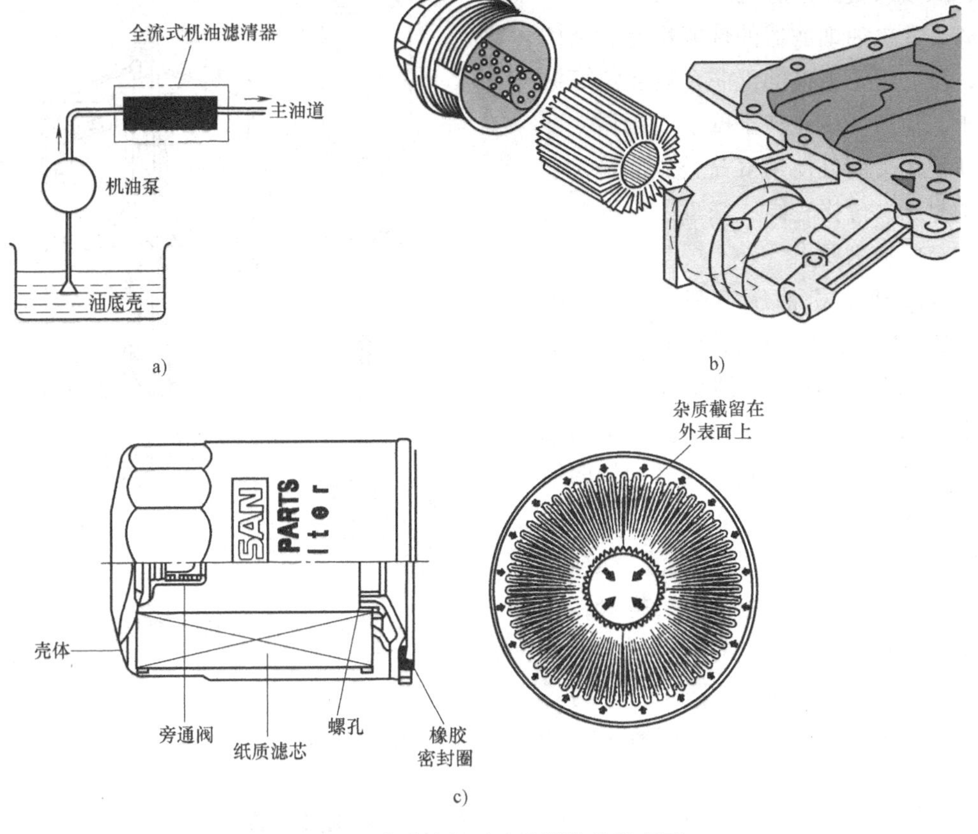


图 6-5　全流式机油滤清器结构示意图

a）全流式机油滤清器的布置　b）可分解式机油滤清器　c）整体式机油滤清器



## 三、离心式细滤器的检修

有的汽车发动机采用“全流式机油滤清器及分流式机油滤清器”的布置方式，如图 6-6 所示。其中，全流式机油滤清器也称为粗滤器，用于过滤机油中粒径在 0.05mm 以上的杂质；分流式机油滤清器也称为细滤器，用来滤除机油中粒径在 0.001mm 以上的细小杂质，而且只过滤机油泵供油量 5% ~10% 的机油。

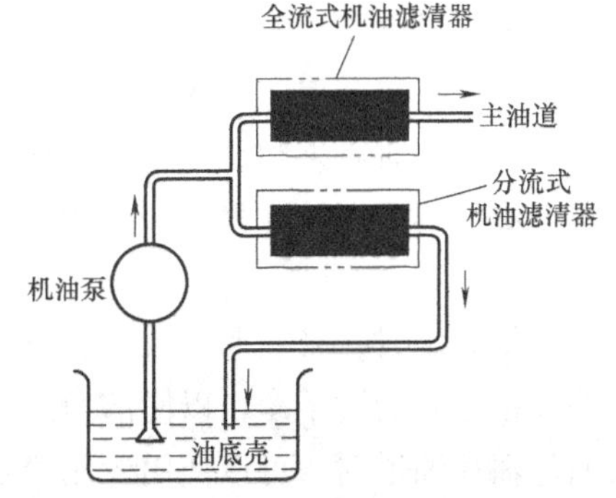


图 6-6　全流式机油滤清器及分流式机油滤清器的布置方式

分流式细滤器有过滤式机油细滤器和离心式机油细滤器两种类型，目前，离心式机油细滤器应用较多。这种机油滤清器内有一个转子，通过滚动轴承支承在一根轴上，如图 6-7 所示。转子内有两个喷射方向相反的喷嘴，它利用润滑系统本身的压力能，当机油进入转子从喷嘴上喷出时，产生一个反作用力矩，驱动转子飞快地转动。转子内的油在离心力的作用下分离出固态杂质，积聚在转子内壁上。转子中心部分的油变得清洁，从喷嘴流回油底壳。

离心式机油细滤器的性能稳定、结构可靠，没有需要更换的纸芯，只要定期拆卸转子，清洁沉积在转子壁上的污垢，即可重新使用，而且使用寿命长。但是，它的结构复杂、价格较高、笨重，对维护人员有较高的技术要求。

在发动机的机油压力高于 0.15MPa 时，运转 10s 以上（油压较低时，机油不会进入细滤器），然后立即熄火。在熄火后的 2～3min 内，若在发动机旁听不到细滤器转子转动的“嗡、嗡”声，则说明细滤器不工作。若机油压力正常，细滤器的进油单向阀也未堵塞，则为细滤器故障。应该拆检清洗细滤器，拧开压紧螺母，取下外罩，将转子转到喷嘴对准挡油板的缺口时，取出转子。清除转子内壁上的污物，清洗转子并疏通喷嘴，经调整或换零件后再进行组装。

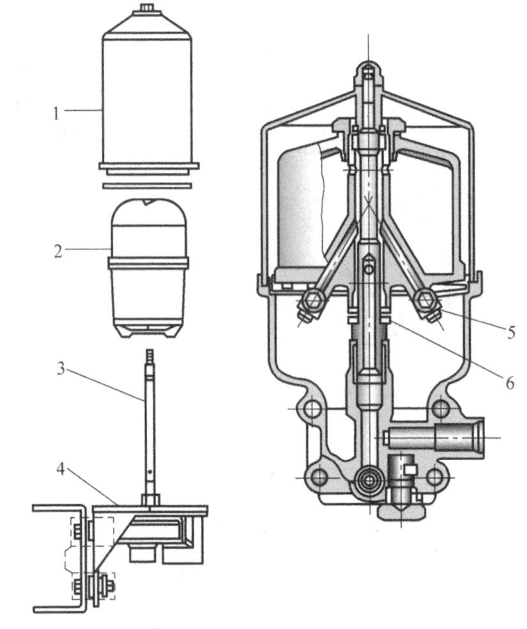


图 6-7　离心式机油细滤器

1—外壳　2—转子　3—轴　4—底座　5—喷嘴　6—轴承



# 任务三　其他润滑部件的检修

## 一、发动机润滑油道的清理

图 6-8 所示为汽油发动机润滑油路示意图。当发动机工作时，机油泵将油底壳中的机油经集滤器吸入，集滤器可以防止大的机械杂质进入机油泵和润滑油路中。被机油泵压出的机油经过机油滤清器过滤后流入缸体上的主油道中，并通过曲轴箱中的横向油道进入曲轴主轴颈，再通过曲轴中的斜向油道从主轴颈处流向连杆轴颈，进入连杆轴颈中的小部分机油通过连杆大头上的机油喷孔喷向活塞和气缸壁，以润滑活塞和气缸。另有一部分机油经过缸体上的油道到达气缸盖油道，进入凸轮轴轴承，润滑凸轮轴轴颈。此外，润滑油还经过相关的油道或喷嘴到达正时链条和正时链条自动张紧器（使用正时链条配气机构的发动机）、凸轮轴的凸轮表面、液力挺柱（使用液力挺柱的发动机）等处，执行润滑任务或作为液压部件的工作介质。

发动机大修时，必须彻底清除润滑油道里的泥沙、磨屑、杂质与润滑油胶质等，包括曲轴上的油道均应清洗干净，以使洁净的润滑油不受污物污损，可以畅通地流向各运动副的工作表面。清理油道时，可以使用专用容器盛上浓度为 10% 的苛性钠溶液，将油道各堵头拆除，浸泡在溶液中，加热到 100℃，一般 0.5h 便可清除干净，再用液压油冲洗，最后用压缩空气吹净吹干。

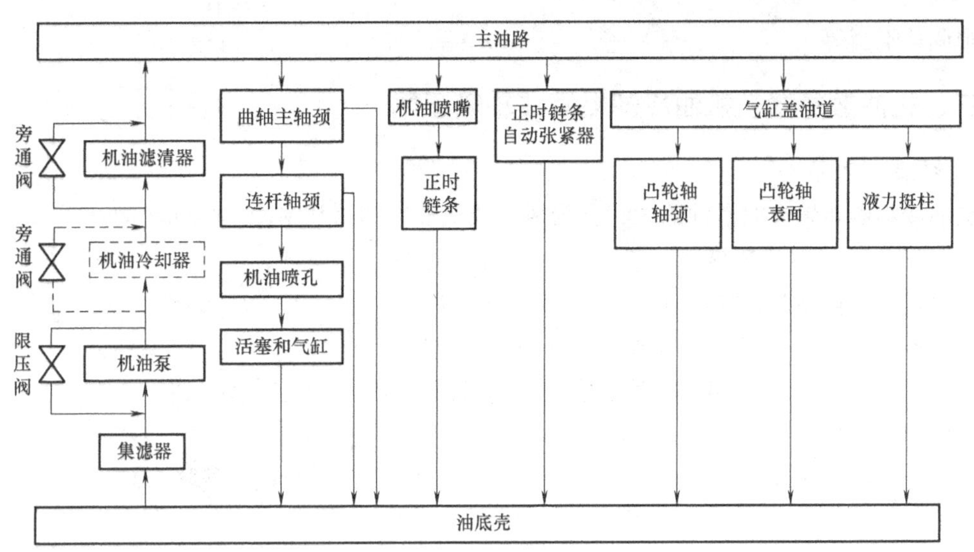


图 6-8　汽油发动机润滑油路示意图

也可以用手工方法清洗，选用煤油或金属清洗剂，用直径在 4mm 左右、长约 800mm 的铁丝，一端围成圆圈状做手柄，另一端锤扁，加工成一长孔，在长孔内穿上布条插入油道内，来回抽动摩擦油道，反复清洗并更换布条，直到布条上无明显脏物为止。再用液压油冲洗干净，最后用压缩空气吹通，观察有无脏物吹出，必要时须重新擦洗油道。



## 二、机油压力的测量

发动机工作时，其润滑系统内必须保持正常的机油压力。如果机油压力过低，则各润滑表面会因得不到足够的润滑油而加剧磨损；如果机油压力过高，则会过多地消耗发动机的动力，也容易使油封漏油，甚至使机油滤清器脱出，造成机油大量泄漏。因此，在检修发动机时，经常要对润滑系统的机油压力进行检测，以确定机油压力是否正常。

发动机上一般没有专门的机油压力测量孔，在检测机油压力时，通常利用发动机缸体上的机油压力开关螺孔。其方法为：①在发动机熄火状态下，将机油压力开关卸下；②将专用的转换接头旋入机油压力开关的螺孔内，接上机油压力表，如图 6-9 所示；③运转发动机并使之达到正常工作温度，分别在怠速转速下和高速下检查机油压力表的读数。

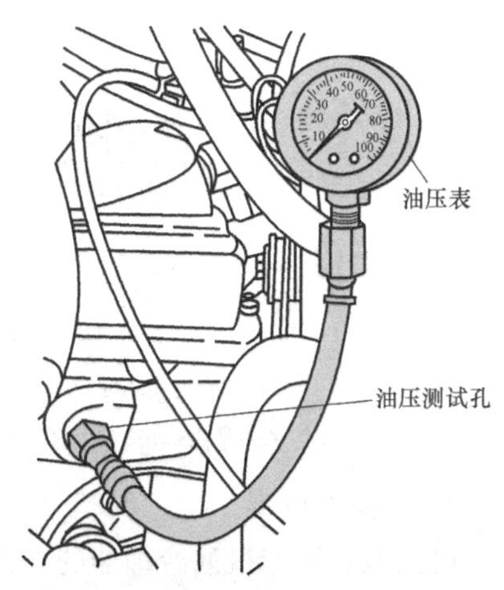


图 6-9　测量机油压力

一般发动机的机油压力应保持在 0.2～0.5MPa 的范围内，怠速时最低的机油压力应不小于 0.15MPa，高速时最高机油压力应不大于 0.6MPa。如果机油压力不正常，则应进一步检修润滑系统或发动机其他系统。机油压力过低的原因，主要有机油泵磨损、机油黏度太低、曲轴主轴承和连杆轴承磨损间隙过大等；机油压力过高的原因，主要有机油黏度过大、主油道堵塞、安全阀或限压阀调整不当等。

## 三、机油散热器、机油冷却器及曲轴箱通风

1. 机油冷却器

机油冷却器布置在润滑油路中，分为风冷式机油冷却器和水冷式机油冷却器。风冷式机油冷却器很像一个小型散热器，它利用汽车行驶时的迎面风对机油进行冷却，如图 6-10 所示。因为风冷式机油冷却器在发动机起动后，需要很长的暖机时间才能使机油达到正常的工作温度，所以普通轿车上很少采用。但风冷式机油冷却器的散热能力大，多用于赛车及热负荷大的增压发动机汽车上。

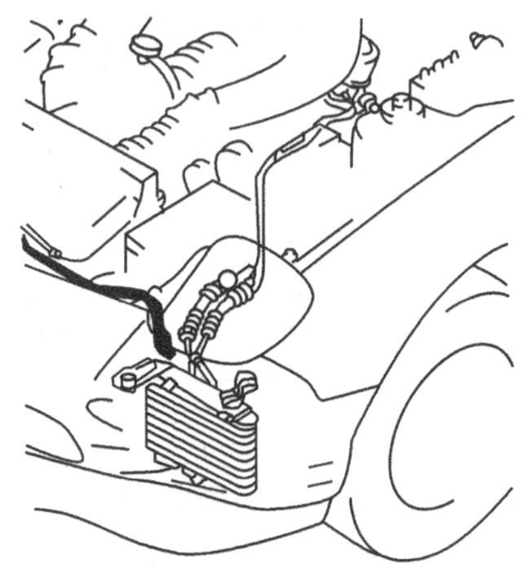
图 6-10　风冷式机油冷却器

水冷式机油冷却器的外形尺寸小，布置方便，且不会使机油冷却过度，机油温度稳定，因而在轿车上应用较广泛。水冷式机油冷却器多数安装在机油滤清器的上方，通过冷却系统中流过的冷却液进行冷却，如图 6-11 所示。水冷式机油冷却器不需要太大的散热面积，体积较小。在起动、暖机期间油温较低时，可以从冷却液中吸热而迅速提高机油温度。



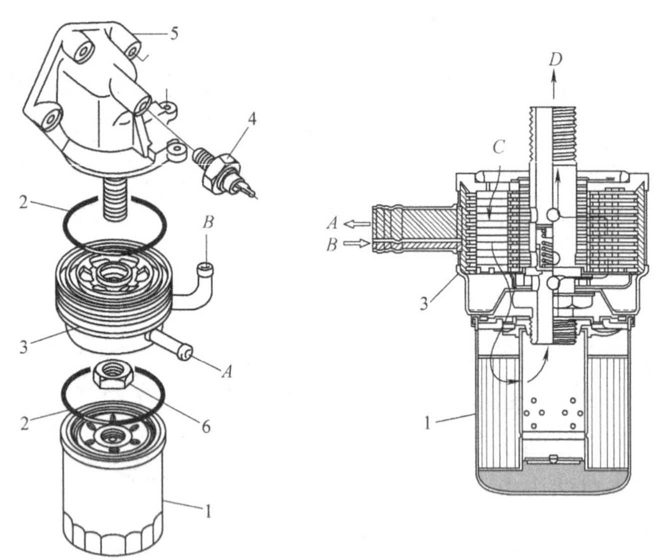

图 6-11　水冷式机油冷却器

1—机油滤清器　2—密封圈　3—机油冷却器　4—机油压力开关　5—底座
6—紧固螺母　*A*、*B*—接冷却系统　*C*—来自机油泵机油　*D*—至发动机机油

2. 机油散热器

机油散热器和机油冷却器的结构基本相同，但其采用横流式结构，安装在机油冷却器的前面，如图 6-12 所示。机油散热器的油路与主油道并联，利用冷却液散热风扇的风力使机

油冷却。机油泵工作时，一方面将机油供给主油道，另一方面经过限压阀、机油散热器开关，由进油管进入机油散热器内，冷却后由出油管流回油底壳，如此循环流动。

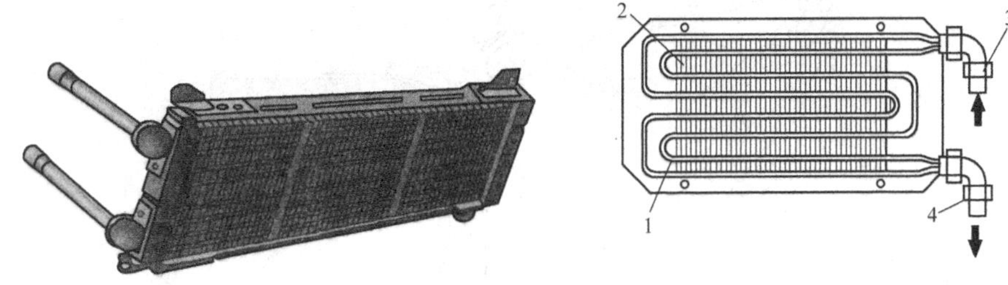


图 6-12　机油散热器

1—油管　2—散热片　3—进油口　4—出油口

3. 曲轴箱通风

在发动机工作过程中，气缸内的可燃混合气和燃烧后的部分废气经活塞、活塞环与缸壁之间的间隙窜入曲轴箱内，未燃烧的燃油、废气中的水蒸气凝结，使机油稀释，造成润滑不良；废气中的酸性物、硫化物对发动机零件产生强腐蚀；废气还会导致曲轴箱内压力升高，破坏发动机的密封性，导致发动机漏油。



曲轴箱通风装置的作用就是将这些有害气体及时地从曲轴箱内抽出，保证润滑系统的正常润滑，延长机油的使用寿命，保证发动机机件不被腐蚀，防止发生泄漏。曲轴箱通风装置可以分为自然通风装置和强制通风装置。

自然通风装置一般用于负荷较小的普通发动机上，它是利用一根出气管接通曲轴箱，出气管的一端制成斜切口，切口背向汽车行驶方向，如图 6-13 所示。汽车行驶和冷却系统风扇所鼓起的气流，使曲轴箱出气管口处形成一定的负压，产生吸力，从而使曲轴箱内的有害气体被抽出，并直接导入大气中。新鲜空气则从空气滤清器经过加机油的管道进入，以形成对流。

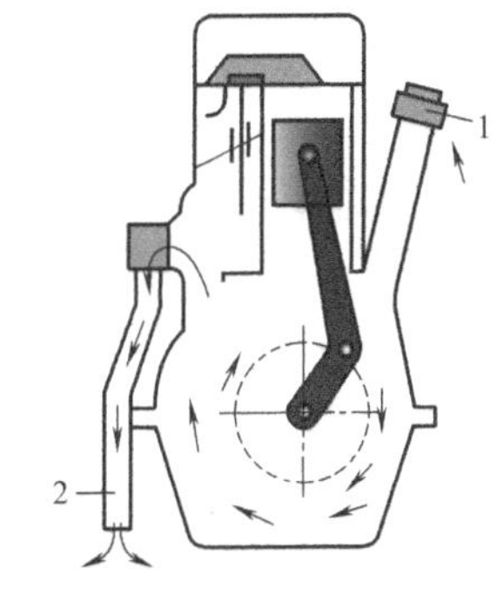


图 6-13　自然通风装置

1—空气滤清器　2—出气管

曲轴箱强制通风装置又称 PCV 装置，其作用是将发动机气缸中窜入油底壳的部分可燃混合气和燃烧产物吸入进气道，使之进入气缸参加燃烧，以防止其漏入大气而产生污染，或者聚集在油底壳中而加速机油的变质，并使机件受到腐蚀或锈蚀。

PCV 装置由 PCV 阀和相关的管道组成，如图 6-14 所示。它利用发动机工作时节气门后方进气管内的真空吸力，将空气滤清器过滤后的干净空气吸入气门室罩，再由气缸盖和机体上的孔道进入曲轴箱，与曲轴箱内的气体混合后，经气门室罩上的 PCV 阀和软管进入进气管，最后进入燃烧室燃烧。

PCV 阀的作用是可以根据进气管内真空度的大小，自动调整进入进气管的曲轴箱气体。其工作特点是进气管的真空度越大，阀门的开度越小。因此，PCV 阀可以使通风气体随节气门开度的增大而增大，随节气门的开度减小而减小。从而防止了发动机怠速时，因过大的进气管真空度使通气量过大而影响怠速时混合气的形成和燃烧。

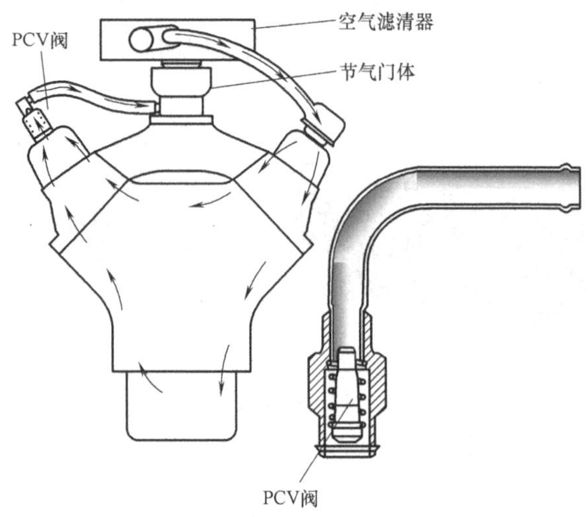


图 6-14　强制式曲轴箱通风装置

## 思　考　题



1. 简述机油泵的检修方法。
2. 简述机油滤清器的维护和检修方法。
3. 简述汽油机润滑油路的组成。

# 项目七　冷却系统主要部件的检修

冷却系统的主要故障是发动机过热，过热现象主要有冷却液充足但发动机过热，冷却液不足引起发动机过热，发动机突然过热等。造成这些过热现象的原因有很多，有的是由冷却系统本身造成的，有的是由其他系统造成的，因而在检修的过程中应注意区分对待。

冷却系统本身因素造成的发动机过热主要表现在：风扇传动带打滑（发动机驱动式风扇）、散热器漏水或堵塞、散热器盖阀门失效、风扇或硅油离合器损坏、节温器损坏、水泵损坏、气缸套及冷却水管漏水等。

## 任务一　冷却水泵的检修

水泵的常见损伤形式有泵壳裂纹、叶轮松脱或损坏、泵轴磨损或变形、水封损坏和轴承磨损等。汽车用发动机上多采用离心式水泵，它安装在发动机的前端，主要由水泵壳体、叶轮、水泵轴、水封、水泵轴承等组成，如图 7-1 所示。

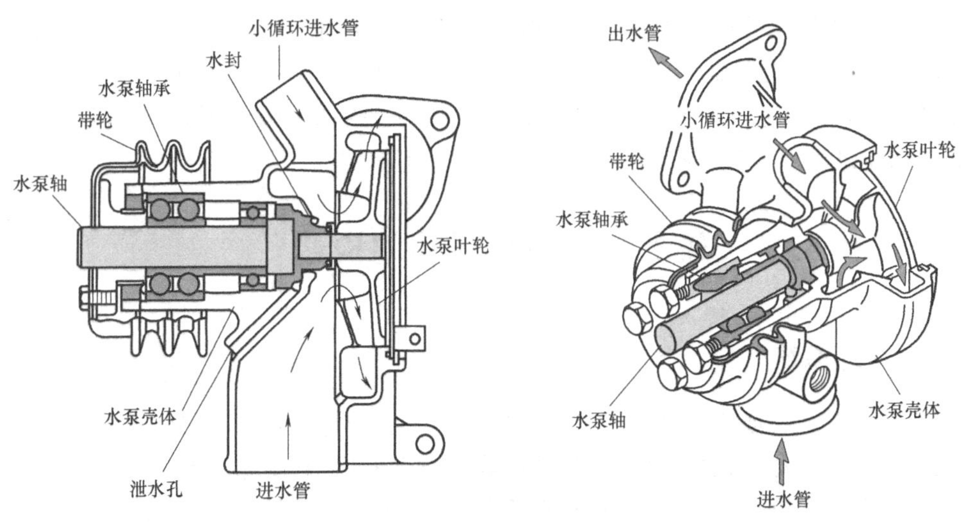


图 7-1　离心式水泵结构图

### 一、泵壳的检修

泵壳的检修主要是检查泵壳和带轮有无损伤。泵壳裂纹可以进行焊接或更换，壳与盖接合面变形大于 0.05mm 时应予以修平。轴承座孔由于压入、压出轴承而使座孔磨损时，可以用镶套的方法修复或更换，如图 7-2 所示。

## 二、水泵轴的检修

水泵轴的检修主要是检查水泵轴有无弯曲和轴颈的磨损程度，以及轴端螺纹有无损坏。水泵轴的弯曲度大于 0. 05mm 时，应冷压校正；轴颈磨损严重时应予以更换。

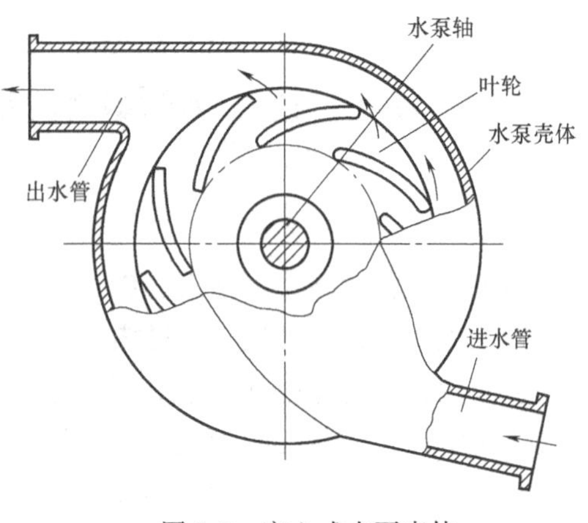


图 7-2　离心式水泵壳体

## 三、水泵叶轮的检修

水泵叶轮的检修主要是检查水泵叶轮的叶片有无破损，叶轮上的轴孔与轴的配合是否松旷。叶片破损时，应予以焊修或更换；轴孔磨损过甚的，可以进行镶套修复。

## 四、水封装置的检查

水泵泄水孔漏水，则为水封密封不严。胶质水封磨损或变形时应该更换，水封密封圈可以翻面使用。



## 五、水泵装合后的检验

水泵装合后，首先用手转动带轮，泵轴转动应无卡滞现象；叶轮与泵壳应无碰擦感觉。然后按原厂的规定，在试验台上进行压力、流量试验。例如，解放 CA6102 型发动机的水泵转速为 2000r/min 时，水泵流量不小于 140L/min，压力不得低于 0. 04MPa；当转速为 3300r/min 时，水泵流量不小于 240L/min，压力不得低于 0. 12MPa。

# 任务二　散热风扇的检修

## 一、水冷却系统

水冷却系统以水（或冷却液）为冷却介质，先将发动机受热零件的热量传给冷却液，再通过散热器散发到大气中去。水冷却系统由散热器、水泵、风扇、冷却水套和节温器等组成，利用水泵强制冷却液在冷却系统中进行循环流动而达到散热的目的，如图 7-3 所示。

一般发动机的气缸盖和气缸体中都铸造有相互连通的水套，在水泵的作用下，散热器内的冷却液被加压后通过气缸体进水孔进入发动机，流经气缸体及其缸盖的冷却套而吸收热量，然后从气缸盖的出水口沿水管流回散热器，如图 7-4 所示。由于汽车行驶的速度及风扇的强力抽吸，空气由前向后高速通过散热器。因此，受热后的冷却液在流过散热器芯的过程中，热量不断地散发到大气中去，冷却后的水流到散热器的底部，又被水泵抽出，再次压送到发动机的水套中。如此不断循环，把热量不断地送到大气中去，使发动机不断地得到冷

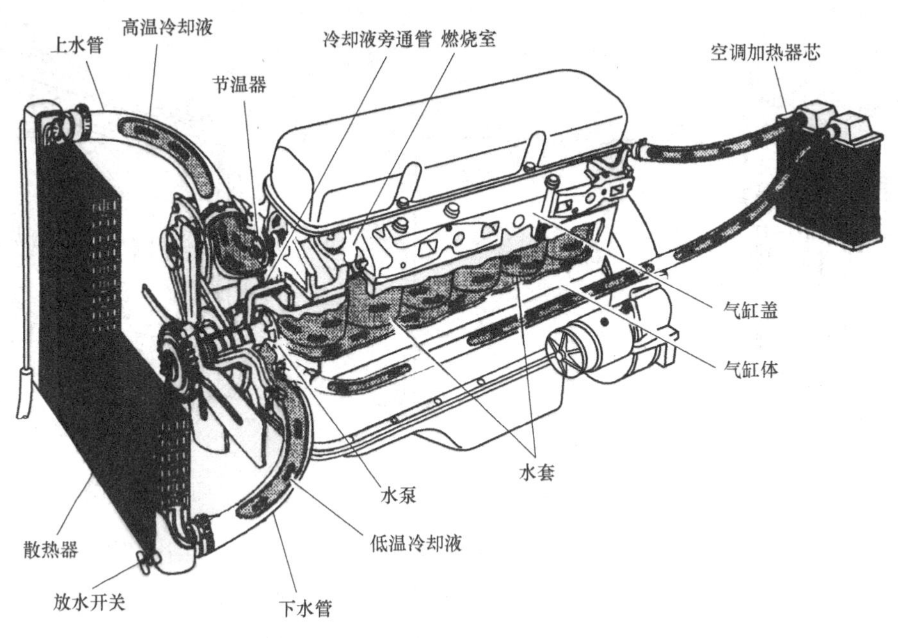


图 7-3　水冷却系统



却，从而保证发动机正常工作。

为使发动机在低温时减少热量损失、缩短暖机时间，在低温大负荷的情况下加快散热，冷却系统中设有调节温度的装置，如节温器、风扇离合器等。为便于驾驶人能及时掌握冷却系统的工作情况，还设有冷却液温度表和高温警告灯等。

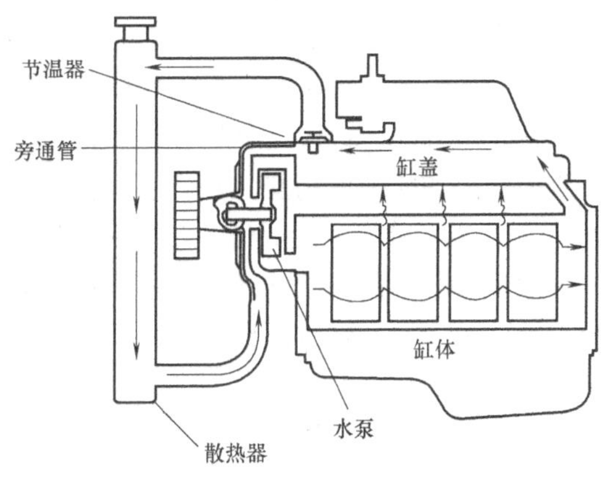


图 7-4　冷却液的循环

## 二、电动风扇的检修

冷却风扇安装在散热器的后面，用来提高通过散热器芯的空气流速，增加散热效果，加速冷却液的冷却，同时对发动机其他附件也有一定的冷却作用，如图 7-5 所示。纵置发动机冷却系统的冷却风扇通常安装在发动机前方，与水泵同轴，由发动机的带轮驱动。

横置发动机由于散热器布置在其侧面，冷却风扇无法用发动机的曲轴带轮来驱动，故只能采用以蓄电池电能为动力的电动冷却风扇。电动机的运转由位于散热器上的冷却液温度开关控制，当冷却液温度过高时，冷却液温度开关的触点闭合，使风扇运转，如图 7-6 所示。

有些发动机的电动冷却风扇采用双速控制：当冷却液温度高于 75℃时，热敏开关将风扇电动机低速档接通，风扇以约 1600r/min 的转速运转；当冷却液温度高于 105℃时，热敏

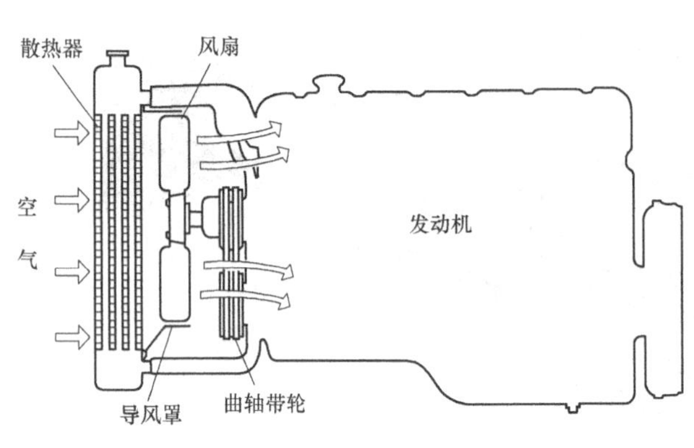


图 7-5　冷却风扇的作用

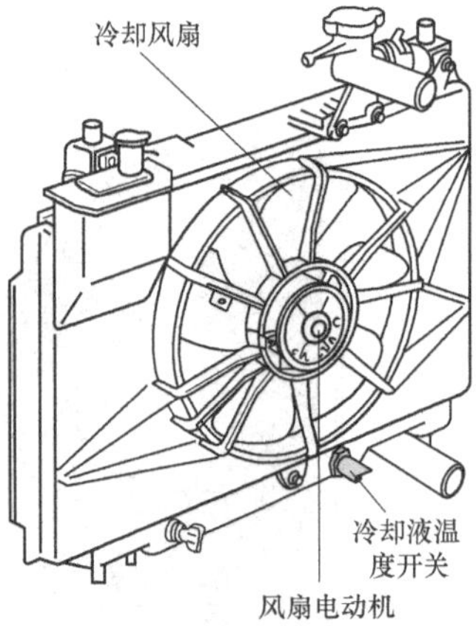

图 7-6　电动冷却风扇

开关将风扇电动机高速档接通，风扇以约 2400r/min 的转速运转。当冷却液温度下降到 93 ~ 98℃时，高速挡停止工作；当冷却液温度下降到 84 ~93℃时，低速档停止工作。



当风扇叶片出现破损、弯曲、变形后，应及时更换。由于风扇连接板强度不足或其他原因使风扇叶片弯曲或扭曲变形时，破坏了风扇叶片的原设计角度，使其丧失了平衡性能，不但影响通过散热器的空气流速和流量，降低散热器的冷却能力，甚至会打坏散热器，加速水泵轴承、水封的损坏，还会大幅度地增加风扇的噪声。

双速度电动风扇的检测内容，主要为低、高速时的打开及切断温度是否符合要求。低速挡的切断温度为 84 ~93℃：在发动机熄火后，如散热器的温度仍高于切断温度，则风扇还继续运转是正常的；如果温度低于 84℃，则风扇还在运转是不正常的，应先检查温控开关。

高速挡的切断温度为 93 ~98℃：通过直接连接温控开关接插件内的 12V 电源线和电动机两接线，可以判断出温控开关的好坏。若将这两接线头连接后风扇便开始运转，而在高温时接上温控开关接插件后风扇却不转，则为温控开关损坏，应该换用新件；若将这两接线头连接后风扇仍不转，则应检查散热风扇电动机及其熔丝等。

## 三、硅油风扇离合器的检查

硅油风扇离合器安装在风扇带轮和风扇叶片之间，它利用硅油高黏度的特性，将带轮的动力传给风扇叶片，如图 7-7 所示。它可以通过发动机温度来控制风扇的转速，自动调节冷却强度。

硅油风扇离合器前端盖上有一双金属卷簧，它能根据散热器后面空气温度的变化产生扭转，通过阀片轴转动离合器内部的阀片控制进入工作腔的硅油量，从而控制离合器的接合与分离，如图 7-8 所示。当发动机温度较低时，双金属卷簧带动阀片关闭进油孔，使风扇离合器处于半分离状态，这时风扇随同离合器壳体一起在主动轴上空转打滑，转速很低。当发动机温度升高后，双金属卷簧使阀片轴转动，打开进油孔，硅油便流入主动板与从动板之间的工作腔，使离合器的接合力随温度的升高而逐渐加大，风扇叶片的打滑程度逐渐减小，转速

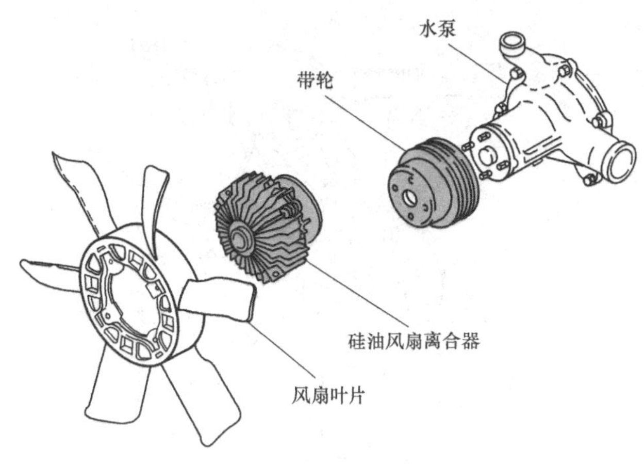


图 7-7　硅油风扇离合器的安装

得到了提高以适应发动机增强冷却的需要。空气温度越高，进油孔开度越大，风扇转速就越快。当流经散热器的空气温度下降时，双金属卷簧恢复原状，阀片关闭进油孔，硅油在离心力的作用下经回油孔从工作腔返回储油腔，离合器分离，风扇转速变得很低。



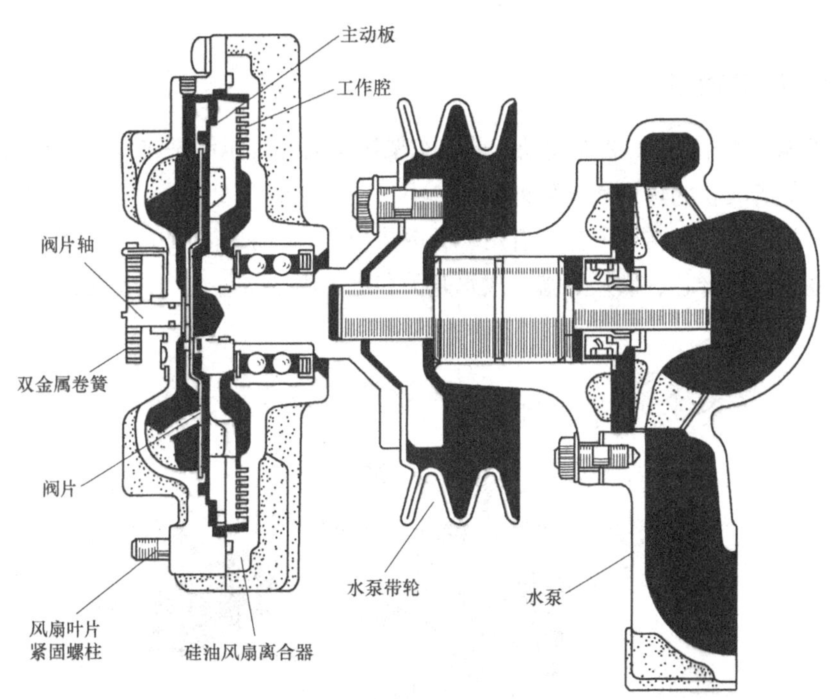


图 7-8　硅油风扇离合器的结构

硅油风扇离合器在日常维护时应进行就车检查，其方法是：当汽车停放 12h 后，在发动机起动前用手指拨动风扇叶片，这时应感到转动阻力很小；将发动机起动运转 10～20min 后熄火，这时拨动风扇叶片应感到有明显的转动阻力，此时可以认为硅油风扇离合器工作正常，如图 7-9 所示。

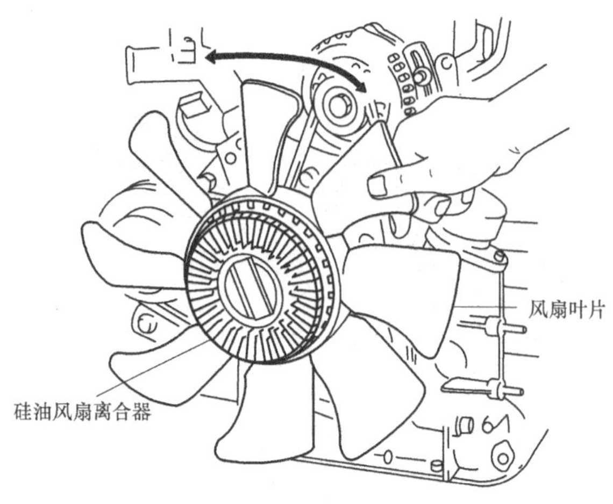


图 7-9　硅油风扇离合器的检查

# 任务三　散热器、散热器盖及节温器的检修



## 一、散热器的检修

散热器俗称“水箱”，安装在发动机前的车架横梁上。其作用是将冷却液在发动机气缸和气缸盖水套中所吸收的热量散发到外界大气中，使冷却液温度下降。散热器需要用导热性能良好的材料制造，并在结构上保证有足够的散热面积，以加速水的冷却。散热器主要由进水室、出水室、散热器芯、散热器盖、放水开关和进、出水管等组成，如图 7-10 所示。

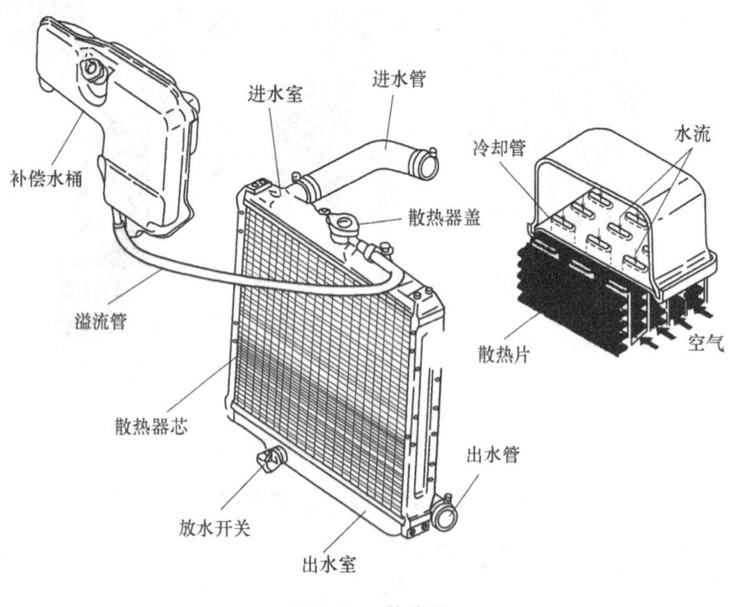


图 7-10　散热器

散热器在使用过程中，会因腐蚀和积垢等原因影响其冷却效果。清洗散热器、去除水垢，是恢复散热器散热能力的有效方法。清洗水垢采用化学方法，就是利用酸或碱类物质与水垢的化学反应，生成可溶于水的物质将水垢清除。清洗时最好采用循环法，即先用酸性溶液洗涤，再用碱性溶液冲洗中和。除垢剂以一定的压力（一般为0.01MPa）在气缸体水套或散热器内循环，一般经3~5min后就可以清洗完毕。

发动机停止运转时，在散热器注入口装上散热器压力检测器，如图7-11所示。在散热器内充入压力在0.1MPa以上的压缩空气，观察压力检测器的压力下降值，若2min内压力下降超过0.015MPa，则散热器或冷却系统等有泄漏。

散热器长期使用后会产生积垢，造成散热器芯管堵塞。当散热器中所有的芯管中有1/3堵塞时，就会对冷却液的流动造成显著影响，使发动机过热。散热器芯管发生堵塞时，可以通过对散热器进行反向冲洗，将其疏通。反向冲洗需要特制的冲洗枪，将自来水管和压缩空气管（气压应小于0.5MPa）接在冲洗枪上，拆下散热器的进、出水管，把冲洗枪接在散热器的出水管上，如图7-12所示。打开水枪，将散热器内的污物从上部进水管中冲出。如果在冲洗之后仍不能改善散热器芯管的堵塞问题，则必须拆下散热器，并将其送到专门的散热器维修店进行分解清洗，或者更换散热器。



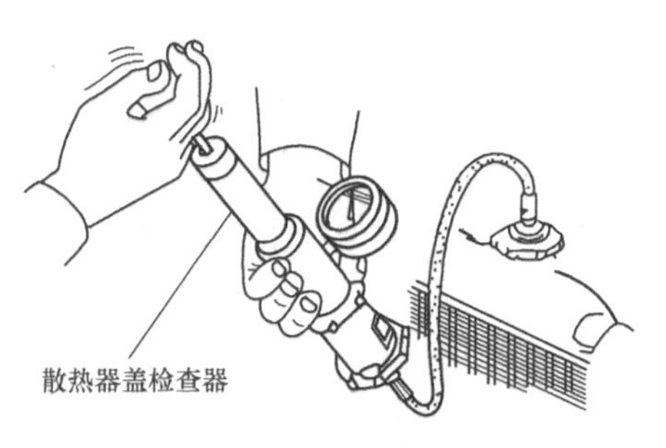


图7-11 散热器及冷却系统的检测

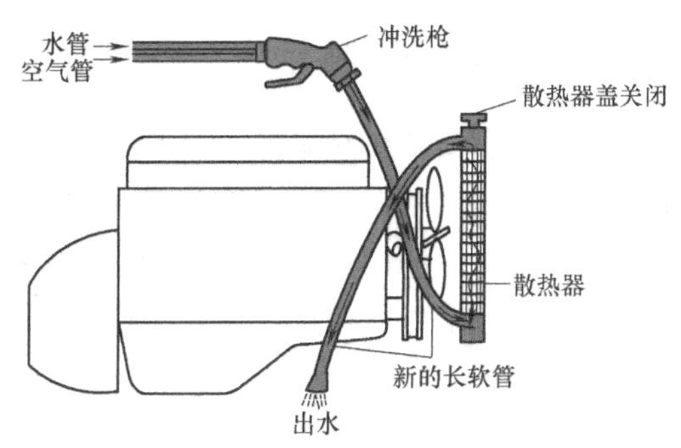


图7-12 冲洗散热器

## 二、散热器盖的检修

目前，汽车发动机的水冷却系统是一种封闭式水冷却系统，其散热器盖具有空气阀、蒸气阀，可以自动调节冷却系统内部压力，提高冷却效果，如图7-13所示。发动机热态工作正常时，空气阀和蒸气阀的两阀门在弹簧弹力的作用下均关闭，将冷却系统与大气隔开。

当发动机升温后，冷却系统靠近燃烧室的水套中会因局部高温而产生少量的水蒸气，由于散热器盖的密封作用，会导致冷却系统内的压力稍高于大气压力，从而可提高冷却水的沸点，改善了冷却效果。当冷却系统内的蒸气压力达到126~137kPa时，蒸气阀打开，部分蒸气从蒸气排出管外泄，以防止冷却系统中压力过高而损坏散热器和水管。发动机熄火后，冷却液的温度下降、体积减小，冷却系统内部会产生一定的真空度。当冷却系统中的压力降低到99~87kPa时，空气阀被大气压力压开，部分空气从空气阀口被吸入冷却系统，以防止散热器及芯管被大气压瘪。

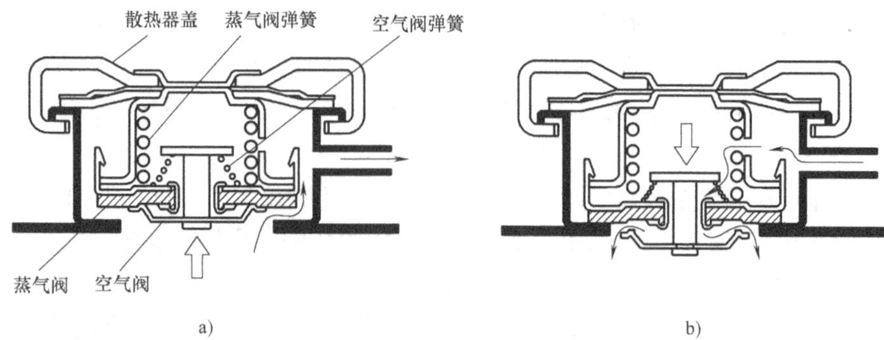


图 7-13　散热器盖

a）蒸气阀开启　b）空气阀开启

散热器盖可以用专用的压力检测器检查其工作性能，如图 7-14 所示。蒸气阀的开启压力应在 0.073 ~ 0.103MPa 的范围内，空气阀的开启压力应在 0.0098 ~ 0.0118MPa 的范围内。

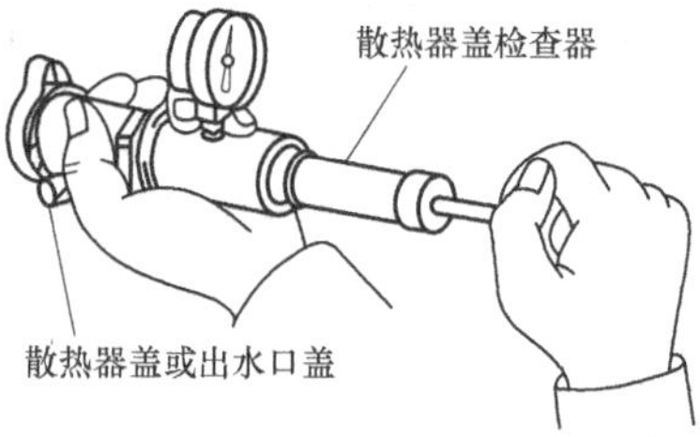

散热器盖检查器

散热器盖或出水口盖

图 7-14　散热器盖的检测



## 三、节温器的检测

节温器一般安装在发动机气缸盖的出水口外或水泵进水口处，它的功用是控制通过散热器的冷却液流量，调节冷却强度，保证发动机在最适宜的温度下工作。目前，各种汽车发动机基本都采用蜡式节温器，它又有单阀节温器和双阀节温器两种，如图 7-15 所示。

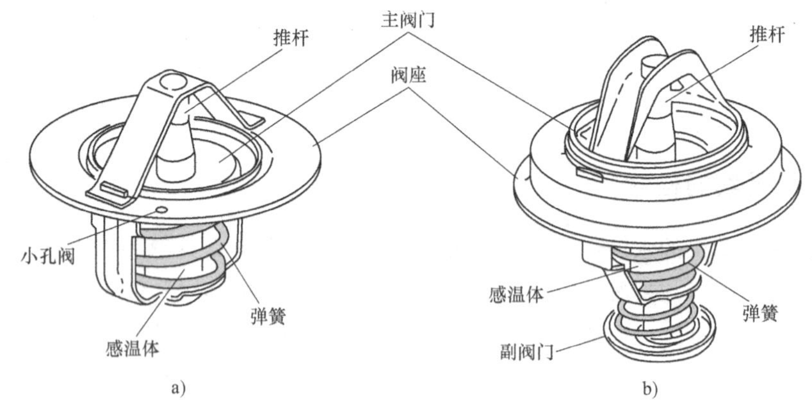


图 7-15　节温器

a）单阀节温器　b）双阀节温器

蜡式节温器的核心部分为石蜡感温体，其推杆的一端固定在上支架上，另一端插入感温体中橡胶套的中心孔内。橡胶套与感温体金属外壳之间的空腔里装有石蜡，利用石蜡受热后由固态变为液态时体积膨胀的特性进行控制，如图 7-16 所示。

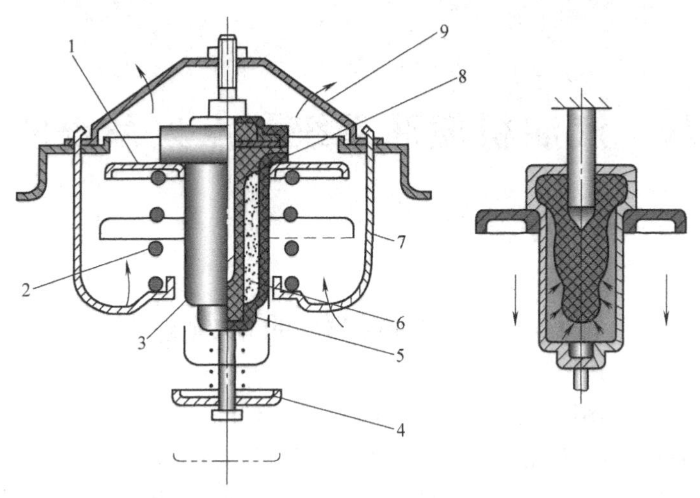

图 7-16 蜡式节温器结构图

1—主阀门 2—弹簧 3—推杆 4—副阀门 5—感温体 6—石蜡 7—下支架 8—橡胶管 9—上支架

节温器在使用中的常见故障形式有：主阀门开启和全开的温度过高，甚至不能开启，这样将造成冷却液不能有效地进行大循环，致使发动机过热；节温器关闭不严，这将造成发动机升温缓慢，出现发动机温度过低的现象。此外，随着节温器性能的逐渐衰退，主阀门的开度将逐渐减小，造成进入大循环的冷却水流量减少，发动机将逐渐过热。



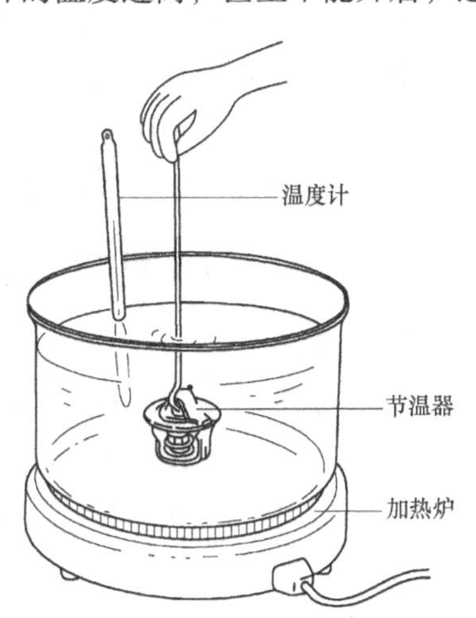

图 7-17 节温器的检测

检查节温器的方法是：把节温器放在盛有水的器皿中，然后加热，检查主阀门开始开启和完全开启时的温度，以及全开时主阀门的升程，如图 7-17 所示。例如，EQ6100-1 型和 CA6102 型发动机的节温器主阀门的开启温度为 76℃，全开温度为 86℃。节温器主阀门在全开时的最大升程为 8. 50mm，使用限度为 6mm。当升程减小到以上限度时，冷却水的循环量将减少 1/10 左右，这将影响发动机的散热效果。节温器的性能检验若不符合上述要求的，一般应予以更换。

## 思 考 题

1. 简述冷却水泵的检修方法。
2. 简述硅油风扇离合器的检查方法。
3. 简述散热器和散热器盖的检修方法。

# 项目八　汽油机燃油系统和点火系统的检修

## 任务一　汽油机燃油系统认知

汽油机燃油系统的功用是根据发动机不同工况的要求，将一定量的汽油送入发动机进气管或气缸，使之与进入发动机的空气混合成浓度合适的可燃混合气，以供燃烧。

从汽车诞生开始，一直到20世纪80年代，车用汽油发动机基本上都采用化油器式燃油系统，在这种燃油系统中，汽油是在进气管气流的作用下由化油器中喷出，与空气混合并雾化，经进气管进一步蒸发而形成可燃混合气，进入各个气缸。虽然化油器式燃油系统的技术已经发展到很高的水平，但由于其无法满足日益严格的排放法规要求，因此，自20世纪90年代开始逐渐被电子控制喷射式燃油系统所取代。

现代汽油发动机均采用电子控制喷射式燃油系统，简称电控式燃油系统，它是在发动机计算机（ECU）的控制下，用喷油器将一定数量和压力的汽油直接喷射到进气歧管中，与进入的空气混合而形成可燃混合气的。

### 一、汽油及其使用性能

汽油发动机所用的燃料一般是汽油，有时也可以使用酒精、甲醇等作为代用燃料。有些汽油发动机通过一定的改造，可以使用压缩天然气（CNG）或液化石油气（LPG）作为燃料。汽油是由石油提炼而得到的密度小又易于挥发的液体燃料，它的基本成分是烷烃、烯烃和芳香烃等各种碳氢化合物，以及少量含氧的有机化合物，如醇类和醚类等有机化合物。

汽油的使用性能指标主要有抗爆性、挥发性、铅含量、硫含量、防腐性、机械杂质及水分、诱导期和实际胶质等，它们对发动机的使用性能有很大的影响。汽油的许多特性可以在提炼和调和时得到控制，以便给发动机提供合适的使用性能。

### 二、电控式燃油系统

汽油机电控式燃油系统主要由汽油箱、汽油泵、汽油滤清器、汽油管（进油管和回油管）、喷油器、油压调节器等组成，有些发动机在燃油管路上还装有脉动缓冲器，如图8-1所示。燃油箱内的汽油被电动汽油泵吸出并加压到350kPa左右，压力燃油经汽油滤清器滤去杂质后，被送到发动机上方的分配油管中。分配油管与安装在各缸进气歧管上的喷油器相通。喷油器是一种电磁阀，由发动机电控系统的计算机（又称ECU）控制。

通电时喷油器开启，压力燃油以雾状喷入进气歧管内，与空气混合，在进气行程中被吸进气缸，混合气浓度由ECU控制。分配油管的末端装有油压调节器，用来调整分配油管中

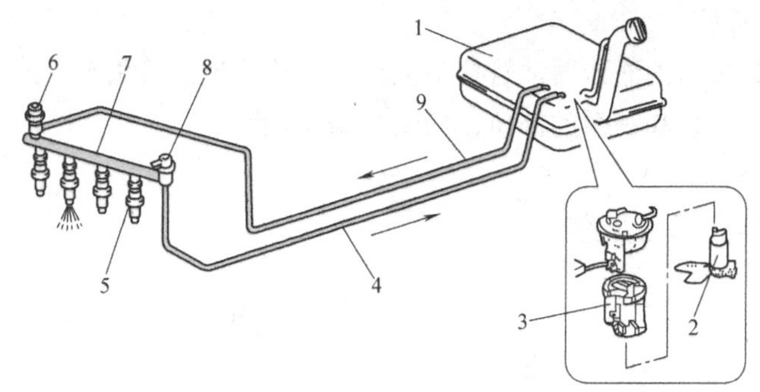

图 8-1　汽油机电控式燃油系统组成图

1—燃油箱　2—电动汽油泵　3—汽油滤清器　4—回油管　5—喷油器　6—脉动缓冲器　7—分配油管　8—油压调节器　9—输油管

的汽油压力，使油压保持某一定值（250～300kPa），多余的燃油从油压调节器上的回油口经回油管返回汽油箱。ECU 控制喷油器在每次进气行程开始之前喷油一次，由每次喷油持续时间的长短来控制喷油量。ECU 根据安装在发动机上的各种传感器，测得发动机的进气量、冷却液温度、进气温度、节气门开度、发动机转速等运转参数，根据 ECU 中设定的控制程序，在不同的工况下按不同的模式来控制喷油量。



# 任务二　汽油机燃油系统的检修

电喷发动机燃油系统中的电动汽油泵、汽油滤清器、喷油器、油压调节器等是发动机中比较容易产生故障的部件。特别是电动汽油泵和喷油器在长期使用后，将由于正常的磨损或因汽油中所含杂质和水分的影响而损坏，导致不供油或油压过低、喷油器堵塞等故障，影响发动机的运转性能，导致怠速运转失常，动力下降，起动困难，甚至不能起动。在检修燃油系统的故障时，应先对燃油系统的工作性能进行检查，根据检查结果，有针对性地对相关部件进行检修。

## 一、燃油压力的检测

检测发动机运转时燃油管路的油压，可以判断燃油系统中的电动汽油泵有无故障，油压调节器有无失常，汽油滤清器是否堵塞等。检测燃油压力时，应准备一个量程为 1MPa 左右的油压表及专用的油管接头，按如下步骤进行。

1. 油压表的安装

1）释放燃油系统中的油压。其方法是：运转发动机，将电动汽油泵的继电器拔下（或拔下电动汽油泵的电源插头），使汽油泵停止转动；继续运转发动机，直到熄火；然后再次起动发动机，直到无法起动为止。

2）拆下蓄电池负极电缆。

3）在进油管路上选择一个可以连接油压表的油管接头，拆除这个油管接头的螺柱（拆开螺柱时，要用一块棉布包住油管接头，以防汽油喷溅），将油压表和油管一起安装在油管接头上，如图 8-2a 所示。

油压表可以安装在汽油滤清器油管接头上、分配油管进油接头上，或者用三通接头接在进油管路上任何便于安装和观察的部位，如图 8-2b 所示。

4）擦干溅出的汽油。

5）重新装上蓄电池负极电缆。

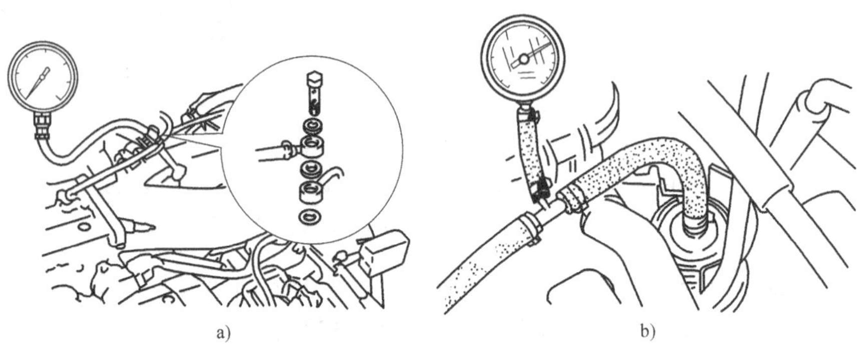


图 8-2　油压表的安装

2. 发动机运转时燃油压力的测量



1）起动发动机。

2）让发动机怠速运转，测量这时的燃油压力。不同车型的发动机在怠速时的燃油压力各不相同，有回油管的燃油系统，其怠速燃油压力一般为 0. 20 ~0. 25MPa；无回油管的燃油系统，其燃油压力一般为 0. 30 ~0. 35MPa。

3）改变节气门开度，观察节气门开度变化时燃油压力的变化情况。有回油管的燃油系统在节气门开大时，其怠速燃油压力应随之下降，否则说明油压调节器工作失常；无回油管的燃油系统，其燃油压力与节气门开度无关，在节气门开大时，燃油压力应保持不变。

4）拔下油压调节器上的真空软管（有回油管的燃油系统），并用手堵住，让发动机怠速运转，测量这时的燃油压力。这时燃油压力应达到最大值，一般为 0. 30MPa。

若测得的油压过高，则说明油压调节器工作不正常，应检查油压调节器有无回油，以及其真空软管有无堵塞或漏气；若测得的油压过低，则可能是电动汽油泵有故障、汽油滤清器堵塞或油压调节器漏油。

3. 电动汽油泵最大泵油压力的测量

保持发动机运转，用鲤鱼钳包上软布夹紧回油管，堵住回油，测量这时的燃油压力。这个压力称为汽油泵的最大泵油压力，其值应当比发动机运转时的燃油压力高 200 ~300kPa，通常可以达到 490 ~640kPa。如果油压低于标准值，说明电动汽油泵性能不良，有可能导致电喷发动机动力不足等故障，应该更换电动汽油泵。

4. 燃油系统保持压力的测量

测量发动机运转时的燃油压力后，将发动机熄火，5min 后再观察油压表指示的油压。这时的压力称为燃油系统保持压力，其值应不低于 147kPa。若油压过低，说明油路中有泄漏，应进一步检查电动汽油泵的保持压力。

汽油泵保持压力的检查方法：发动机熄火后，将回油管用鲤鱼钳包上软布夹紧，堵住回油，5min 后再观察油压表的压力，这时的压力称为电动汽油泵的保持压力，其值应大于340kPa。若低于这个值，说明电动汽油泵出油口处的单向阀有泄漏。这个故障有可能导致电喷发动机起动困难，应该更换汽油泵。

如果燃油系统的保持压力过低，而汽油泵的保持压力正常，则应在发动机熄火后拆下油压调节器的回油管和真空软管，观察有无燃油从油压调节器中漏出。如有漏油，应更换油压调节器；如油压调节器无漏油，则说明喷油器有泄漏，应拆检喷油器。

5. 油压表的拆卸

测量好燃油压力后，按以下步骤拆卸油压表：

1）释放燃油系统的油压。

2）拆下蓄电池负极电缆。

3）拆下油压表。

4）重新装好油管接头。

5）接好蓄电池负极电缆。

6）让发动机起动后熄火，检查油管各处有无漏油。



## 二、电动汽油泵的检修

1. 电动汽油泵的拆卸

从车上拆卸电动汽油泵的方法如下：

1）释放燃油系统的油压。

2）大部分小轿车的电动汽油泵，可以打开汽车后舱盖或翻开后座垫之后，从油箱上方拆出，如图 8-3 所示。先拔下电动汽油泵线束插头，拆除出油管和回油管，拧出固定螺钉，就可以从油箱上方取出电动汽油泵托架总成。也有一些车型必须先将油箱从车上拆下，然后才能取出电动汽油泵。

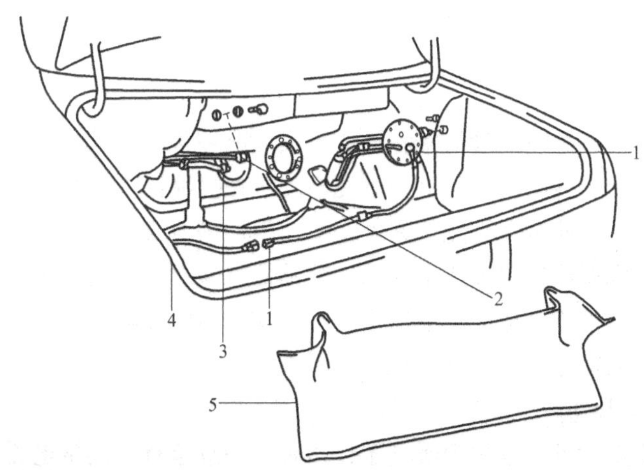


图 8-3 电动汽油泵的拆卸

1—电动汽油泵线束插头 2—进油管 3—回油管 4—电动汽油泵及托架总成 5—罩板

3）拆下电动汽油泵与托架的连接导线和连接油管，就可以从托架上取出电动汽油泵和橡胶缓冲垫，再将滤网的卡扣拆下，取下滤网，如图8-5所示。

2. 电动汽油泵的安装

1）按与分解相反的顺序装好电动汽油泵托架总成。

2）将电动汽油泵托架总成装入油箱（注意装好密封垫圈），拧紧固定螺钉。

3）装好出油管、回油管、线束插头。

3. 电动汽油泵的检查

电动汽油泵拆下后，应该检查其是否正常，检查方法如下：

1）使用万用电表测量电动汽油泵两接线柱之间的电阻，正常情况应能导通，其电阻值应为2～3Ω。



2）用蓄电池电源短时间接通电动汽油泵两接线柱，如果正常，应能听到电动汽油泵转子高速转动的声音。

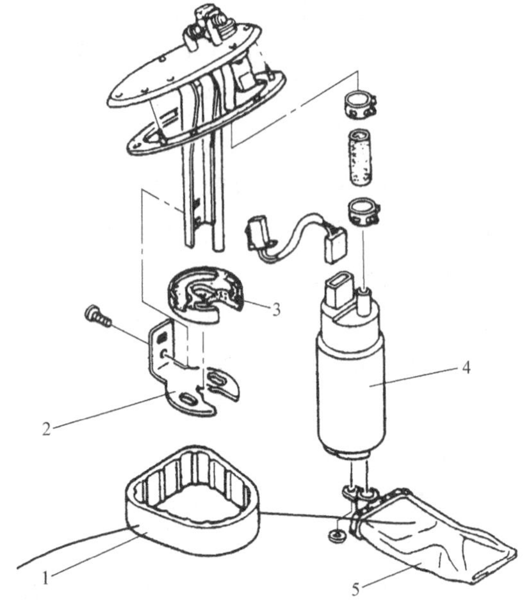


图8-4　电动汽油泵托架总成的分解
1—橡胶圈　2—固定座　3—橡胶缓冲垫
4—电动汽油泵　5—滤网

3）将电动汽油泵浸在汽油桶内，用专用导线连接蓄电池和电动汽油泵；接通电源后，电动汽油泵出油口应有大量高压汽油泵出。做这项检查时要注意安全，应在通风良好处进行；电动汽油泵接线要连接牢固；蓄电池要远离电动汽油泵；汽油泵的出口应当接上软管，并将软管出口折回汽油桶中；最好使用非可燃性的专用喷油嘴检验液代替汽油；也可以用挥发性不强的煤油代替汽油。

以上的检查如有异常，应该更换电动汽油泵。

## 三、喷油器的检修

喷油器最常见的故障是喷油量失常和雾化不良，其原因是受发动机运转时高温的影响，以及汽油中所含的树脂、树脂烯烃等物质会逐渐附着在喷油器末端细小的喷孔上造成喷油器堵塞，影响了汽油的正常通过和雾化。另外，劣质汽油中所含的水分也极容易使喷油器针阀锈蚀，导致卡滞，造成喷油器漏油或不喷油。喷油器电磁线圈老化或短路、断路，喷油器控制电路接触不良、断路等均会造成喷油器不喷油。喷油器的故障会造成发动机不能起动或起动困难，动力下降，加速迟缓，怠速不稳，容易熄火及排气冒黑烟等。

1. 喷油器的就车检查

喷油器的就车检查，可以采用测听其工作声音、断缸检查、测量电磁线圈电阻等方法。

（1）喷油器工作声音的测听

1）发动机热机后，使其怠速运转。

2）用螺钉旋具或听诊器测听各缸喷油器工作的声音，如图8-5所示。在发动机运转时，应能听到喷油器有节奏的“嗒嗒”声，这是喷油器在发动机ECU控制下喷油的声音（可用拔掉喷油器线束插头后测听响声是否消失的方法，来确认是否为喷油器工作的声音）。若各缸喷油器的工作声音清脆均匀，则说明各喷油器工作正常。

图8-5　喷油器工作声音的测听

3）若某缸喷油器的工作声音很小，则说明这个喷油器的工作不正常，可能是针阀卡滞，应该做进一步的检查。

4）若听不见某缸喷油器的工作声音，则说明这个喷油器不工作。对此，应检查喷油器控制电路或测量喷油器电磁线圈的电阻。若控制电路及电磁线圈正常，则说明喷油器针阀完全卡死，应该更换喷油器。

（2）断缸检查

1）发动机热机后，使其怠速运转。

2）依次拔下各缸喷油器的线束插头，使喷油器停止喷油，进行断缸检查。若拔下某缸喷油器线束插头后，发动机转速有明显下降，则说明这个喷油器工作正常；相反，若拔下某缸喷油器线束插头后，发动机转速无明显下降，则说明这个缸不工作或工作不良，可能是喷油器不工作，应该做进一步检查。



（3）喷油器电磁线圈电阻的测量

1）拔下喷油器线束插头。

2）使用万用表测量喷油器两接线柱电阻，如图8-6所示。如果正常，应该能导通，其电阻应为12～16Ω（高阻抗型）或3～5Ω（低阻抗型）。

3）测量结束后，插好喷油器线束插头。

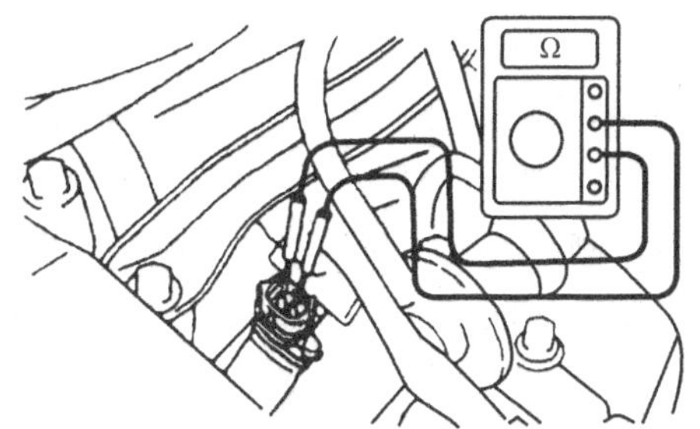

图8-6　喷油器电磁线圈电阻的测量

2. 喷油器的拆卸

当电喷发动机出现冷车起动困难、冷车无怠速、怠速不稳、排气污染物超标或排气冒黑烟等故障时，通常是由于喷油器堵塞或雾化不良所致，这时应拆卸喷油器，以便清洗或更换。在拆卸喷油器之前，应先释放燃油系统的油压；有些车型在拆卸喷油器时，还应先拆除发动机上方影响喷油器拆卸的有关零部件，如进气管、节气门体等，然后按顺序拆卸喷油器，如图8-7所示。

1）拆下蓄电池负极电缆。

2）拔下各缸喷油器的线束插头。

3）拆下连接在分配油管上的进油管和回油管。

4）拔去油压调节器上的真空软管，拆下油压调节器。

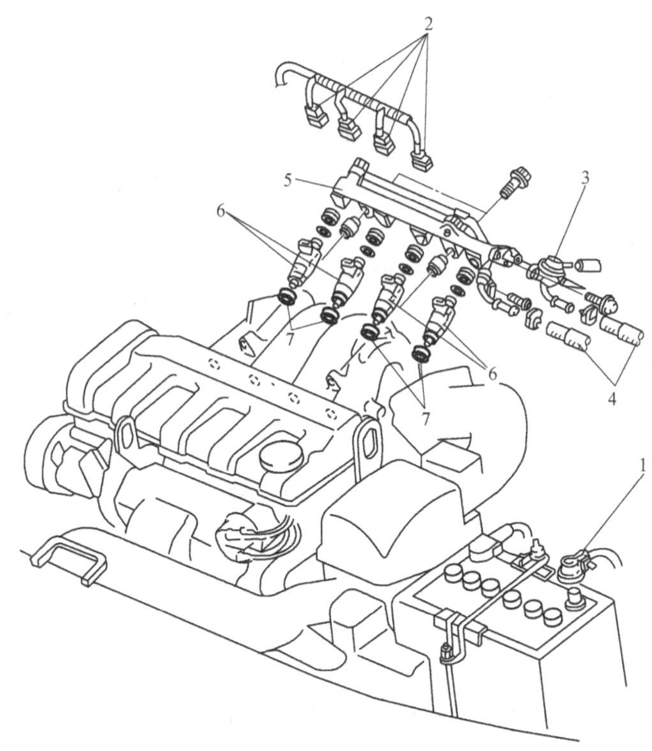




图 8-7 喷油器的拆卸

1—蓄电池负极电缆 2—喷油器线束插头 3—油压调节器 4—进油管和回油管 5—分配油管 6—喷油器 7—橡胶垫圈

5）拧下分配油管的固定螺柱，将分配油管和喷油器一同拆下。

6）从分配油管中拔出喷油器（上方供油式喷油器）。

7）取下喷油器和进气歧管之间的橡胶垫圈。

对于侧方供油式喷油器，在拆下分配油管后，要按一定的方法将喷油器从分配油管中压出，如图 8-8 所示。拆下的喷油器，应先进行目测检查，其方法是：在工作台上铺一块干净的白布，将分配油管及喷油器内的残余汽油倒在白布上，若发现有铁锈或水珠自喷油器进油口处流出，则说明喷油器已锈蚀，应该更换。

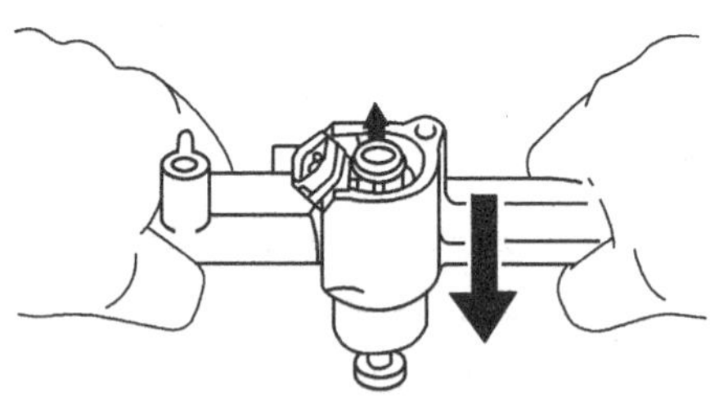

图 8-8 从分配油管上压出喷油器

3. 喷油器的清洗

喷油器可以用喷油器清洗试验台进行测试和清洗。在喷油器清洗试验台上可以观察喷油器喷油雾化状况，测定喷油器在一定时间或一定喷油次数内的喷油量，检查喷油器针阀密封性能。对于工作不良的喷油器，可以在清洗试验台上进行超声波清洗和反流冲洗，以达到彻底清洁喷油器，使之恢复良好的喷油雾化能力的目的。

如果没有喷油器清洗试验台，也可以用手工的方法，采用化油器清洗剂清洗喷油器。在

清洗时，应重点对喷油器的喷孔进行清洗。

4. 喷油器的安装

更换喷油器或者清洗喷油器后，应按以下步骤进行安装：

1）将喷油器装在分配油管上，如图 8-9 所示。安装时，应更换所有 O 形密封圈，并在 O 形密封圈上涂少量干净的汽油或机油（图 8-9a）。在将喷油器压入分配油管时，应不断转动喷油器，以免损坏 O 形密封圈（图 8-9b）。

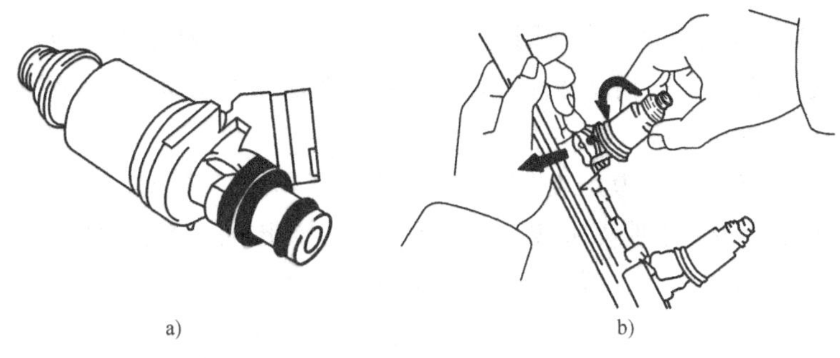


图 8-9　将喷油器装入分配油管



2）在进气歧管的喷油器孔上安放好橡胶密封圈，如图 8-10 所示。将喷油器和分配油管一同装在发动机上，拧紧分配油管固定螺柱。

3）用手转动喷油器，检查是否能平顺地转动。如果喷油器不能用手转动，则说明 O 形密封圈安装不当，应拆下喷油器重新安装，如图 8-11 所示。

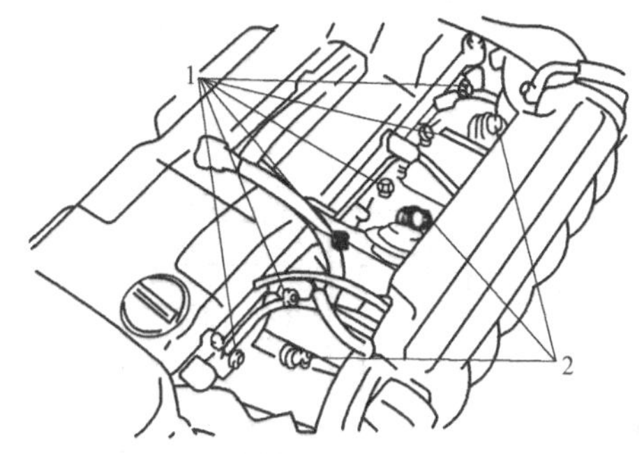


图 8-10　喷油器 O 形密封圈的安装
1—橡胶密封圈　2—隔套

图 8-11　喷油器 O 形密封圈的检查

4）安装进油管和回油管，插上油压调节器真空软管，插好各喷油器线束插头。

5）按与拆卸时相反的顺序安装进气管等其他零件。

6）起动发动机后，立即熄火，检查喷油器及油管接头有无漏油。

## 任务三　汽油机点火系统的检修

点火系统中的点火线圈、火花塞、高压线等，也是发动机中容易产生故障的零部件，点火系统的故障往往会使发动机无法起动，或个别缸不工作，发动机运转不稳等。传统点火系统的检修和电子点火系统的检查，其主要检修的内容包括点火系统工作性能的检查、点火线圈的检修、火花塞的检修、分电器的检修等。点火系统中的部件如有损坏，一般采用换件法修复。

## 一、点火系统主要部件的检修

### 1. 点火线圈的检测

（1）外观检查　目测观察点火线圈外表，若有脏污或接线柱锈蚀，应进行清洁后再做进一步的检查；若有胶木盖裂损、接线柱松动、壳体变形、填充物外溢、高压插座接触不良等现象，则应该更换这个点火线圈。

（2）绝缘性能的检查　用万用表电阻挡测量点火线圈任一接线柱与壳体之间的电阻值，阻值应不小于50MΩ，否则说明点火线圈绝缘不良，应该更换这个点火线圈。

（3）线圈电阻的检查　点火线圈可以采用测量其初级线圈和次级线圈电阻的方法，来检查其是否有故障。测量点火线圈最好在线圈温度较高时进行，因为有些点火线圈要在热态下才出现故障。其测量方法是：



将发动机运转到热机后熄火，拔下点火线圈的初级线路插头和高压总线，用万用表的电阻挡测量点火线圈上连接初级线路的两个接线柱（即正、负极端），测出点火线圈的初级线圈电阻；再测量高压接线柱和任一个初级线路接线柱，测出次级线圈电阻。闭磁路式点火线圈电阻的测量如图8-12所示；开磁路式点火线圈电阻的测量如图8-13所示。将测量结果与标准值进行比较，不同车型的点火线圈的初级线圈和次级线圈的电阻都不完全相同，一般初级线圈的电阻为0.5～2Ω，次级线圈的电阻为7～20kΩ。若测量结果不符合标准值，说明点火线圈有故障，应该更换点火线圈。

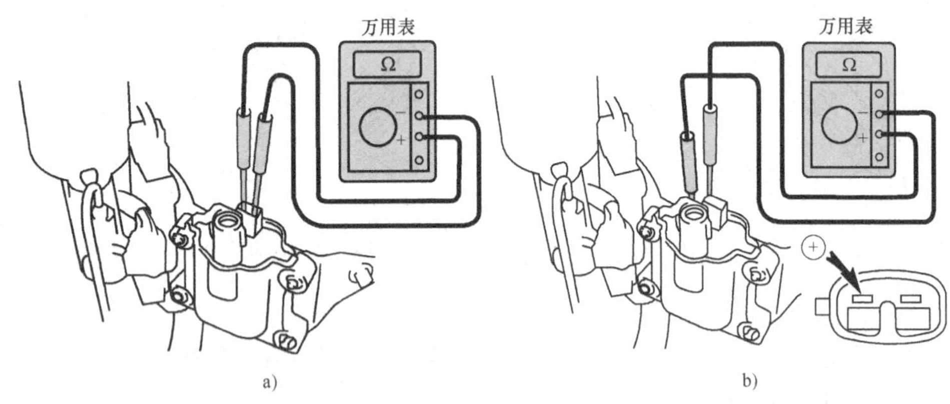


图8-12　闭磁路式点火线圈电阻的测量
a）测量初级线圈　b）测量次级线圈

### 2. 高压线的检测

高压线的常见损坏形式是漏电和断路。其检查方法是：将高压线从发动机上拆下，观察其外表，如有破损、龟裂或有击穿漏电的痕迹，应该更换高压线。若外表正常，则可以进一

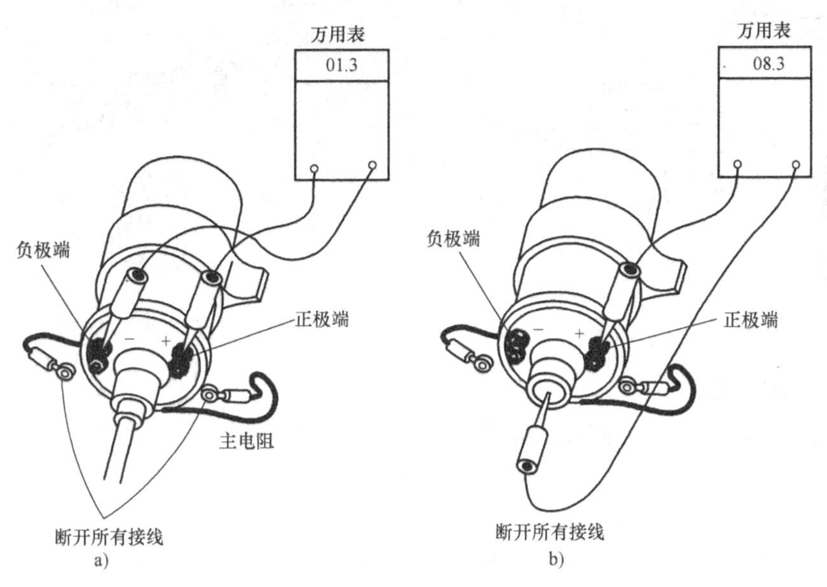


图 8-13 开磁路式点火线圈电阻的测量

a）测量初级线圈 b）测量次级线圈



步测量其两端头之间的电阻，如图 8-14 所示。高压线的电阻取决于其长度，一般正常阻值应小于 33kΩ/m。若阻值过大或为无穷大，则说明高压线有断路，应该更换高压线。

### 3. 火花塞的检查

火花塞在高温、高压的环境下工作，且还要受燃油中添加剂的腐蚀，是容易损坏的零件之一。火花塞常见的故障是绝缘体裂损、电极烧蚀、积炭、电极间隙失准等。

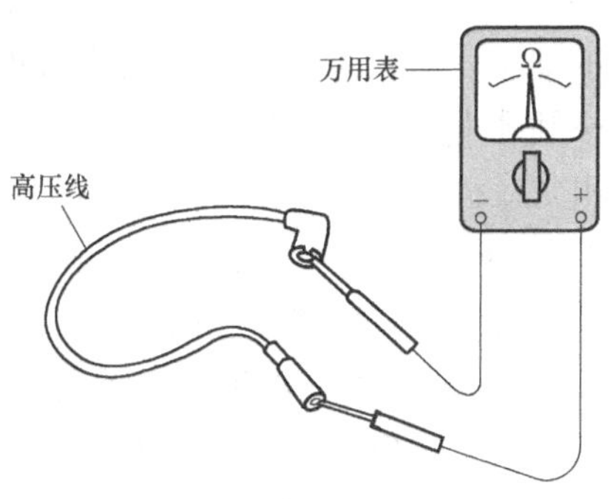


图 8-14 高压线的检测

检查时，应注意火花塞壳体与绝缘体的连接是否牢固可靠，若发现火花塞的螺纹及绝缘体有裂纹，或者壳体与绝缘体连接不牢，应该更换新的火花塞；检查中心电极是否烧损和侧电极是否开焊或脱落，若发现有这些现象，应该更换新的火花塞；火花塞积炭较轻时，可用铜丝刷或软钢丝刷进行清理，积炭严重或绝缘体裂损、电极烧蚀时必须更换新件。火花塞电极间隙一般为 0.7 ~ 1.0mm，近年来，为了适应发动机对排气净化的要求，火花塞间隙有增大的趋势，有的已增大为 1.0 ~ 1.2mm，这个间隙可用塞尺测量，如图 8-15 所示。若不符合规定标准，则应更换火花塞，或者用专用工具弯曲侧电极进行调整，如图 8-16 所示。

### 4. 分电器的检修

分电器的检修主要包括断电器触点的检修、分电器盖和分火头的检修、点火提前装置的检修等。

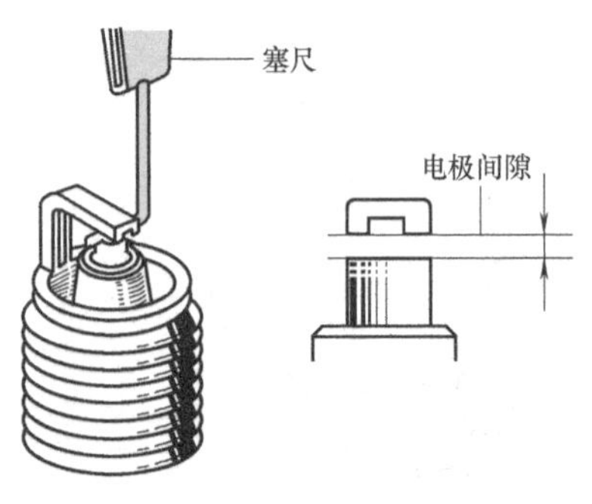


图 8-15　火花塞电极间隙的测量

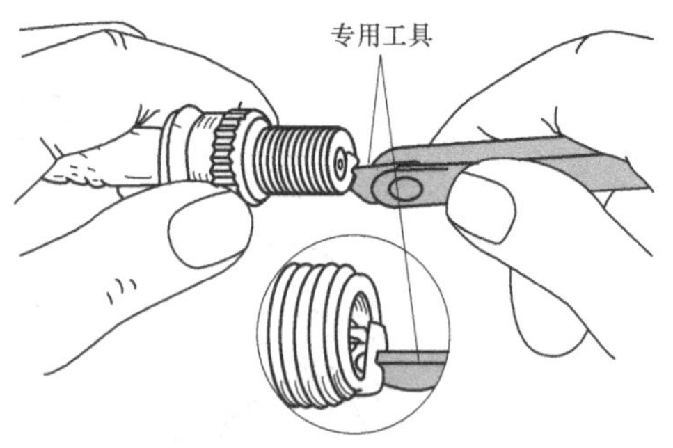


图 8-16　火花塞电极间隙的调整

（1）断电器的检修

1）触点应平整光洁，无脏污、烧蚀，接触面积不得少于 85%。两触点的中心线应重合，不可歪斜，偏移量不得超过 0.2mm。若上下偏移，可借用活动触点臂的上、下垫圈加以调整；如左右偏移，可用钳子扭动固定触点架加以校正。

2）断电器触点间隙应为 0.35～0.45mm，若不符合规定，可松开固定螺钉，再旋转偏心螺钉进行调整，如图 8-17 所示。调好后，拧紧固定螺钉即可。

图 8-17　断电器触点间隙的测量和调整
1—静触点固定螺钉　2—静触点偏心调整螺钉

（2）分火头和分电器盖的检查　分火头和分电器盖均在高压下工作，是点火系统中故障率较高的部位。其常见的故障主要有分电器盖漏电、中央插孔电刷与分火头导电片接触不良、分火头漏电等。分电器盖和分火头出现故障会影响发动机的起动性能和运转性能，尤其是在雨天或湿度大的环境中。其检修方法如下：

1）目测检查分电器盖，若盖内脏污，应进行清洁；若有裂纹，应更换新件。

2）检查分电器盖的绝缘性能。用万用表电阻挡分别测量分电器盖各插孔之间的电阻值，如图 8-18 所示。电阻值应不小于 500MΩ，否则说明绝缘性能不良，应该更换分电器盖。

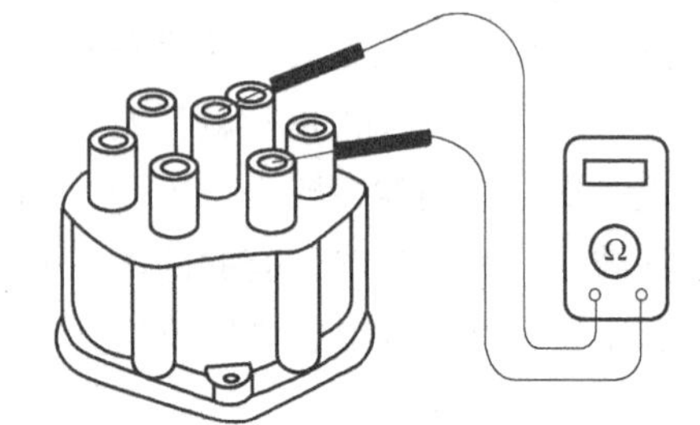


图 8-18　用万用表检查分电器盖的绝缘性能

也可以采用在车跳火法检查：拔掉分电器盖上的所有高压分线，将中央高压线插到任一高压分线插孔中，并在其分线孔邻近的插孔中再插上一根高压分线，使其端头距气缸体 3～4mm，如图 8-19 所示。再拨动断电器触点臂，看这根高压分线的端头与气缸体之间是否出现火花。若有火花跳过，说明所检查的高压分线插孔之间已被击穿而漏电。然后，按上述方法再检查其他高压分线插孔之间是否漏电。使用这个方法，也可以检查中央高压线插孔与各高压分线插孔是否

有漏电现象存在。

3）检查分电器盖中央插孔内的电刷是否有弹性、有无卡滞或磨损，必要时更换这个分电器盖。

4）检查分火头是否有裂纹、导电片烧蚀、安装不稳固等现象，必要时更换新件。

5）检查分火头是否漏电。可用万用表检查，检查方法与检查分电器盖相同，分火头极片与绝缘体之间的电阻值不应小于500MΩ，否则说明其漏电。

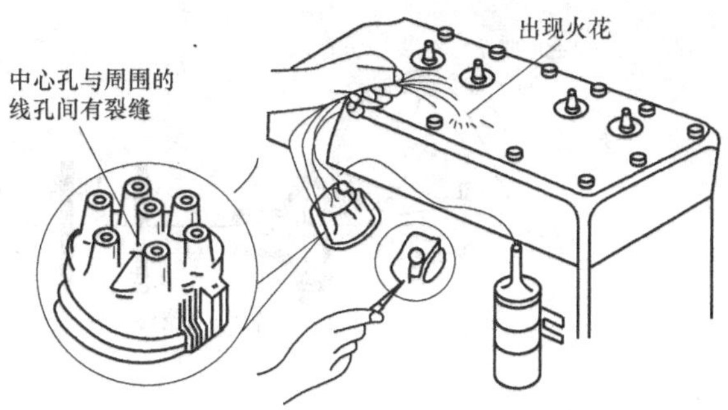


图8-19 在车跳火法检查分电器盖的绝缘性能

检查分火头是否漏电，也可以采用在车跳火法。先将分火头放置于气缸盖上，使其导电片（金属部分）与气缸盖接触，然后将高压线的端头距离分火头座孔6～8mm，同时接通点火开关，使用螺钉旋具拨动断电器触点，使其一开一闭。这时，高压线端头与分火头座孔之间若有火花跳过，则说明分火头漏电，应该更换分火头。



（3）离心式点火提前角调节装置的检修　离心式点火提前装置通常装在断电器固定底板的下部，其作用是在发动机转速变化时，自动调节点火提前角。发动机转速越高，点火提前角应越大。离心式点火提前装置的结构如图8-20所示，其常见故障是弹簧失效、离心飞块（重块）上的拨板销与拨板插孔磨损松旷或卡死等，检修方法如下：

1）检查离心飞块甩动是否灵活，离心飞块与柱销轴、拨板销钉与拨板配合是否正常，必要时检修或者更换新件。

2）用弹簧秤测量离心飞块回位弹簧的弹力，必要时更换离心飞块回位弹簧。

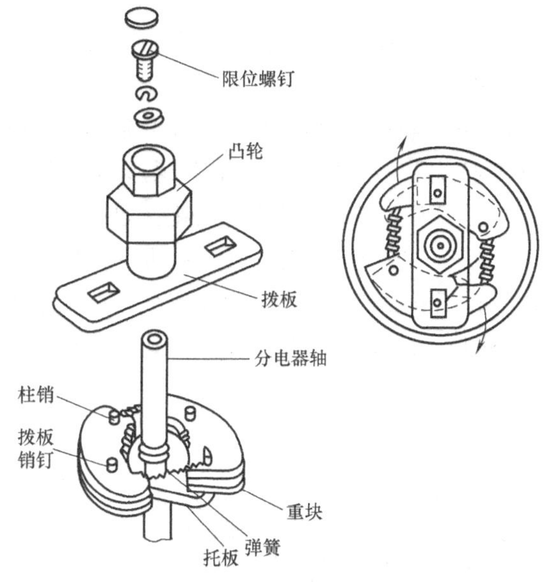


图8-20 离心式点火提前装置的结构

（4）真空式点火提前角调节装置的检修　真空式点火提前装置的内部构造及工作原理如图8-21所示。当发动机负荷减小时，节气门开度小，小孔处的真空度较大，吸引膜片克服弹簧力向右拱曲，拉杆拉动活动底板并带着断电器触点副（或信号发生器定子）逆着分电器轴旋转方向摆动一定角度，使触点提前打开（或信号提早发出），点火提前角增大；反之，点火提前角则减小。怠速时，真空孔已位于节气门上方，真空度很小，点火提前角为最小值。

真空式点火提前角调节装置的常见故障是弹簧失效、膜片破损、断电器活动底板卡滞等。其检修方法如下：

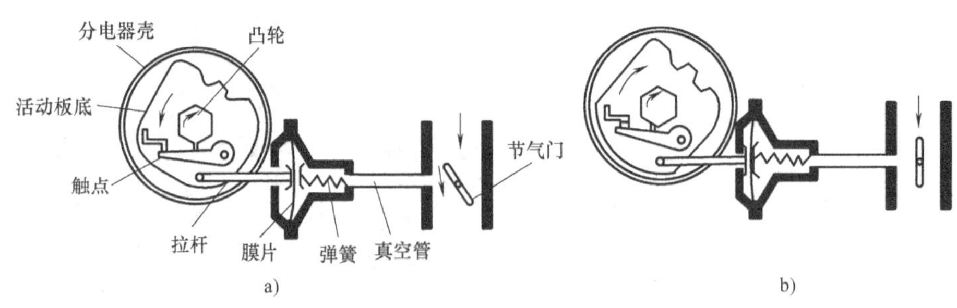


图 8-21　真空式点火提前装置的内部构造及工作原理
a）节气门开度小时　b）节气门开度大时

1）检查膜片是否破损、弹簧是否失效、推杆与活动底板的连接是否松动、活动底板转动是否卡滞、真空管接头螺纹是否完好，必要时进行检修或更换。

2）在真空管一侧吹气或吸气，以检查真空点火提前角调节装置的密封性，如有漏气应更换。

## 二、高压火花的检查



高压火花的检查是点火系统工作性能检修内容之一。当发动机无法起动时，通常要检查点火系统有无高压火花，以及火花强度是否正常。

正确的检查方法是：对于有分电器的点火系统，可以从分电器盖上拔下高压总线，让高压总线末端距离缸体 5 ~6mm，接通起动开关，用电动机带动发动机转动，同时观察高压总线末端处有无强烈的蓝色高压火花，如图 8-22 所示。如无火花，则说明点火系统不点火。

若高压总线点火正常，还应该进一步检查各缸高压分线的点火情况。依次从各缸火花塞上拔下高压分线，接上一个火花塞，让火花塞接地，起动发动机，检查各高压分线的点火情况，如图 8-23 所示。如无火花，则说明分电器有故障。

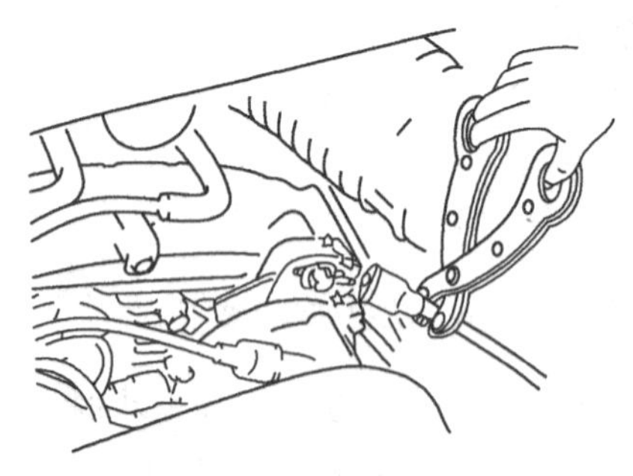

图 8-22　检查点火线圈高压总线火花

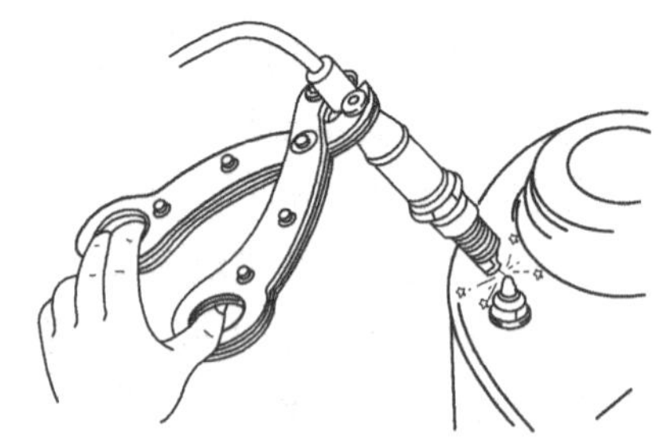

图 8-23　检查各缸高压分线火花

对于无分电器的点火系统，应该从气缸盖上拔下某缸的高压分线，将一个火花塞接在高压线上，让火花塞接地，起动发动机，检查其高压火花。

由于在起动发动机时，电喷发动机的喷油器会喷油，为防止在检查点火的过程中有太多的燃油从喷油器喷入发动机，并且未经燃烧直接排入排气管，对排气管中的三元催化反应器

造成不利的影响，起动发动机的时间不宜太长，一般以 1～2s 为宜。也可以在检查前将各缸喷油器的线束插头拔下，使之无法喷油。

## 三、点火正时的检查和调整

点火正时的检查和调整也是点火系统工作性能检修内容之一。发动机点火正时的检查方法有经验检查法和仪器检查法两种。

（1）点火正时的经验检查法

1）通过发动机的急加速性能检查点火正时。其方法是起动发动机，使冷却液温度上升到 80℃以上，在发动机怠速运转时突然踩下加速踏板加速。如发动机转速不能随节气门的打开而立即升高，感到“发闷”，或在排气管中有“突突”声，则为点火过迟；如果在急加速时发动机内出现金属敲击声（爆燃），则为点火过早。

2）在汽车行驶过程中检查点火正时。将发动机运转到水温达到 80℃以上，在平坦的道路上以直接挡行驶，突然将加速踏板踩到底，如在加速时能听到发动机有微弱的金属敲击声（爆燃），且此声音随转速升高很快消失，则表示点火时间正确；如听到明显的金属敲击声，则说明点火过早；如加速时感到“发闷”且无敲击声，则说明点火过迟，需要停车进行调整。



（2）点火正时的仪器检查法　检查点火正时的仪器是正时灯。检查方法：安装好正时灯，起动发动机达到正常工作温度，使发动机处于检查点火正时的转速（一般为 650～750r/min，依车型不同而略有差别）。接好正时灯，并将正时灯照向发动机的曲轴带轮上的正时记号，读出这个记号在缸体正时刻度尺上的角度，如图 8-24 所示。将这个角度与维修手册中的标准值进行对照，如果相符，则表明点火时间正确；否则，应该松开分电器固定螺钉，通过旋转分电器外壳进行调整。

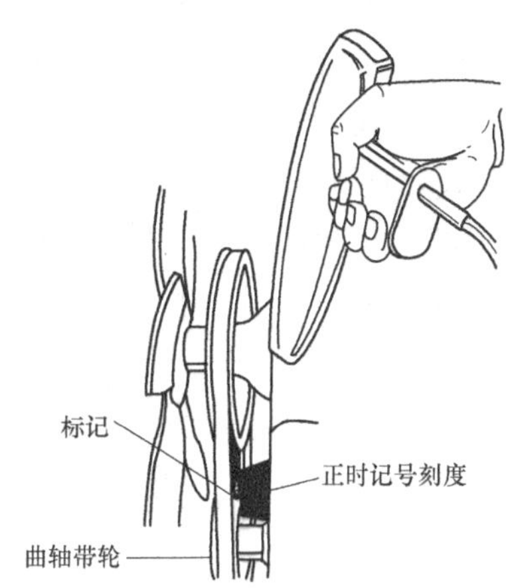


图 8-24　用正时灯检查点火正时

（3）点火正时的调整　如果点火过早，可以顺着分电器轴旋转方向转动分电器壳体，将点火正时调迟；当点火过迟时，可以反向转动分电器壳体，将其调早。

## 思　考　题

1. 简述点火系统主要部件的检修内容。
2. 简述高压火花的检查方法。
3. 简述点火正时的检查和调整方法。

# 项目九　柴油机燃油系统的检修

## 任务一　柴油机燃油系统认知

柴油机具有燃油经济性良好（比汽油机省油30%）、可靠性、耐久性和CO排放低（比汽油机低45%）等优点。但柴油机的燃料是柴油，其黏度大，不易挥发，不能通过化油器或喷油器在气缸外部形成均匀的混合气。因此，柴油机形成混合气的方式和燃烧方式与汽油机不同，它采用缸内高压喷射的方法，在接近压缩行程上止点时，柴油以高压喷入气缸，直接在气缸内部形成混合气，发火燃烧，对外做功。所以，柴油机燃油系统的组成、构造及工作原理与汽油机燃油系统有较大的区别。

### 一、机械燃油系统

机械燃油系统是一种传统的柴油机燃油系统，这种燃油系统是根据驾驶员对加速踏板的控制，以机械的方式实现柴油的增压、喷油量的调整、喷油正时的自动控制、怠速转速的稳定、超速的限制等功能。目前，在车用柴油机上应用的机械燃油系统基本上都是“喷油泵—高压油管—喷油嘴”（简称PLN）系统。“喷油泵—高压油管—喷油嘴”系统主要由喷油泵、喷油器、燃油箱、输油泵、柴油滤清器、喷油提前器和调速器等组成，如图9-1所示。

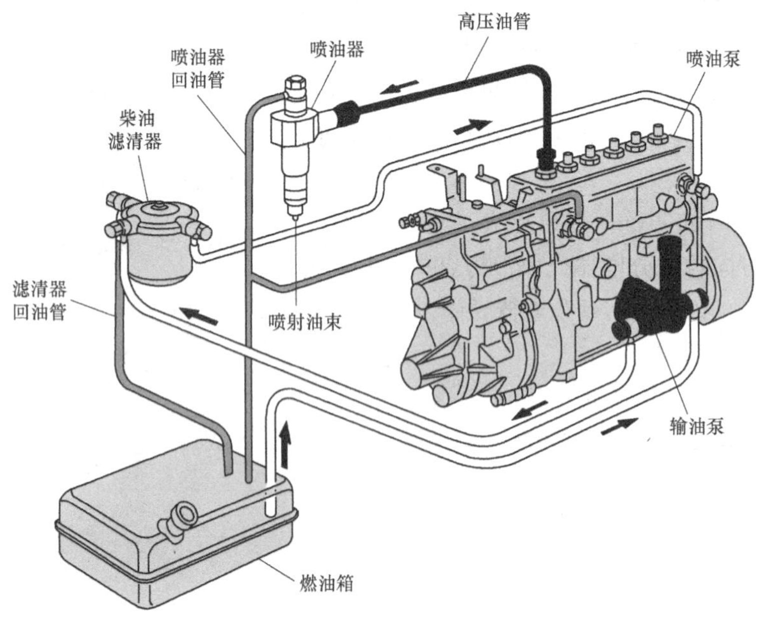


图9-1　柴油机燃油系统

## 二、喷油器的构造与工作原理

图 9-2 所示为孔式喷油器的构造。孔式喷油器主要由喷油器体、调压装置及喷油嘴等部分组成。喷油器工作时，来自喷油泵的高压柴油经油管接头进入喷油器体上的进油道，再进入针阀体中部的环形油腔，作用在针阀的承压锥面上，对针阀形成一个向上的轴向推力，这个推力一旦大于喷油器调压弹簧的预压力，针阀便立即上移，打开喷孔，高压柴油随即喷入燃烧室中。

喷油泵停止供油时，高压油道内的压力迅速下降，针阀在调压弹簧的作用下及时回位，将喷孔关闭，停止喷油。针阀体环形油腔中有少量柴油经喷油嘴偶件配合表面之间的间隙流到调压弹簧端，进入回油管，流回滤清器，用来润滑喷油嘴偶件。针阀开启压力（喷油压力）的大小取决于调压弹簧的预紧力。不同的发动机有不同的喷油压力要求，可以通过调压螺钉进行调整。

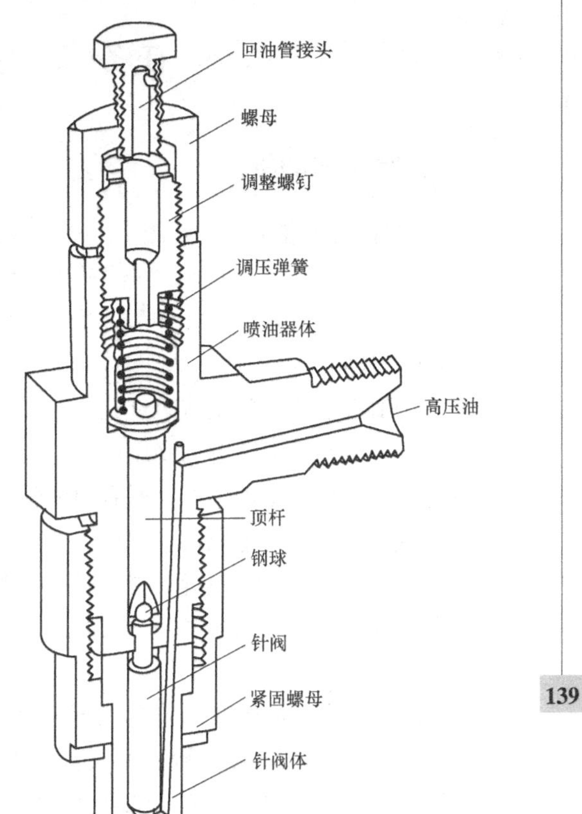


图 9-2 孔式喷油器的构造

## 三、柱塞式喷油泵的基本结构

柱塞式喷油泵由泵体、泵油机构、油量调节机构、传动机构、供油提前器等组成，如图 9-3 所示。从滤清器过来的干净柴油由喷油泵进油螺柱处进入，产生高压后从出油阀压紧座流出。

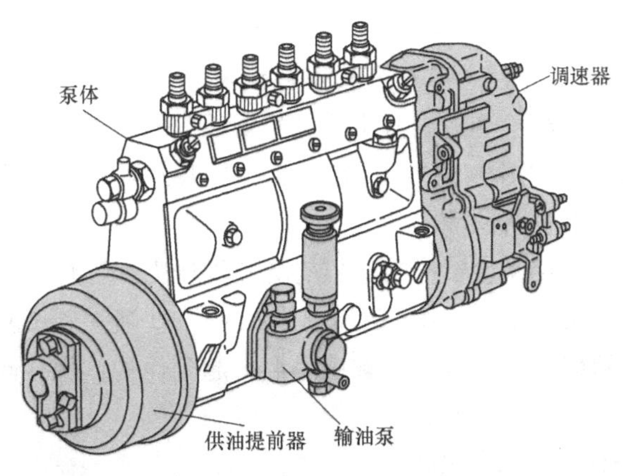


图 9-3 柱塞式喷油泵

# 任务二　喷油器的检修

## 一、喷油器的拆卸

喷油器在气缸盖上的安装固定方式很多，有些采用螺柱或螺母，有些采用固定夹，还有一些同时采用固定夹和螺柱，如图 9-4 所示。不同柴油机喷油器的拆卸方法取决于喷油嘴的结构形式，其基本拆卸步骤如下：

1）用清洗剂将气门室盖附近区域清理干净。

2）拆开喷油嘴上所有的高压油管。

3）拆开连接在喷油嘴上的所有回油管。

4）拆卸喷油嘴固定螺母、螺柱。

5）从气缸盖上小心地拆下喷油嘴，有些情况下可能需要使用专用拉器或撬杠才能从气缸盖上拆下喷油器。

喷油器的下面通常都衬有起密封作用的铜垫片，不论因为何种原因拆卸喷油嘴，每次都要更换铜垫片。要确保密封铜垫片与喷油嘴一起取出，如果铜垫片没有随喷油嘴一同取出，可以用尖端有弯钩的工具将其取出。

拆下喷油器后，应该将所有接头和孔口用弹性盖帽或铝箔封盖。不能用棉纱或抹布封盖接头和孔口，以防止棉纱或抹布上的绒线进入油管，对燃油系统造成损害。

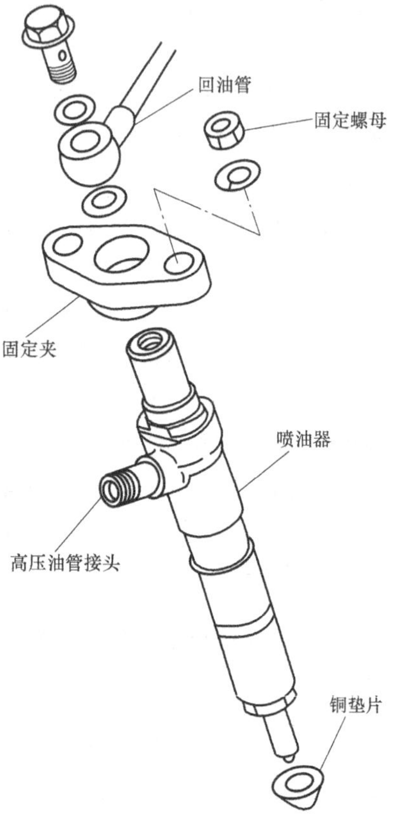

图 9-4　喷油器的固定方式

## 二、喷油器的性能检测

将喷油器从柴油机上拆下后，应先将其安装到试验台上进行检测。喷油器性能检测的内容主要有喷油压力、喷雾形态、振动、喷嘴滴漏、泄漏等。大多数喷油器试验台如图 9-5 所示，喷油器试验装置配有多种喷油器安装固定装置和油管，可以对不同的喷油器进行检测。

在检测喷油器时，切勿用手去试摸喷油器有无喷油压力和雾化。因为喷射压力很大，喷出的油束会穿透皮肤，如进入血液会引起中毒。因此，有些喷油器试验台有一个由高强度透明塑料制成的保护舱，将操作者与高压喷雾区隔离，起到保护作用，同时还能让操作者看到喷雾形态。

1. 喷油压力的检测

1）将喷油器安装到喷油器试验台上，用一根清洁透明的塑料管连接在喷油器的回油管

接头上，以方便观察回油情况，同时避免回流柴油与喷油器泄漏的柴油相混淆。

2）将喷油器试验台与喷油器的高压油管松开，用手摇动试验台泵油手柄，直到从喷油器与油管连接处流出的柴油完全没有气泡为止，然后拧紧油管螺母。

3）将喷油器试验台压力表的截止阀打开，快速摇动试验台泵油手柄（每分钟45～55个行程），并注意观察喷油器喷油时的压力。将检测到的喷油压力与维修手册中的规定值进行比较。

4）如果喷油压力较低，则必须更换或解体修理喷油器。

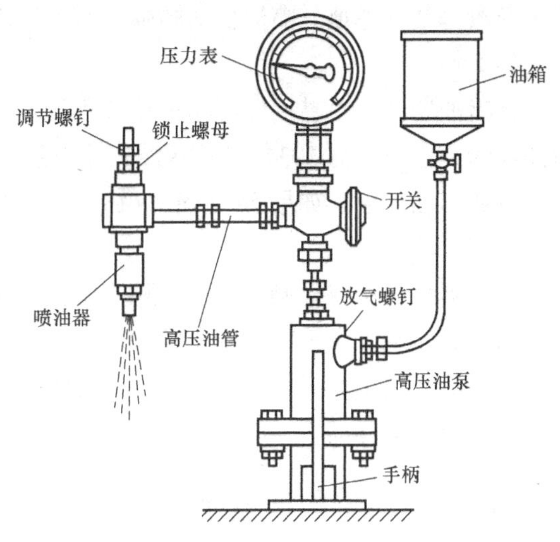


图 9-5　喷油器试验台的结构

喷油器的喷油压力可以通过增加或减少喷油器内部弹簧上方的垫片进行调整；或者拧下喷油器体盖帽螺母后转动调整螺母进行调整。



2. 喷油器的振动（啸叫）检测

上下摇动试验台泵油手柄时，喷油器针阀会随之开闭，从而产生一种人耳可闻的振动或啸叫。在检查喷油器的喷油压力时，要注意倾听喷油器喷油时的振动声或啸叫声，这一振动或啸叫在一定程度上反映了喷油器的工作情况，这些声音说明喷油器针阀在针阀座内可以灵活运动。振动不足通常是由于喷油器内部存在积炭，通常伴有不良的喷油形态和较低的喷油压力。如果某一喷油器在喷油时的啸叫声明显比其他喷油器小，则说明这个喷油器存在故障。由于不同发动机的喷油器在结构上有所不同，其振动可能与其他的喷油器有很大的差异，因此喷油器振动不足并不说明喷油器一定存在故障，还必须通过其他试验或检测来证明。检查喷油器的振动应按照以下步骤进行：

1）将喷油器试验台的压力表截止阀关闭，以保护压力表。

2）快速上下摇动试验台泵油手柄，直到听到振动声或啸叫声为止。

3. 喷油器喷雾形态的检测

轴针式喷油器的设计喷射角一般很小，喷油范围很窄。为了准确判定喷油器的喷雾形态与标准形态是否相符，可以将一张纸巾放在喷头的下方（距喷头大约30cm），然后让喷油器喷油，观察纸巾上的油迹，由于喷射角很小，油迹应呈圆形，如果油迹很宽或发散，就需要拆解并维修喷油器，或者更换喷油器。

检测孔式喷油器的喷雾形态时，应让喷油器喷油一次，根据留在纸上的油迹数量，确定是否有喷孔发生堵塞，也可以检查纸上各个油迹的分布是否均匀，以及各个油迹的直径是否一致。

4. 喷油器压力保持检测

喷油器必须保证在停止喷油时不发生滴漏现象。喷嘴的滴漏会使未雾化的柴油进入燃烧室，导致排气冒黑烟。喷油器的喷嘴是否有滴漏，可以通过喷油器压力保持检测来检查，其方法如下：

将喷油器体和喷嘴用无绒布擦干或用压缩空气吹干，然后将喷油器试验台的油压调至比喷油器的开启压力低1034～1379kPa，并用泵油手柄保持这个压力，检查喷嘴是否有柴油泄漏迹象或滴油现象。如果5s后喷头虽有轻微湿润但无油滴现象出现，则说明喷油器的喷油嘴无泄漏。

喷油器压力保持检测，还可以检查喷油器中其他密封面是否有泄漏。其检查方法如下：快速摇动试验装置手柄，并观察喷油器回油管中的回油情况。在每个泵油行程内，回油管只有几滴柴油流出是正常的，但如果回油管中有连续不断的油流出，就说明喷油器内部有泄漏，应该更换喷油器。

## 三、喷油器零件的清洗和检查

在检修喷油器之前，必须先将喷油器外表及其所有零件清洗干净。清洗喷油器的方法是将喷油器解体，将所有零件放在零件托盘或篮子里，用专用的清洗机进行清洗。如果没有专用清洗机，可以用小铜丝刷沾上清洗剂或柴油进行清洗。注意，切不可用钢丝刷清洗喷油器的零部件。



清洗喷油器应该在绝对干净的地方进行，空气中的灰尘、工作台上的杂物以及油腻的抹布都会导致喷油器发生故障和提前失效。清洗喷油器前，应该先用清洗液清洗掉喷油器外部的灰尘和油污。可以松开喷油器体上盖帽螺母和喷油阀固定螺母，将喷油器放在清洗剂中浸泡至少30min，再将喷油器从清洗液中取出。

沉积在喷油器头部的疏松积炭，在清洗液中浸泡之后可以用小铜丝刷清理掉，但坚硬的积炭很难用这种方法顺利地除掉。为了能够方便地清除积累在喷油器零件上坚硬的积炭，最好使用超声波清洗机清除掉坚硬的积炭。

超声波清洗机利用超声波频率的机械振动对零件进行清洗，超声波由变换器产生，变换器将高频电能转换成机械振动作用于液体，使液体产生数以百万计的极为细小的气泡，气泡在低压波中形成小空穴，这些小空穴在高压波中崩溃或内爆，使清洗液产生机械清洗作用，这种作用发生频率约为55000次/s，使污垢发生爆炸脱离零件。

喷油器清洗后，应在光照下用放大镜检查所有零件，仔细检查针阀偶件表面上是否有划痕、擦伤、磨损等痕迹。发现任何缺陷，针阀偶件都要报废。

## 四、喷油器零件的组装

组装喷油器时，应先在清洁柴油中清洗喷油针阀和针阀座，并检查针阀与针阀座的配合情况：使针阀和针阀座倾斜45°，将针阀拉出1/3，针阀应该自由落回阀座，如果不能落回，则拆下针阀，清洗针阀和针阀座后再试。如果针阀在自重下不能向下滑落，应更换针阀和针阀座偶件。

由于喷油器体和喷油阀的配合面之间没有任何形式的密封垫，所以配合面之间必须绝对清洁，不能用压缩空气清洁配合面，以防止在接合面上残留绒毛和灰尘。应该在柴油中清洗

喷油器体和喷油阀体的密封面，然后将其装配在一起。

如果有定位销，装配时一定要使定位销对准喷油器体上的销孔。有些喷油器的喷嘴与喷油阀体是分体的，装配时必须使其刻线对齐，用扳手将喷嘴紧固螺母适度拧紧。

清洗、检验和检查所有零件，将零件重新装配，并按规定力矩拧紧零部件，按照前述的检测步骤对喷油器重新进行检测。

调整喷油器的开启压力，将喷油器安装在试验装置上，摇动手柄彻底冲洗喷油器。通过调压螺钉或垫片按要求调整开启压力。

### 五、喷油器的安装

安装喷油器之前，先要彻底清理气缸盖上安装孔中的积炭和污物。可以用少量清洁的发动机机油使铜垫片保持在喷油器上正确的位置，也可以将铜垫片放入安装孔中，但要保证其安装正确，然后将喷油器和喷油器体缓缓地插入安装孔中。

用千分尺检查铜垫片的厚度，确保安装的所有垫片的厚度都与标准相同。否则，喷油器头部伸出过长或过短，会导致活塞及气缸严重损坏和发动机性能变差。每次拆下重新安装喷油器时，都要更换铜垫片。

喷油器体紧固螺母要按规定的力矩拧紧，安装回油管，再将高压油管安装到位，在排净燃油系统中的空气后，再按规定力矩拧紧高压油管，并检查是否存在泄漏。



## 任务三　喷油泵的检修

喷油泵是柴油机燃油系统中最重要的部分，其性能和技术状况关系到柴油机的动力性、经济性和可靠性，并对柴油机的排放性能有很大的影响。由于喷油泵由许多精密度很高的偶件组成，它们在长期工作中会产生磨损、腐蚀、裂损等，使其技术状况变坏，导致供油不良或中断。调速机构的严重故障甚至会造成发动机“飞车”，使发动机严重损坏甚至报废。因此，必须正确使用和维护喷油泵，对故障和损坏要及时排除和修理，以保持其良好的技术状况，提高柴油发动机的动力性、经济性和可靠性。

### 一、柱塞偶件的检验

柱塞和柱塞套是喷油泵最主要的精密偶件，柱塞偶件由柱塞和柱塞套组成，如图 9-6 所示。柱塞可以在柱塞套内作往复运动，两者的配合间隙极小，为 0.0015 ~ 0.0025mm，其圆度误差和圆柱度误差为 0.001mm，需经精密磨削加工后再经选配研磨而成。

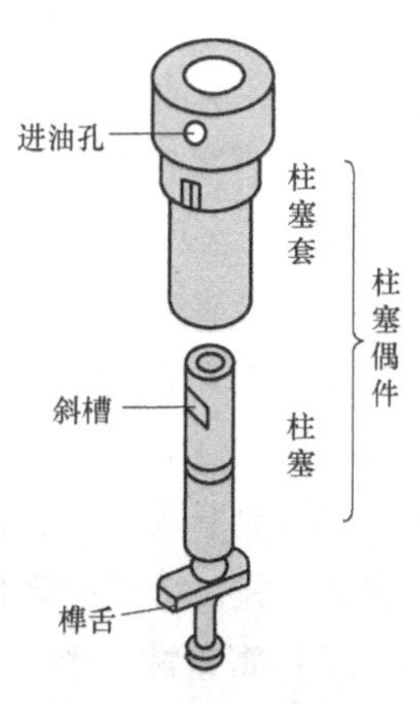

图 9-6　柱塞偶件

在使用中，柱塞偶件的损伤主要是磨损，由于燃油中存在着机械杂质，它们悬浮在燃油中形成大小不等的磨粒，当这些磨粒进入偶件的间隙中时，就会产生磨损。磨损最严重的部位在进油孔相应的位置，沿柱塞顶部棱边成轴向沟痕，向下磨损程度渐轻。其次是与回油孔相应的停止供油螺旋线棱边处，由于刚打开回油孔的瞬间，高压燃油以极高的速度夹带磨粒冲过间隙，冲刷柱塞棱边及油孔边沿，使棱边磨钝。同时，当柱塞下行，螺旋棱边将要关闭油孔时，会挤切较大的磨粒，造成磨损。在柱塞外表面的磨损处可以清楚地看到磨损的沟槽，呈白色。

柱塞偶件磨损后，破坏了偶件的配合间隙，使密封性下降，回油量增加，供油压力、供油量都减少，供油提前角减小，影响了燃油雾化质量，燃烧状况变坏，影响了柴油机的动力性、经济性和工作可靠性，严重时甚至导致其不能工作。

在维修作业中，一般用密封性试验或采用外观目测的方法，来判断精密偶件的磨损情况和技术状况。精密偶件的精度很高，且不能互换，在拆卸清洗时应该成对存放，并注意不要碰伤其工作表面。

（1）直观检验法　用肉眼目测柱塞偶件外观，如果发现下列情况之一，就应该更换柱塞偶件。

1）柱塞表面有严重的磨损痕迹。

2）柱塞端面、直槽、斜槽等边缘有剥落或锈蚀。

3）柱塞套内孔表面有锈蚀或较深的刮痕、裂纹等。

（2）滑动性检验法　在柴油中浸泡柱塞偶件，用手指拿住柱塞套，轻轻抽出柱塞约1/3，然后松开，柱塞应在自重作用下自由下落，落在柱塞套的支承面上；再将柱塞抽出，转动任意角度，其结果应该相同。



（3）密封性试验　用柴油将柱塞偶件洗干净，使柱塞处于柱塞套中的中间或最大供油位置，用手指堵住柱塞套上的端孔和进、回油孔，将柱塞由最上位置往下拉，拉下的距离以柱塞上边缘不露出套筒油孔为限，若能感觉到有真空吸力应迅速松开柱塞，柱塞如能在真空力作用下迅速回位，则可以继续使用。

## 二、出油阀偶件的检验

出油阀座的磨损主要在与出油阀配合的锥形面和座孔的内表面，其次是减压环带的下部，沿座孔长度方向的磨损量越往下越小。

出油阀及阀座磨损的结果，是造成其降压作用减小，高压油管中的剩余压力提高，使喷油时间提前，断油不干脆而发生滴油现象，以及使喷油迟后角（喷油始点与终点之间的曲轴转角）加大，供油量增加，燃烧变坏，导致冒烟和不规则的敲缸。

（1）直观检验法　当出油阀和阀座磨损或有裂纹、表面剥落、密封带宽度和深度过大、减压环带磨损过甚、表面锈蚀时，应该更换出油阀偶件。

（2）滑动性检验法　将清洗干净的出油阀偶件垂直放置，将阀体从阀座中抽出约1/3，松开后阀体应能够在自重作用下缓慢、均匀地下落到底。将阀相对于阀座转过任意一个角度，重复上述的试验，结果应该相同。

（3）密封性检验　用手指堵住出油阀座的下部，用另一只手将出油阀从上方放入阀座孔中，如图9-7所示。当减压环带刚

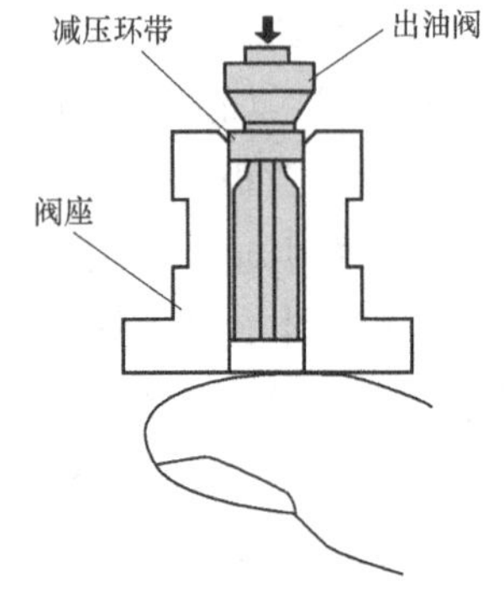

图9-7　出油阀的密封性检验

进入阀座时，轻轻按压出油阀，应能够感觉到空气的压缩力，当放松时，出油阀能够立即向上跳回原位的为正常。

## 三、喷油泵的调试

装配好的喷油泵应在喷油泵试验台上进行调试，如图 9-8 所示。

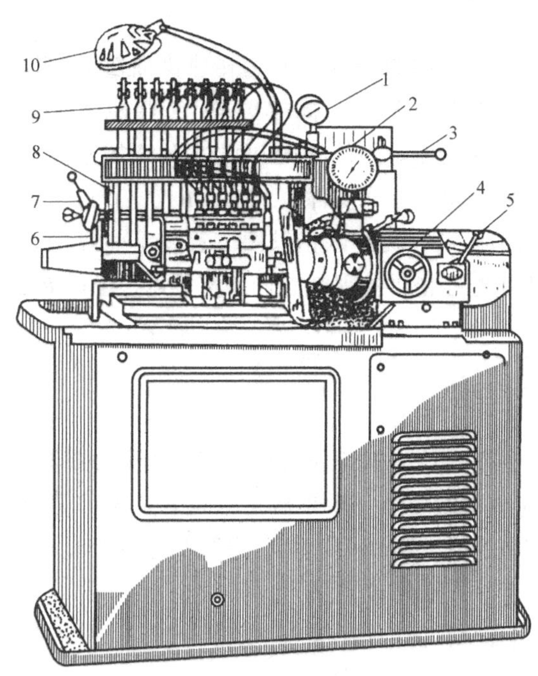


图 9-8　喷油泵试验台

1—柴油压力表　2—转速表　3—油开关　4—操纵手轮　5—操纵杆　6—喷油泵总成　7—量杯倒油手柄　8—量杯　9—标准喷油器　10—工作灯



### 1. 测量仪对零位

拆去供油齿条的盖帽，安装齿条位移测量仪，并在齿条上的记号与泵体平齐的位置将百分表对零，如图 9-9 所示。

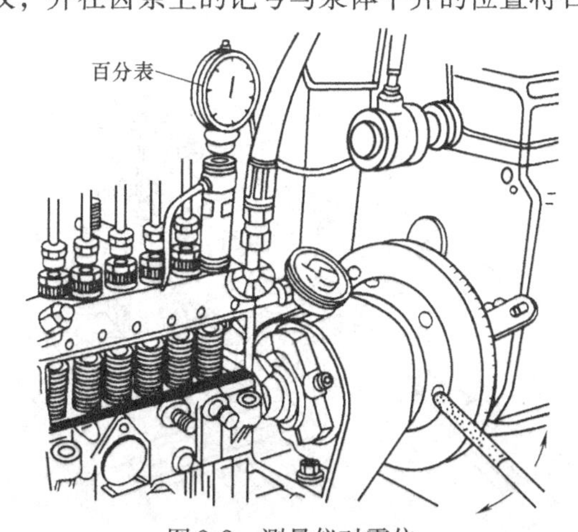


图 9-9　测量仪对零位

### 2. 供油量检测

先将喷油泵低压腔的压力调整到 160kPa，将供油齿条（负荷操纵杆）调整到规定转速，然后测量各状态下各缸供油量及其不均匀度。如果供油量不在规定范围内，则应松开控制齿条夹紧螺钉，用合适的工具左右转动控制套筒来调节喷油量的大小。

### 3. 调试与分析

（1）其中一个缸达不到要求　这时应检查出油阀是否卡住，在被检喷油泵不转时，开动试验台的液压泵，松开标准喷油器上的放气螺钉，若油管不断滴油，说明出油阀卡住、弹簧折断或出油阀偶件圆锥密封面不合要求，应检查修理或换用新的出油阀偶件。如果更换出油阀偶件后仍然无效，则应拆去柱塞偶件进行检查或更换新的柱塞偶件。

（2）供油不稳定　如果是某个柱塞供油不稳定，供油量忽大忽小，应检查调节齿圈或调节叉固定螺钉是否松动，柱塞凸块在控制套筒直槽中是否间隙过大，柱塞与柱塞套筒的配合是否松动。

（3）高低速供油不均匀　如果将喷油泵额定转速供油量不均匀度调整为合适后，在怠速工况下的供油量不均匀度却超过30%的标准要求；或将怠速工况下的供油量不均匀度调整合适后，额定转速工况下的供油量不均匀度却超过30%的标准要求，说明个别柱塞的高低速供油量不均匀，应该更换这个柱塞偶件。

（4）不能停油　如果把操纵臂转到停止供油位置仍不能停油，可能是调节齿圈或拉杆的安装位置不正确，或调速器停止供油限制螺钉调整不当；也可能是额定转速供油量超过标准。此时应逐步寻找原因，重新调整。

## 四、RAD调速器的调整



调速器的检查与调整主要是检查其工作特性。例如，离心式两速调速器的调整方法：一般在喷油泵调好后，拆下调速器后盖、转矩矫正弹簧、怠速弹簧及稳速弹簧，放松调速螺钉、负荷操纵杆定位螺钉和怠速定位螺钉，然后进行调速器的调整。

1. 飞块行程及额定负荷位置的设定

1）把负荷操纵杆固定在全负荷位置，并用调速杆把喷油泵的转速调整到700～800r/min，这时调速器开始把控制齿条推向减油方向。

2）把喷油泵转速调高到1000～1100r/min，利用负荷限位螺钉调整负荷操纵杆的位置，使齿条位移测量仪所显示的供油齿条位移为0.7mm，并用螺母锁紧负荷限位螺钉，如图9-10所示。

3）把喷油泵转速降低到600～650r/min，用专用工具调整行程螺钉，使控制齿条处于10.2mm的位置，如图9-11所示。

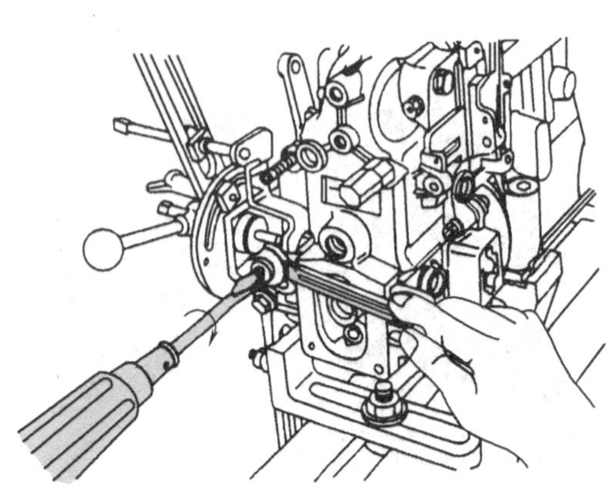

图9-10　调整控制齿条位置

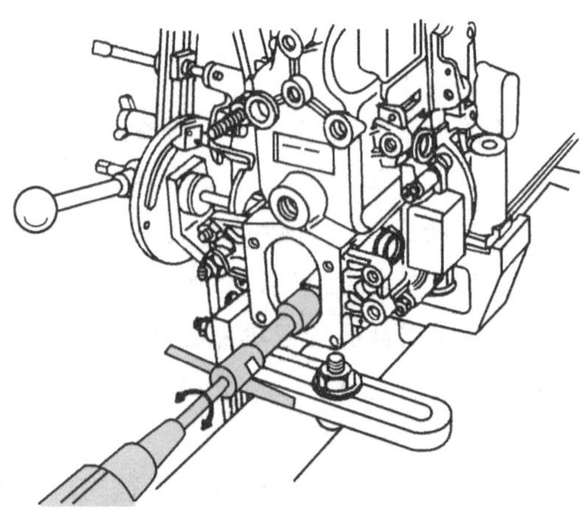

图9-11　调整高速控制时飞块行程

2. 怠速的调整

将负荷操纵杆固定在怠速位置，将喷油泵转速调整到600r/min。调整怠速限位螺钉，使齿条位移测量仪所显示的供油齿条位移为6.5mm，如图9-12所示。再将喷油泵转速降低到250r/min，把怠速弹簧总成旋进拉杆内，直到控制齿条位置处于9.1mm为止，并用专用扳手将螺母锁紧，如图9-13所示。

将喷油泵停止转动，使控制齿条处于10.6mm的位置以上，然后缓慢提高喷油泵转速，使齿条位移测量仪所显示的供油齿条位移为5.1~6.1mm，喷油泵转速为500r/min。

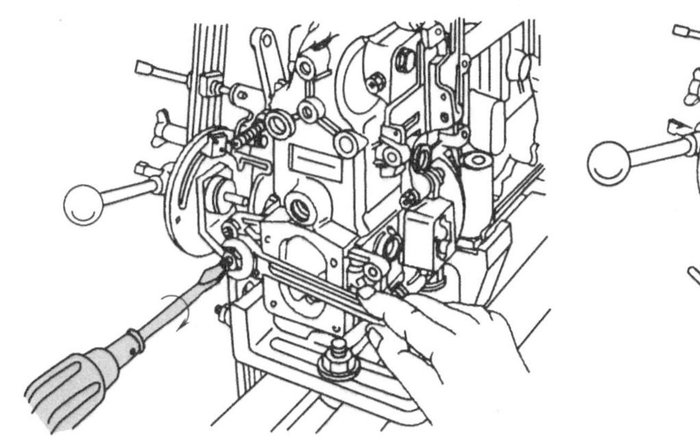

图9-12　调整怠速限位螺钉

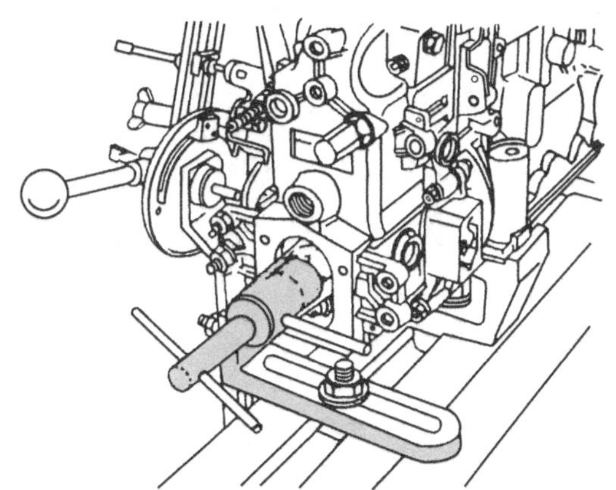

图9-13　调整怠速弹簧



3. 稳速弹簧的调整

首先把负荷操纵杆固定在怠速位置，将喷油泵转速缓慢提高到430r/min，相应地使控制齿条处于7.6mm的位置，并保持这个转速不变，如图9-14所示。旋进稳速弹簧，使齿条位移测量仪所显示的供油齿条位移为7.7mm，并紧固稳速弹簧总成。

4. 额定转速的调整

把负荷操纵杆固定在全负荷位置，将喷油泵转速提高到1475~1485r/min，再调整调速杆限位螺钉，如图9-15所示。使控制齿条处于10.2mm的位置，这时随着转速的增加，齿条行程开始减小。然后继续提高喷油泵的转速到1570r/min，使齿条位移测量仪所显示的供油齿条位移在8.7mm位置以下。

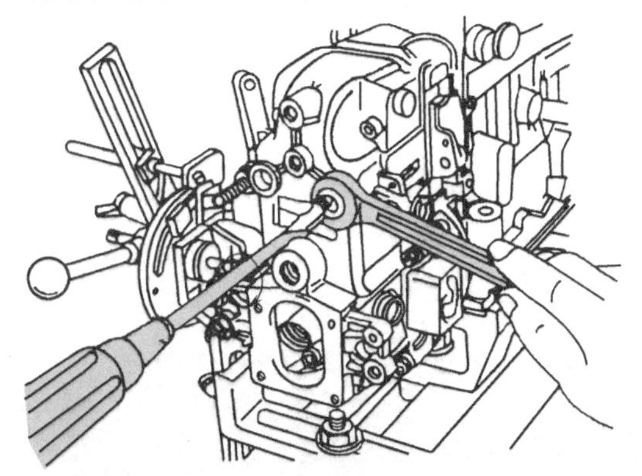

图9-14　调整稳速弹簧

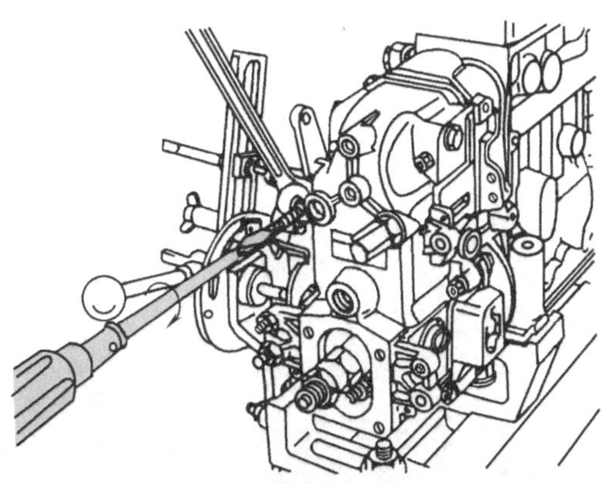

图9-15　调整调速杆限位螺钉

## 思 考 题

1. 简述柴油机燃油系统的性能。
2. 简述喷油器性能检测的主要内容。
3. 简述飞块行程及额定负荷位置的设定方法。

# 参考文献


[1] 王修斌，程良骏．机械修理大全：第一卷［M］．沈阳：辽宁科学技术出版社，1993.

[2] 高志胜．天津威驰轿车维修手册［M］．北京：人民交通出版社，2003.

[3] 洪清池．机械设备维修技术［M］．南京：河海大学出版社，1991.

[4] 林平．汽车发动机机械系统构造与检修［M］．北京：人民邮电出版社，2011.

[5] 吉武俊，胡勇．汽车发动机拆装与检修［M］．北京：科学出版社，2013.

[6] 黄汉军．机械系统拆装：下册［M］．上海：上海科学技术出版社，2009.

[7] 董继明．汽车拆装与调整［M］．北京：机械工业出版社，2012.

[8] 姚科业．图解本田汽车发动机拆装和维修［M］．北京：化学工业出版社，2012.

[9] 晏初宏．机械设备修理工艺学［M］．2 版．北京：机械工业出版社，2010.

[10] 李伟．汽车典型发动机拆装实训教程［M］．北京：机械工业出版社，2008.

[11] 张朝山．汽车拆装与调整［M］．北京：机械工业出版社，2003.

[12] 谭本忠．汽车维护教程［M］．北京：机械工业出版社，2008.

[13] 夏长明．现代汽车维护与保养［M］．2 版．北京：机械工业出版社，2011.

[14] 于宝强．汽车保养［M］．北京：科学出版社，2009.

[15] 赵承烈，徐英祥，等．机修钳工［M］．北京：机械工业出版社，1996.

[16] 董晓冰，于向和，等．零件的手动工具加工［M］．北京：机械工业出版社，2011.